강자와 약자

IVP(InterVarsity Press)는
캠퍼스와 세상 속의 하나님나라 운동을 지향하는
IVF(InterVarsity Christian Fellowship)의 출판부로서
생각하는 그리스도인을 위한 문서 운동을 실천합니다.

Originally published by Delachaux & Niestle
as *Les Forts et Les Faibles* by Paul Tournier
Translated by permission of Delachaux & Niestle
ⓒ 1948 by permission of Delachaux & Niestle
79, route d'Oron CH-1000 Lausanne 21, Suisse

This Korean edition is based upon English translation
The Strong and the Weak(The Westminster Press, 1963)

Korean Edition ⓒ 2014 by Korea InterVarsity Press
156-10 Donggyo-Ro, Mapo-Gu, Seoul 04031, Korea

강자와 약자

폴 투르니에 | 정동섭 옮김

**강자의 불안과
약자의 절망을 넘어서**

1947년 8월 보세이 에큐메니컬 협회Bossey Ecumenical Institute 의

인격 의학the Medicine of the Person에 관한

제1회 국제 연구 모임에 함께 참석했던 동료들과

친구들에게 이 책을 바칩니다.

특히 나와 함께 그 모임을 주관한 테오 보베 박사와

디드릭 두와이예 박사, 필립 크레스만 박사, 알퐁스 마이데 박사,

앙리 망타 박사, 장 드 루주몽 박사에게

이 책을 바칩니다.

내 이웃이 나보다 강하면,

나는 그를 두려워할 것입니다.

그러나 그 사람이 나보다 약하면,

나는 그를 무시할 것입니다.

그리고 만일 서로 동등하다면, 속임수를 쓰겠죠.

나는 과연 어떤 동기로 그에게 순종하고,

어떤 이유로 그를 사랑할 수 있는 걸까요?

―

장 드 루주몽 박사

차례

제1부 인간에 대하여

1. 외양과 실제 13

2. 좌절 49

3. 두려움 95

제2부 인간의 반응

4. 약한 반응 143

5. 강한 반응 191

6. 상호 반응 223

제3부 신리학과 신앙

7. 정당한 방어 263

8. 심리적인 힘과 영적인 힘 299

9. 진정한 힘 339

역자 후기 373

주 377

찾아보기 383

제1부

인간에 대하여

제1장

외양과 실제

이 책을 쓰기 시작할 무렵, 어느 식당에 들어갔을 때 일이다. 그동안 고심하며 짜 놓은 계획서를 손가방에서 꺼내는 사이, 눈앞에 작은 소동이 펼쳐졌다. 어디서나 볼 수 있는 광경이었지만, 내게 큰 교훈을 주었다. 식당 주인 아주머니가 울먹이며 발을 구르고 있는 두세 살쯤 되어 보이는 아들을 내려다보고 있었다. 그리고 아이의 발밑에는 찢어진 종이 몇 장이 덩굴고 있었다. 아이 어머니는 아이를 흔들어 대며, 같은 말을 몇 번이고 되풀이했다. "저 종잇조각들 줍지 못하겠어? 저 종잇조각들 줍지 못하겠냐고!"

식사하던 사람들 모두 그 광경을 조용히 바라보고 있었다. 하지만 어느 누구도 아이가 울음을 멈추고 순순히 종이를 주울 것이라고 기대하지 않는 듯했다. 물론, 아이 어머니도 그런 기대는 하지 않았다. 어머니가 아이를 흔들어 대면 댈수록 아이는 더욱 보챘다. 어머니는 화가 머리끝까지 나서 손님들이 아무도 없었다면 아이를 때리기라도 할 기세였다.

한편, 아이 아버지는 야외 테이블에서 손님들과 이야기를 나누고 있었다. 그는 안에서 무슨 일이 일어나고 있는지 분명히 알고 있었지만, 대화에 흠뻑 빠져 있는 것 같았다. 사실 몇 발자국 되지 않는 곳에서 벌어지는 일에 대해, 다른 아버지들이 그와 비슷한 상황에서 신문을 읽거나 소파에 누워 잠을 청하는 것처럼, 끼어들고 싶지 않다는 태도였다. 아마도 손님들이 있었기 때문에 무관심한 체하며, 그 상황에 끼어들지 않았을 것이다. 그는 자기 아내가 그 창피스러운 상황에서 곤욕을 치르고 있는 것이 정말 아무렇지 않았을까? 아니면 끼어들어 봤자 아내보다 일을 더 잘 수습할 수 없다고 생각하고는, 사람들 앞에서 창피한 모습을 보이지 않으려고 몸을 사렸던 것일까? 어떤 이유에서건, 아이 어머니는 남편의 방관 때문에 아이에게뿐만 아니라 그에게도 매우 화나 있었다.

눈물은 약자의 무기다. 아이는 어머니가 다른 곳에서라면 모를까, 식당 안에서는 자신을 힘으로 혼내지 못한다는 것을 이미 간파한 것이다. 그리고 자기가 질 때까지 어머니가 이 싸움을 계속하지 못한다는 것도 익히 아는 바였다. 사실, 싸움이 계속될수록 어머니만 더 당황스럽다. 아이의 저항은 사람들 앞에서 어머니를 이중으로 창피하게 만든다. 우선, 아이가 어머니의 말을 듣지 않는다면, 그것은 어머니가 아이를 잘못 기른 탓이 될 것이다. 또 한편으로는, 어머니가 아이보다 힘은 세지만 아이에게 자신의 의지를 관철시키지 못한다면, 결국 자신의 바람과는 달리 자신의 약함을 드러내는 꼴이 될 것이다. 어머니는 이런 당혹스러운 감정 때문에 아이에게 더욱 화가 나 있었다. 그러나 우리는 자기 성질을 참지 못하는 것을 늘 부끄럽게 여긴다. 특히 누가 봐도 자신보다 약자인 사람에게 성질을 내고 있을 때는 더욱 그러하다. 그렇기 때문에 어머니는 자신이 흥분하고 있는 것에 더욱 당혹스러워했다. 그리고 싸움이 길어질수록, 어머니는 더욱 우스운 꼴이 될 터였다.

사실 아이 어머니가 손을 들고 말았던 것은 더욱 큰 창피를 당할지도 모른다는 두려움 때문이었다. 그래서 어머니는 갑자기 종잇조각들을 줍더니, 아이를 테라스 밖으로 데리고 나갔다. 거세게 반항할 만큼 아이가 강한 것은 아니었지만 결국 종이를 주워 든 사람이 어머니였기 때문에 승자는 확실히 그 아이였다. 아이는 조금 훌쩍거리더니 이내 잠잠해졌다. 그리고 어머니가 하던 일을 다시 시작하려고 부엌으로 가 버린 사이, 아이는 아버지가 무심코 내민 손을 잡았다.

여기에서 한 가지 생각할 점이 있다. 이상적 도덕주의자 idealist moralist 라면 아이 어머니가 진정한 승리자라고 주장했을 것이라는 점이다. 이유는 어머니가 자기의 분노와 고집을 극복하고, 이길 가능성 없는 싸움을 먼저 단념했기 때문이다. 그리고 진정한 도덕적 승리는 강자가 힘의 사용을 포기하고 약자에게 너그럽게 양보하는 데 있다고 말할지 모른다. 충분히 그럴 수 있다. 어머니도 부엌에서 그런 식으로 자신을 치켜세우면서 스스로 위안을 삼았을지도 모른다. 그러나 이런 견해는 사실에 부합하지 않는다. 식당에 있던 사람들 중 그 누구도 어머니가 관용을 베풀었다고 생각하지 않았다. 분명히 이길 수 있는 승리를 마다하는 것과, 이길 만큼 강하지 않기 때문에 포기하는 것은 전혀 다르다. 이렇듯 우리는 패배를 승리로, 회피를 고상한 포기로 생각하려는 경향이 매우 강하다.

아이 어머니는 다른 방식으로 위안을 찾을 수도 있을 것이다. 예를 들어, "저 아이는 고집이 보통이 아니야. 아빠의 나쁜 성격을 닮아서 그래"라고 혼잣말을 할 수도 있다. 어머니가 이런 생각을 하게 되면 아이에게 요구했던 순종이 과연 정당한 것이었는지, 특히 순종을 요구하는 어조가 정당한 것이었는지 스스로를 돌아보지 않아도 된다. 물론 이것은 아버지가 아이에게 "너는 어머니의 못된 성격을 닮았어"라고 이야기할 때도 마찬가지인데, 아버지는 이렇게 함으로써 과거에 아내로부터 받은 모욕에 대해 일종의 앙갚음을 하는 것이다. 그러나 이것이 아이에게는 갑절의 심한 상처를 안겨 준다. 우선, 아이는 깊은 앙심과 맞비난의 벽이 부모 사이를 갈라놓고 있음을 알게 되며, 그다음 아이의 마음속에 '난 참 나쁜 애야'라는 생각이 자리 잡는다. 이런 생각 때문에 쉽게 자기 불신에 빠지고, 사회생활을 하고 그 속에서 자기 성격을 다스리기 위해 싸워야 하는 순간에 나약한 존재가 되어 버린다.

이 일로 이 책의 저술 계획이 다소 수정되었다. 이 작은 광경이야말로 그전에 내가 준비했던 내용보다 훨씬 더 실감나는 것이 아니겠는가? 이 일은 내가 다루고 싶던 문제이며, 그 문제는 늘 이런 식으로 일어난다. 불과 몇 초 사이에 복잡하게 얽힌 갈등 세력이 모두 드러난 것이다. 아이는 어른의 강인함에 비해 신체적으로 약하다는 약점을 가지고 있었지만, 손님들의 은밀한 동조와 아버지의 암묵적인 공모 덕분에 그 싸움에서 이길 수 있었다. 어떤 상황이든지, 두 사람이 대면하면 일종의 힘의 균형이 형성된다. 그리고 우리는 힘의 균형이 한쪽에서 다른 쪽으로 기울어짐에 따라, 한 사람이 상대방을 대하는 태도도 달라진다는 것을 직감적으로 안다. 이것은 이미 설명한 것처럼 겉으로 드러나는 갈등에 적용될 뿐 아니라, 침묵으로 가려진 상황에도 적용된다. 이런 힘의 균형은 매우 평화로운 사적인 관계, 예를 들어 남편과 아내가 서로에게 영향을 주는 관계에도 적용된다. 이때 어느 쪽이 우세한가 하는 질문이 계속 제기된다.

그러므로 우리가 다루고 있는 문제는 두 개의 상반된 의지의 대립에 관한 문제보다 범위가 넓다고 할 수 있다. '의지'라는 말에는 다소 격렬한 특성이 들어 있다. 그러나 너그러움으로 자기의 주변 사람 모두를 지배하는 사람들도 있다. 그들은 도저히 반박할 수 없을 정도의 논리 정연한 주장, 도덕적 신망, 매혹적인 아름다움, 좋은 평판, 세련된 예절 등으로 그렇게 한다. 심지어 아무도 건드리고 싶어 하지 않는 연약함과 민감함으로 주위 사람들을 지배하는 경우도 있다. 가끔 나를 찾아와서 이런 말을 하는 부인이 있다. "제 남편은 아무래도 판사를 해야 했어요. 늘 결론은 자기가 말하니까요. 저는 그이 앞에만 있으면 저를 변론할 말을 잃어버린답니다. 자기가 항상 옳으니까요." 어떤 남편은 이렇게 말한다. "전 말이죠. 집사람에게 조언을 하려다가도 포기할 때가 많아요. 집사람은 내 의견을 묻기는 하지만 내 대답에 귀 기울이려고는 하지 않죠. 무엇이든 자기 입장에서만 보려고 하기 때문에 도무지 그 사람이 객관적으로 생각하게 만들 수 없습니다."

개중에는 자녀에게 굽실거리는 부모도 있다. 유심히 관찰해 보면, 아이가 힘을 함부로 남용하지는 않지만 이미 왕으로 행세하고 있음을 알 수 있다. 이것은 자녀를 지나치게 사랑하여 자녀에게 절대적인 힘을 부여한 부모의 약함 때문이다. 그리고 만일 그런 아이가 서서히 제멋대로 하고 폭군처럼 되어 간다면, 그것은 아이 자신보다는 부모에게 더 큰 책임이 있다. 결국 아이의 성격이 그렇게 된 것은, 성격 때문이기보다는 그가 행사한 권력의 결과다.

또한 아이에게 단정적인 명령을 내리거나 직설적인 말로 거절하는 일 한 번 없이, 아이를 아주 조심스럽게 양육하여 전적으로 자신에게 의존하게 만드는 어머니도 있다. 아이는 어머니를 성인聖人으로 생각하여, 모든 부분에서 어머니의 취향을 받아들이고, 어머니가 자신에게 은근히 원하는 직업이나 배우자를 선택한다. 그리고 모든 결정을 내릴 때마다 어머니에게 의존해 왔기 때문에 준비되지 못한 상태에서 삶에 직면한다. 이런 어머니가 자신을 냉철하게 살펴본다면, 자신의 빈틈없는 배려가 생각만큼 그렇게 순수한 것이 아니라는 사실을 알게 될 것이다. 또 아이를 잘 양육하여 옳은 길로 인도하겠다는 고상한 욕망 뒤에는 아이가 계속해서 자신을 의지하는 것과 아이의 인생에서 하나님만 하실 수 있는 역할을 대신 수행하는 것에 대한 무의식적 기쁨이 있었다는 사실을 깨닫고 매우 당황할 것이다.

인간관계에서 힘의 저울을 이쪽저쪽으로 기울게 하는 데에는 헤아릴 수 없이 많은 요소가 미묘하게 얽혀 있기 때문에 그것들을 모두 다루기는 거의 불가능하다. 내가 앞에서 제시한 작은 갈등은 가장 눈에 띄는 요소들만 기록한 것이다. 아이가 승리를 거두는 데는 틀림없이 수많은 의식적 요소와 무의식적 요소가 작용한다. 정신 분석 차원에서 이를 살펴보면, 훨씬 많은 요소를 발견하게 된다. 아버지, 어머니, 아이 사이의 무의식적 관계 그리고 이들 각자가 식당에 있는 손님들로 대변되는 외부 세계와 맺고 있는 관계 등 더 많은 요소가 연관되어 있다. 따라서 그 갈등 장면은 시간순으로 진행되는 연속적 필름의 한 단면일 뿐이었다. 그리고 그 필름에는 앞으로 각각의 배우들(분석 대상자-역주)이 승리할 기회를 늘리거나 줄일 수 있는 수많은 에피소드가 들어 있다.

이 원리는 가족과 정부, 직장, 학교, 자선 단체, 각 국가 간에도 동일하게 작용한다. 모든 사회는 때로는 균형을 이루고 때로는 서로를 지배하는, 충돌 세력들의 상호작용으로 이루어져 있다. 이것은 구성 원소들 간의 상호 관계를 나타내는, 무한한 일련의 방정식과도 같다. 그리고 이 각각의 방정식은 양$^+$과 음$^-$의 많은 항으로 이루어져 있다. 양$^+$항에는 빛나는 명성, 새로 장만한 고급 차(비록 할부로 구입했다 할지라도), 대학 졸업장, 성실하기 때문에 마땅히 받을 만한 평판, 심지어는 파렴치한 수완가로서의 명성 등이 포함된다. 한편 음$^-$항에는, 아들러^{Adler}가 분명하게 지적했듯이,[1] 은밀하거나 명백한 어떤 결함 때문에 끌려다니게 하는 힘, 가난, 무지, 무시당하는 아버지 때문에 아들이 느끼는 수치심, 혹은 사람을 계속 의존적인 상태에 있게 하는 애정에 대한 지나친 굶주림 등이 있다.

결국 우리는 이미 고정되어 죽은 수학공식을 다루고 있는 것이 아니라, 살아서 미묘하게 변동하는 공식을 다루고 있다. 그 공식은 극히 희미한 미소일지라도 그것이 확신이냐 냉소냐에 따라 수정된다. 누가 어떤 정당이나 교회에 속해 있다는 사실이, 어떤 사람에게는 권위의 표현일지 모르나 어떤 사람에게는 경멸의 근거일 수 있는 것이다.

그러나 이중에 결정되어 있는 것은 하나도 없다. 으뜸패를 손에 쥐고 있는 것처럼 보이는 모든 사람은 끊임없이 공격을 받게 되지만, 아무것도 가지지 않은 사람은 아마도 바로 그런 이유 때문에 게임을 대담하게 이끌면서 주위의 모든 사람을 지배할 수 있다. 결정적 요소라 할 수 있는 것은 사람을 격려하는 심리적 능력으로, 이것은 자신의 결점은 숨기고 자신의 자원들은 최대한 활용하는 힘이다. 한편, 심리적 유약함은 기회를 놓치게 하고 자신의 실패를 어리숙하게 다 드러내게 만든다.

마찬가지로 장기를 잘 두는 사람은 얼마 남지 않은 졸*을 신중하게 두어, 승산 없어 보였던 게임의 판세를 완전히 뒤바꿔 버릴 수 있다. 그리하여 그는 상대편이 공격하여 허점을 찌르기 전에 적수와 맞설 수 있다. 반면, 상대방은 졸을 쓸데없이 두어 저지당한다.

우리 모두는 사람을 강자와 약자 두 부류로 나누는 버릇이 있다. 으레 패배당하고 짓밟히기만 하는 사람이 있는데, 그런 사람은 이 세상의 경쟁 속에서 번번이 실패했기 때문에 또 실패할 것이라고 늘 생각한다. 사실은 이런 생각이 그들의 힘을 약화시키는 것이다. 이들을 아는 사람 역시 그런 상황을 예상하고, 그 사실로부터 자신감과 자기 확신을 얻는다. 이들을 잘 모르는 사람조차 이들의 약함을 직관적으로 인식하여, 일부러 겸손한 체하거나 혹은 공격적인 태도를 취한다. 어떠한 태도를 취하든지 이들은 모욕을 느낀다. 한편, 이 사람은 강자의 힘에 대해서도 똑같은 직관을 갖는다. 그리고 강자에게는 오히려 소심하고 복종하는 태도를 보여 그들의 강함을 더욱 확고하게 해준다. 고대인들도 "행운은 용감한 사람을 돕는다"고 말하곤 했다.

실제로는 이야기가 더 복잡하다. 우리는 모두 어떤 사람에게는 약하고, 어떤 사람에게는 강하다. 직장에서 불의한 상관에게 계속해서 모욕을 당하는 어떤 남성은 집에 와서 아내와 아이들을 괴롭혀 되갚음 하려고 한다. 그리고 아마도 상관은 집에서 아내가 긁는 바가지에 대한 앙갚음을 사무실에서 하고 있는 것인지도 모른다. 그 남성은 직장에서 해고당할지 모른다는 두려움 때문에 자기 주장을 내세우지 못하고, 물질적 이익 때문에 정의를 희생하는 자신이 겁쟁이라며 수치스러워하고 자신을 더욱 경멸한다. 이 일로 인해 집에서는 더욱더 빈번하게 화를 표출한다. 나중에는 틀림없이 후회하면서도 주위에 있는 사람들을 괴롭히는데, 바로 이 억눌린 후회의 감정 때문에 그의 성격은 더욱 나빠진다.

지금까지 우리는 강자의 반응과 약자의 반응이 서로 얽혀서 이중으로 진행되는 상황에 대해 살펴보았다. 약자는 패배에 패배를 거듭하면서 더욱 약해지고, 강자는 승리에 승리를 거듭하면서 더욱 강해진다. 그래서 결국 사람들은 누구는 성공할 운명을, 누구는 실패할 운명을 타고났으며, 이것은 불가피하다고 결론을 내려 버린다.

그렇다면 진실로 사람들은 모두 강자와 약자라는 두 부류로 나뉜다고 할 수 있을까? 궁극적으로 강자와 약자가 드러내는 뚜렷한 차이 밑바탕에는 무엇이 있는가? 둘은 정말 그렇게도 다른가? 이는 지난 몇 년 동안 내 마음에서 떠나지 않았던 질문들이

었다. 여기서 나는 그동안 매일 관찰한 사실에 비추어 이 질문들을 논의하고자 한다. 나는 이 문제의 중요성을 충분히 이해하면서 이 논의에 접근하고자 하는데, 여기에는 우리 시대의 가장 근본적인 문제 두 가지가 포함되어 있다.

첫째, 과학 심리학에서 놀라운 발전이 이루어졌음에도 불구하고 그 수가 끊임없이 증가하기만 하는 신경증에 걸린 이들neurotics의 문제다. 이런 사람들 대부분은 나약하고 삶에 짓눌려 있는 모습을 보여 주는 것이 사실이다. 그들은 스스로가 성공적인 삶을 살아가는 강자와는 다른 인종에 속해 있다고 생각한다. 이들이 패배 의식을 극복하고 자신감을 회복하게 하는 일이 얼마나 어려운지는 쉽게 증명할 수 있을 것이다. 문제는 그들이 성공하기 위해 자신감이 필요한데, 자신감을 회복하기 위해서는 성공이 필요하다는 것이다.

설상가상으로 이들은 자신이 실패할 운명으로 태어났다는 생각 때문에 자신과 세상에 대해 왜곡된 시각을 갖는다. 이들은 자신의 실패와 다른 사람들의 성공은 과장하면서도 자신의 성공은 무시해 버린다. 내가 여러 번 시험에 떨어진 학생을 몇 주간 만나 격려했다고 하자. 나는 그 학생과 함께 그가 열등감을 느끼고 불안해하는 근본적인 원인이 무엇인지를 분석해 낸다. 그 결과 그는 이내 자신감을 회복하고 시험에 합격한다. 나는 기뻐서 어쩔 줄 몰라 하며 마침내 그가 자부심을 느끼며 행복해하는 모습을 기대한다. 나는 이 게임에서 승리했다고 믿는다. 그러나 현실은 그렇지 않다. 그는 시험관이 자신을 동정해서 합격시켰다고 생각하며, 친구들이 자기보다 훨씬 실력 있다고 믿는다. 그리고 그는 인생에서도, 사람들이 그에게 기대하는 만큼의 지식을 가진 것은 아니어서 결국에는 그들을 실망시킬 것이라고 믿는다.

그러나 강자와 약자에 대한 문제는 전쟁 시든 평화 시든 우리 사회의 전반적인 문제와 관련되어 있다. 국가 간 혹은 연합 국가들 간 전쟁, 정당 간 혹은 연합 정당 간 분쟁은 지금까지 설명한 보편적 갈등의 최종 결과이자 극치일 뿐이다. 약함이 패배 의식을 조장한다면, 강함 역시 악순환을 초래한다. 다시 말해, 강자는 더욱 비참한 패배로 고통당할지 모른다는 두려움 때문에 자꾸 더 강해진다. 그리고 이런 힘의 경쟁은 온 인류를 결국 파멸에 이르게 할 것이다.

이런 이유로 나는 약자뿐 아니라, 강자에게도 희망을 주기 위해 이 글을 쓴다. 이들은 모두 패배할지 모른다는 두려움 때문에 끊임없이 승리하려고 애쓰며 현대 사회에는 폭력과 긴장, 파멸의 위협 같은 분위기가 조성된다.

나는 약자의 절망과 강자의 불안, 그리고 이 둘의 불행 이면에는 거대한 착각이 있다고 믿는다. 그 거대한 착각이란 인류에게는 강자와 약자, 두 부류가 따로 있다는 그 생각 자체다.

사실, 인간은 자신이 생각하는 것보다 훨씬 더 서로 비슷하다. 차이가 있다면 매력적이든지 보기 싫든지 간에 외적인 가면, 즉 강하거나 약한 외적 반응이 다를 뿐이다. 그러나 이런 겉모습

속에는 똑같은 내적 인간성이 감추어져 있다. 외적인 가면, 즉 외적인 반응은 약자뿐 아니라 강자를 포함한 모든 사람을 기만한다. 사실, 인간은 모두 약한 존재다. 인간은 누구나 두려움을 가지고 있기 때문에, 모두 약한 존재다. 누구나 자신이 패배할지도 모른다는 두려움에 휩싸여 있다. 그리고 누구나 자기 내면의 약함이 드러날지 몰라 두려워한다. 누구나 남모르는 결점을 가지고 있으며, 자기 약점을 가리기 위해 특정한 행동을 하기 때문에 잘못된 양심을 가지게 된다. 인간은 모두 다른 사람들과 하나님을 두려워하고, 자신을 두려워하며, 삶과 죽음을 두려워한다.

아무리 재능이 많고 자기 확신이 강한 사람이라도, 자신의 명성이 왠지 현실과 부합되지 않는다는 모호한 감정과 그 사실이 알려질지 모른다는 두려움을 안고 있다. 아무리 학식 많은 교수라도 자신이 알지 못하는 것에 대해 질문을 받을까 봐 두려워한다. 아무리 명석한 심리학자라 하더라도 자신이 흔하디흔한 열등감에 찌들어 있다는 것이 드러날까 봐 두려워한다. 그리고 아무리 능변의 신학자라 하더라도 여전히 자신을 괴롭히는 의구심을 남들이 눈치챌까 봐 두려워한다. 대중적인 찬사를 누리고 있다 해도 사람은 누구나 자기와 가까운 이들은 사적인 영역에서 자신의 실패를 발견할 것이라고 생각한다. 모든 사람은 인생의 신비란 자신이 이해하는 것보다 언제나 훨씬 더 깊으며, 언젠가 갑자기 자신의 약점이 드러날지도 모른다고 생각한다. 이처럼 사람을 구분하는 것은 그들 내면의 본성이 아니라, 누구나 느끼는 절망에 대해 그들이 반응하는 방식인 것이다.

내가 지금 운전을 하고 있다고 생각해 보자. 도로 위에 비둘기들이 있다면, 나는 브레이크를 밟을 필요가 없다. 두려움은 곧 그들의 안전장치이기도 해서, 차에 치이는 것이 두려워 곧 날아가 버릴 것을 알기 때문이다. 그러나 만일 도로 위에 닭들이 있는 것을 본다면, 나는 조심할 것이다. 왜냐하면 두려움에 빠진 닭들이 당황하여 차바퀴 밑으로 오히려 돌진해 올 것이기 때문이다.

이와 마찬가지로 인간은 동일한 내면의 고통에 대해 서로 상반되는 반응을 보인다. 즉 강한 반응과 약한 반응이다.

알아야 할 지식의 절반만 알고 있는 학생들의 경우를 한번 살펴보자. 한 학생은 자기가 잘 모르는 지식에만 신경이 곤두서서, 이미 알고 있는 것에 대해 질문을 받아도 대답을 못한다. 마음속으로는 지나치게 당황하고 있는 자신을 심히 자책하고, 이런 갈등 때문에 더욱 무력해진다. 그리고 부모에게도 자신은 수치스러운 존재라고 생각해 버린다. 그는 이런 생각에 완전히 사로잡혀 있기 때문에, 시험관이 낙제하지 않도록 친절하게 기회를 주어도 속수무책이 되고 만다. 한편, 그의 친구는 자신이 모르는 것에 대해 이 사람 못지않게 의식은 하지만, 그런 위험 부담이 촉진제로 작용한다. 그는 자신이 모르는 문제에 대해 질문을 받아도 대수롭지 않은 듯 그럴듯하게 설명하면서 자신 있는 주제로 지혜롭게 넘어간다. 승리가 자기 손안에 있다는 생각에 자신감과 지적 활력이 더욱 증대되고, 따라서 극히 사소한 지식도 잘 전달한다.

분명히 이런 반응 기제는 두 학생이 알고 있는 지식의 실제적 가치보다 더 중요하다. 한 학생은 자신이 가진 50퍼센트를 100퍼센트로 전환시키는 반면, 다른 학생은 자신의 50퍼센트를 무(無)로 전락시킨다. '약한' 학생이 '강한' 학생보다 시험 준비를 훨씬 더 많이 했다 해도 결과는 마찬가지일 것이다. 여기서 중요한 사실은 두 사람 다 낙제를 두려워하고 있지만 동일한 두려움에 대한 반응이 서로 확연히 다르기 때문에 둘 중 한 사람만 낙제한다는 것이다. 이와 같이, 모든 주어진 상황에서 사람들은 동일한 불안에 대해 서로 다르게 반응한다.

강한 반응이란 자신의 약점을 가리기 위해 자신 있고 적극적인 모습을 띠며, 자신의 두려움을 덮기 위해 다른 사람의 두려움을 자극하고, 자신의 나쁜 면을 감추기 위해 좋은 면을 과시하는 것을 말한다.

반면, 약한 반응은 너무나 당황한 나머지, 자신이 감추고 싶어 하는 바로 그 약점을 드러내는 것을 말한다. 자신이 약점이라고 의식하고 있는 것을, 강자는 은폐하는 것으로 반응하는 반면 약자는 숨기지 못하고 드러나게 하는 것이다.

이런 점 때문에 약자는 항상 강자보다 더 정직한 것처럼 보인다는 것을 인정하지 않을 수 없다. 사실, 강자의 행동은 자기기만으로 끝난다. 강자는 다른 사람들에게 늘 자기 약점을 숨기기 때문에 결국은 스스로도 그 약점을 깨닫지 못한다. 이들은 약점을 제거하지 못하고 그냥 억누른다. 말하자면, 그들은 약점을 무의식적으로 의식하고 있으며, 그에 따라 은폐 반응도 더 강화된다.

반대로, 약자는 자신의 약점을 지나치게 의식한다. 약자가 늘 아프거나 실패하거나 삶에 짓눌려 있는 것처럼 보이는 것도 그 때문이다. 강자들 스스로는 아프지 않지만 그들의 반응은 무섭게 작용하여 주위 사람들을 아프게 한다.

약자는 강자가 약점을 감추고 있다는 것은 알아채지 못한 채, 강자의 강함만을 생각하기 때문에 스스로 짓눌린다. 강자는 승리를 통해 자신감을 얻으려고 약자를 짓밟는다.

실제로 우리는 상황에 따라 정도는 다르지만 강하거나 약하게 반응을 한다. 때로는 신경과민적 발작과 같은 약한 반응이 강한 무기를 대신하는 최고의 무기로 작용하기도 한다. 앞에서 보았던 아이가 그와 같은 경우다. 아이는 눈물을 흘리는 약한 반응으로 승리를 얻었다. 반대로, 분노와 같은 강한 반응이 오히려 분노 속에 감추고자 했던 약함을 드러내기도 한다. 강자 자신도 이 사실을 어느 정도 인식하고 있으며, 이 때문에 강한 반응과 난폭한 행동이 더욱 증폭된다.

그래서 이를테면 테이블을 주먹으로 치는 것 같은 강한 반응도 결국은 약함을 드러내는 것이고, 약한 반응도 반응할 힘이 여전히 있다는 것을 나타낸다. 성미가 매우 까다롭고 충동적인 어느 부인은 사소한 의견 차이에도 남편에게 바가지를 긁는다. 그것은 마치 수문을 갑자기 열어 급류를 쏟아 내는 것과 같다. 오랫동안 쌓여 있던 불평을 홍수처럼 방출하는 것이다. 반대로, 남편은 이 상황에서 약하게 반응한다. 그는 너무나 지쳐서 감각을 잃고 아무 말도 하지 않는다. 그러나 이 반응은 자신을 방어하는 하나의 방법이다. 아내는 이 사실을 매우 잘 알고 있기 때문에 고집스럽게 입을 다물고 있는 남편에 대해 화가 머리끝까지 치민다. 아내가 아무리 고래고래 소리를 질러도, 남편의 침묵의 벽을 허물지 못한다면 승리는 아내 것이 아니다. "그렇게 바보처럼 가만히 앉아만 있지 말고, 뭐라고 말 좀 해 봐요!"라며 아내가 남편을 향해 외친다. 그리고 이혼하자고 으름장을 놓는다. 그때 남편은 자살이라는 최고의 약한 반응을 생각하게 된다. 물론 이것도 하나의 무기이긴 하다. 남편은 자살을 떠올리면서 '아마 내가 무덤에 가야만 아내는 자신이 저지른 잘못에 대해 깊이 후회할 거야'라고 생각한다.

강한 반응과 약한 반응은 외양저으로는 사이가 있어 보이지만, 서로 밀접하게 연관되어 있다. 이것은 이 반응에서 저 반응으로 매우 쉽게 바뀔 수 있다는 사실을 알면, 더욱 쉽게 이해할 수 있을 것이다. 그때까지 아무 말도 하지 않고 있던 남편이 갑자기 화가 나서 아내에게 폭력을 휘두를 수도 있다. 그리고 아내는 억누르지 못했던 격렬한 감정이 사라지고 완전히 우울증에 빠지는 급격한 상태 변화를 보일 수도 있다. 그렇게 되면, 남편과 아내의 무기가 서로 바뀌어 이제는 남편이 이혼을 말하고 아내는 자살을 말한다. 이런 식으로 계속 돌변하는 태도는 정치계에서 자주 일어나는 일로, 경악을 불러일으키기 마련이다.

나는 지금까지 심각하게 갈등하는 경우를 제시했지만, 사실 강한 반응(은근한 비난, 가벼운 빈정거림, 묘한 허세)과 약한 반응(억제된 칭찬, 은근한 아첨, 겉으로만 하는 순종)의 미묘한 상호 작용이 수많은 사회적·지적·상업적 관계를 구성하고 있다. 분명, 강한 반응과 약한 반응은 생각보다 그렇게 대립적이지 않다. 다시 말해, 이 두 반응은 인간 누구나 가지고 있는 동일한 근원적 고통에 대한 표현이다. 그리고 작용하는 기제는 다르지만 초래하는 결과는 같다. 그 결과란 약자가 짓눌리면서 전반적인 갈등상태가 시작되어, 결국은 강자도 자기가 쌓아 올린 그 폐허더미에 깔려 짓눌리고 마는 것이다.

두 딸을 폭군적인 사랑으로 키우는 소유욕 강한 어머니가 있다. 어머니는 자신의 행동이 두 딸을 위한 것이라고 확신하면서, 두 딸의 행동 하나하나를 모두 지시하고 세상의 온갖 위험과 해로운 영향력에서 딸들을 보호해야 할 권리가 자기에게 있다고 여긴다.

대개 맏딸은 어머니의 압도적인 간섭에 대해 약한 반응을 보인다. 그 맏딸은 어머니의 말을 순순히 따르고, 자기의 주도권은 완전히 잃어버린 채 항상 주저하고 지나치게 소심하다. 그녀는 이렇다 할 직장도 구하지 못하고 어머니 밑에 종속되어, 자기만의 인생도 단념하고 독립심도 모두 버린다. 맏딸이 어머니의 말에 늘 복종하므로 어머니는 딸을 더욱 자기 멋대로 대하고 딸이 아무리 열심히 노력해도 어머니는 딸을 꾸중할 기회만 엿본다. 맏딸은 어머니의 꾸중이 두려워, 점점 더 유순해지고 고통스러워한다. 이 딸은 심적 암시라는 힘의 지배를 받아 남자, 성, 사랑, 인생을 두려워한다. 그리고 상상의 세계로 도피한다. 자신의 인생이 엉망이 되고 있다는 생각을 하면 할수록 이러한 성향은 더욱 강해지고, 그러면서 현실에 부딪히면 훨씬 더 당황스러워하고 어머니에게 더욱 의존한다.

반면, 둘째 딸은 강한 반응을 보인다. 둘째 딸은 아주 어렸을 때부터 어머니의 말에 삐딱하게 반응하고 반항도 한다. 어머니는 딸의 버릇없는 행동이 창피스러워 딸의 버릇을 고치려고 억압의 나사를 더욱 조이기도 한다.

어머니와 이 딸은 만나기만 하면 서로 으르렁거리면서 각자의 입장을 고수한다. 딸은 어머니에게 반항하려고 집을 나가 평판이 좋지 않은 청년들과 어울린다. 하루는 어머니가 딸을 불시에 찾아가 욕설을 퍼붓고, 상황은 최악이 된다. 딸은 곧 문을 박차며 집을 나가고, 어머니는 딸이 정신을 차리도록 용돈을 전혀 주지 않는다. 그 딸은 스스로 살아가는 법을 배우게 되고, 생계수단을 찾아 나선다. 매우 힘든 일을 겪기도 하지만, 그러한 와중에서 성숙해져서 언니의 유약한 태도와는 확연히 다른 모습을 보인다. 둘째 딸은 자신의 생계를 위해 그 누구의 도움도 받지 않고 아주 열심히 일한다. 그리고 여러 사람을 알게 되면서, 그들의 약점을 이용하는 법도 배운다. 이내 언니에게는 다음과 같이 말한다. "언니는 바보야. 언니 인생이 엉망이 된 것은 바로 언니 자신의 잘못이라고. 나처럼 살아 봐. 그런 생활은 이제 그만두고, 언니 뜻대로 한번 해 보라고." 동생으로부터 이러한 책망을 받은 언니는 자신감을 더욱 상실한다. 하지만 동생은 양심에 거리끼기는 하면서도, 자신이 옳다는 확신을 얻고자 거듭 그렇게 말하며 만족해한다.

당연히 어머니는 자신에게 헌신적인 맏딸에게서 보상과 위로를 얻으려고 하며, 자신의 말을 듣지 않는 둘째 딸에 대한 불평을 쏟아 놓는다. 맏딸은 동정심을 발휘하여 더욱 열심히 어머니를 위로하고 끊임없이 어머니에게 헌신한다. 그러나 어머니는 맏딸이 아무리 위로를 해도 둘째 딸의 반항을 고치지 못하기 때문에 쉽게 위안을 얻지 못한다. 이때 맏딸은 억압되어 있던 혼란과 번민의 감정이 극에 달하면서(이것은 애착 본능이 왜곡되어 나타나는 불가피한 현상이다), 강박관념에 사로잡힌다. 그러면서 맏딸은 아프기 시작하고, 강자와 악한 자만이 승리하는 세상에서 그 싸움을 견디지 못하게 된다. 그리고 맏딸은 정신과 의사를 찾아가서(이는 자신이 사회적으로 실패했다는 것을 인정하는 최대의 표현이었다) 자신은 약골이며 겁쟁이에다가 어머니를 사랑하지 못하는 자식이라고 털어놓는다.

맏딸이 그러고 있을 때, 둘째 딸은 어머니로부터 무작정 멀리 떠나고 싶은 충동을 느껴 외국으로 나간다. 그리고 예기치 않은 기회가 찾아와 화려한 삶을 살게 된다. 이따금 어머니를 상심하게 했던 것에 대해 양심의 가책을 느끼기도 하지만, 그럴 때마다 그런 감정을 적절히 억압해서 불평의 홍수 속으로 깊이 밀어 넣는다. 앙리 바뤽Henry Baruk 박사는 도덕적 양심을 억눌러서 생기는 공격 기제에 대해 잘 설명한다.[2] 그는 강자도 약자와 마찬가지로, 자신이 보이는 강한 반응의 끔찍스러운 올가미에 사로잡힐 수 있다고 한다. 강한 행동은 곧 정당하지 않고 폭력적인 행동으로 이어져, 강자로 하여금 죄책감에 시달리게 한다. 그러나 강자는 곧 죄책감을 억누르고, 폭력적인 행동에 상처받은 사람에게 다시 분노를 쏟는다. 이리와 양의 우화를 상기시키는 이런 성향은 모든 인간관계에서 중요한 역할을 하는 것으로, 공격을 미리 막는 원천이다. 우리가 잘못을 저질렀을 때 우선적으로 보이는 반응은 욕설을 퍼붓거나 노골적으로 공격하는 것 또는 최소한 속으로 은근히 비난하는 것이다. 그러면서 죄책감이 뒤섞여서 이제는 속수무책인 공격적인 감정을 느끼게 된다. 이렇게 자기 식의 반응에 고착된 둘째 딸은, 그런 식으로 자기 인생에 놓인 모든 장애물을 극복해 간다. 그리고 강한 여자가 되어, 모든 동정심을 억누르고 자신의 뜻을 다른 사람들에게 강요한다. 동생은 남모르게 자신을 부러워하는 언니를 무시하고, 자신의 강함을 안식처로 삼는 약한 남자를 현혹시켜 그와 결혼하지만 곧 그를 짓밟아 버린다. 나중에는 자녀의 삶에도 일일이 간섭하면서, 자신이 옳다는 것을 끊임없이 확인하려 든다.

이제 일은 다음과 같이 진행된다. 언니는 나약하고 건강상태가 좋지 않은 반면, 동생은 건강하지만 계속해서 강한 반응을 보이기 때문에 다른 사람들에게 악영향을 미친다. 언니는 자신의 '공격성'을 억누르고 안으로 삭이면서 의심의 노예가 되고 양심의 가책과 자기 비하감에 시달린다. 자신의 인생을 망친 어머니에게 깊은 앙심을 품지만 무의식 안으로 그것을 억누른다. 대신, 고통스러워하면서도 어머니에게 헌신하고 이 무의식적 원한을 되갚는다.

반면, 동생은 자신의 양심과 따뜻한 마음과 여성스러움을 억누른다. 동생은 이런 불안정한 평온을 유지하려고 계속해서 새로운 승리를 얻어야만 한다. 사실, 이 두 자매는 둘 다 자유롭지 못하다. 한 사람은 약한 반응에, 다른 한 사람은 강한 반응에 얽매여 그것에서 벗어나지 못한다. 하지만 진정한 힘은 자유함 속에 있다. 그러므로 독자들은 내가 왜 미리부터 강자와 약자는 겉보기와는 달리 서로 유사하다고 단정했는지 이해할 수 있을 것이다. 두 자매는 자신들의 잘못된 반응, 곧 강한 반응과 약한 반응의 공통 원인이 되는 동일한 고통을 느낀다.

신경증, 수치심, 열등감, 자신감 부족, 신경과민, 병적인 죄책감, 정서 불안, 강박관념, 공포심, 기능성 장애, 우유부단, 우울증 등은 약한 반응이다. 이제 이 모든 건강하지 못한 증세는 약자에게 약한 감정을 지속시켜 더욱더 약한 반응을 불러일으킨다.

그렇다면 강한 반응의 결과는 무엇인가? 그것은 의사가 다루어야 할 영역이라기보다는 도덕론자나 사회학자들이 다루어야 할 영역이 아닌가? 절대 그렇지 않다. 강한 반응의 즉각적인 열매들은 사회·정치적 갈등, 사회의 불의, 폭력, 편협, 비방, 앙갚음, 잔인함, 전쟁 등이 분명하다. 그러나 더욱 중요한 것이 있다. 신경증을 앓고 있는 언니에 비하면 건강 상태가 양호하고 다소 반항적인 동생이 강자를 괴롭히는 혹독한 질병(고혈압, 동맥경화, 관절염, 암 등)에 희생되기도 한다는 사실이다. 사실, 이것은 매우 섬세하고 복잡한 문제라서 일필에 해결하기는 어렵지만 반드시 제기되어야 할 문제다. 아직은 시작조차 되지 않았지만, 이 분야는 과학적으로 신중하게 연구할 만한 주제다. 이런 연구는 현대 의학에 일대 혁신을 일으킬 것이다.

이것을 이해하기 위해서는 인간을 하나의 통합된 개체로 이해해야 한다. 지금까지 설명한 강한 반응과 약한 반응은 단지 심리적인 것만이 아니라, 신체와 정신이 동일하게 관련된 전인적인 반응이다. 독자들은 나의 설명을 따라 읽어 가면서, 두 딸의 신체적인 외양을 상상하게 되고 이 사실을 인식할 수 있을 것이다. 즉 언니는 신경이 예민하고 쇠약하며 마음이 여리고 침울하며 얼굴이 창백하고 손이 가냘프고 혈압이 낮으며 소화 기관은 매우 불안정하다. 그러나 동생은 생기가 돌고 얼굴을 꼿꼿이 들고 다니며 건강한 용모에 안색이 붉고 혈압도 높다.

크레취메,[3] 시고,[4] 알랑디,[5] 카르통,[6] 코르망[7] 같은 연구자들은 이러한 정신-생리적psychophysical 상관관계를 강조해 왔다. 어떤 용어를 사용하든 이들은 모두 사람을 강자와 약자로 구분한다. 강한 반응은 성격의 반응일 뿐 아니라, 활력을 고양시키는 신체의 반응이기도 하다. 강자는 우선 신체의 건강으로 자신을 표현한다. 강한 반응의 증거는 분명히 신체 기관에서 가장 미세한 세포의 활발한 신진대사에서 발견할 수 있다고 생각한다.

그러나 엔진을 많이 가동하면 마력은 높지만 엔진이 빨리 소모되는 것처럼, 계속 강한 반응을 보이면서 신체적·정신적 자원을 쉬지 않고 동원하는 것은 확실히 무리다. 경험 많은 의사들은 이 사실을 잘 알고 있다. 어떤 환자는 늘 병에 찌들어 있는데 이 병 저 병이 생길 때마다 의사의 진찰을 받으러 다니면서 오래오래 살아간다. 반면에 그의 형은 정력이 왕성하고 단 하루도 앓은 적이 없는 건강 체질이라고 자랑하지만, 그런 사람이 갑자기 중병으로 쓰러질 수도 있다.

질병에는 약한 증세와 강한 증세가 있는 것처럼 보인다. 언뜻 보기에, 전자는 주로 기능상 장애이거나 신경 계통과 심리적인 면에 문제가 있는 것 같고, 후자는 좀더 유기적이고 쉽게 치료되지 않는 것처럼 보인다. 그러나 이 두 질병은 모두 나름대로의 방식으로 삶을 살아가는 전인全人의 증세다. 강한 반응과 약한 반응은 둘 다 정신-신체적인psychosomatic(정신과 신체가 상관관계를 이루는—역주) 것이다.

여기서 한 가지 주목할 점이 있는데, 실례를 살펴보자. 신경질적이고 예민한 사람들의 모세혈관은 매우 연약하다는 사실이 관찰되는데, 이들은 아주 작은 타격에도 상처를 입는다. 나는 방금 이러한 유형의 환자에게서 다음과 같은 메모를 받았다. "저는 아무 데도 부딪힌 데가 없는데 왜 자꾸 멍이 드는 거죠?" 최근 보세이에서 열린 '인격 의학'에 관한 학술회의에서, 보젤상Vogelsang 교수는 인간의 신체와 정신이 서로 연결되어 있다는 것을 밝히기 위해서 신경 말단부와 모세혈관 말단부의 섬세한 연결에 대해 해부학적이고 물리적인 연구가 활발히 진행되어야 한다고 제안했다.

이제는, 도덕적인 문제와 신체적인 문제가 어떻게 결합되어 있는지 살펴보자. 의사들은 정신-신체적 반응의 두 가지 반대되는 형태를 발견했다. 환자들 중에는 병리적인 요인이나 사회적인 공격에 거의 방어하지 못하는 사람이 있다. 이들이 겪는 신체적·정신적 질병은 대개 만성적이며 또 다른 질병을 소래한다. 신체적으로 쇠약하게 되면 정신적으로 약해지고, 정신적 고통과 사회적 실패는 약한 반응의 표현으로서 새로운 신체적 장애를 불러일으킨다. 따라서 하나의 질병이 치료되고 얼마 되지 않아 또 다른 질병이 나타나고 이제 연속적으로 훨씬 더 복잡한 문제에 사로잡힌다.

반대로, 활달한 반응을 보이는 사람들은 정신적으로뿐 아니라, 신체적으로도 오랫동안 강인한 건강 상태를 유지한다. 이들에게는 만사가 단순해 보인다. 이들은 자기보다 약한 형제들에게 자신의 건강 상태가 더 낫다고 으스대면서 굴욕감을 주고 그들의 부러움을 산다. 그러나 이들에게 병이 나면, 중병이나 발작성의 위험한 순간이 생기고 이들의 왕성한 방어력과 병적 요소들이 충돌한다. 그래서 금방 완쾌되거나 아니면 일찍 죽는다. 어쨌든 일반적으로 정신 건강과 신체 건강에서 이들 두 가지 유형은 서로 정반대로 나타난다. 그 예로, 예민하고 복잡한 신경성 노이로제와 매우 단순한 순환기질장애 cyclothymic ─ 조울증의 원인이 되는 ─ 를 비교해 볼 수 있다.

사회적으로 거듭 성공을 거두는 강자에게는 모든 것이 쉬워 보인다. 이들은 자신의 승리 뒤에 다른 사람들의 눈물과 많은 불의가 있으며, 그것이 자신과 사회 모두를 일순간 갑작스런 파국으로 몰고 갈 수도 있다는 사실을 알아채지 못한다.

강자는 약자의 약한 모습을 보면서 더욱더 앞뒤 가리지 않는 강한 행동을 하고, 약자는 강자의 강한 모습에 더욱더 위축된다.

우리는 들어가는 직장 어디에서나, 영리한 동료들을 만난다. 그 사람은 가장 쉽고 빨리 끝낼 수 있는 일을 맡는 방법을 알고 있으며 지나치게 양심적이지도 않고 사소한 일에 정신을 빼앗기지도 않으면서 신속하게 일을 처리한다. 그렇기 때문에 다른 사람들로부터 상당한 부러움을 사고 돈도 쉽게 벌며 명예도 얻고 출세도 빠르다. 쉽게 성공하면 야망도 커지고 강해진다. 반면, 이런 사람들 옆에 있는 다른 사람들은 자기 자신을 조절하느라 애쓰지만 결코 그 진가를 인정받지 못한다. 그들 자신도 그 노력을 평가 절하한다. 소심한 성격 때문에 늘 자신이 하는 일의 결점만 보기 때문이다. 그래서 항상 시작만 하다가 시간을 허비하고 스스로를 무능하게 여긴다. 그리고 이들은 그 영리한 사람이 정말 일을 잘한다고 생각하지만, 사실은 그렇지도 않다. 그들은 직장에 대한 불만과 실망으로 의욕을 잃거나 직장을 이리저리 옮겨 다니면서 삐걱거리고 불만족스러운 생활을 한다.

   그러나 이 모든 반응은 표면적인 것이다. 모든 사람의 근본적인 문제는 강하거나 약한 태도 속에 숨어 있는 도덕적 고통이다. 심리적 구원은 약자를 강자의 진영으로 들어가게 하는 것이다. 프로이트파 심리학자들이 발전시킨 공격성의 원리는 이미 널리 알려져 있다. 그들의 주장에 따르면, 신경증이란 인간의 타고난 공격 성향을 억압한 데서 기인하고, 도덕과 종교는 치열한 삶의 현장에서 개인의 무기를 빼앗아 미리부터 그를 패배자로 만들어 파멸시키는 사회적인 제약에 지나지 않는다는 것이다. 앞에서 예시한 신경증을 앓고 있는 맏딸을 진찰하는 정신과 의사는 이런 신념을 그녀에게 심어주는 데 성공할 것이다. 그리고 그녀의 꿈속에서 어머니에 대한 앙심이 불타오르고 있다는 증거를 깨닫도록 하는 것도 그리 어렵지 않을 것이다. 또 의사는 그녀를 회복시키기 위해 그녀가 그 사실을 깨닫고 받아들일 수 있게 도와줄 것이다. 나는 이 치료법이 필요한 과정일 수 있기 때문에 결코 이를 비난하지 않는다. 아픈 사람은 치료를 받아야 한다. 그리고 그녀는 어머니의 간섭에 나약하게 복종할 때보다, 동생처럼 어머니에게 대꾸할 때 스스로에 대해 더 솔직해질 수 있을 것이다.

나는 지금까지 수많은 신경증 환자가 이런 정신분석 치료 과정을 통해 약자의 진영에서 강자의 진영으로 이동함으로써, 임상적 측면에서는 치유되었다고 말할 수 있는 경우를 많이 보았다. 이 치료 과정은 적어도 그러한 환자에게는 참으로 귀한 결과다. 자녀가 홍수처럼 쏟아 내는 불만을 이해하지 못해서 망연자실할 부모에게는 전혀 그렇지 못하겠지만 말이다. 그러나 분명한 것은 사람의 내면 깊숙한 곳에서 변화가 일어난 것이 아니라, 단지 외적인 반응만 달라졌다는 사실이다. 그런 환자들은 공격 성향을 억압하던 습관에서 벗어나, 이제는 양심을 억압한다. 하지만 근본적인 내면의 갈등을 해결하지는 못했기 때문에 이 치료법은 다른 유형의 반응으로 변화시킨 것이라고밖에 말할 수 없다. 근본적인 내면의 갈등은 우리의 공격적인 본성이 도덕적 양심(즉 우리를 억압하려는 사회나 다른 사람들, 선과 악의 분별을 방해하는 세력에 저항하고자 하는 욕구)과 대치되는 가운데 일어난다. 인간의 드라마를 이루는 갈등은 대개 내면 깊이 자리 잡고 있다. 우리가 살펴보았듯 약한 반응뿐 아니라 강한 반응의 뿌리에도 깊은 불안이 자리 잡고 있다.

이 점에서 나는 인간의 의학적·사회적 문제와 도덕적·영적 문제는 서로 연결되어 있다고 생각한다. 지금까지 설명했던 근본적인 갈등은 결코 묵살해 버릴 수 없는 중요한 사실이다. 인간은 다음과 같은 두 가지 세력에 직면한다. 마치 이 세상에 자기 혼자 살기라도 하는 것처럼, 자신의 성장과 야망을 위해 다른 사람들을 구슬려 지배해서 자기의 힘에 순순히 응하는 도구로 만들거나, 말을 듣지 않으면 그들을 짓밟아 버리려는 욕망이 있다. 반면, 이에 못지않게 힘을 행사하는 도덕적 양심이 있어서, 자신의 모든 불의한 행동에 대해 지울 수 없는 양심의 가책으로 스스로를 벌준다. 이것은 결국 사랑하고 사랑받으려는 욕구로, 모든 인간이 살아가는 자연과 사회의 조화를 위해 한계를 두신 하나님의 질서에 대한 직관적 감각이다. 인간이 모두 나약하다는 의미는 인간이 이 두 가지 세력 사이에서 힘을 잃고 그 결과로 일어나는 내면의 갈등을 해결하지 못한다는 뜻이다.

대부분의 사람은 강한 반응과 약한 반응을 혼합하여 타협하면서 살아간다. 그리고 상황에 따라 공격하기도 하고 뒤로 물러나기도 하면서 각기 다른 반응을 보인다. 이들은 도덕적 규약과 법률과 여론이 허용하는 한 자신의 방법을 계속 밀고 나아가지만, 자기가 별로 손해 보지 않는 한 친절도 베풀고 양심의 가책도 느낀다.

지금까지 살펴본 강한 반응과 약한 반응은 두 가지 정반대 상황, 곧 왕성한 본능에 따라 살기 위해 스스로의 양심과 감정을 묵살하는 것과 본능을 억제하고 다른 사람들이 자신을 억압하도록 내버려 두는 것을 말한다. 서로 극단적인 위치에 있는 이 두 가지 반응은 극단적이 되면 병리적이므로 인격의 조화를 파괴하기도 한다. 그래서 한편으로는 약자에게 발생하는 질병(예를 들어, 결핵 또는 신경증), 다른 한편으로는 내가 이미 언급한 바 있듯이 강자에게 발생하는 소모성 질환, 또는 바뤽 박사가 그의 저서에서 설명한 누구나 금방 알 수 있는 정신착란을 일으키기도 한다.[8] 바뤽 박사가 의미하는 정신착란이란, 무섭고 비양심적인 동력으로 도덕적 양심을 억압함으로써 결국 정치적·사회적 재난을 유발할 수 있는 전형적인 경우를 말한다.

그러나 강한 반응이건 약한 반응이건 어느 한쪽 극단을 통해 문제를 해결하려고 하거나, 아니면 둘 사이의 타협점을 찾아 해결하려는 방법은 정작 인간이 필요로 하는 깊은 치유는 하지 못한다. 두 가지 반응을 서로 절충한다고 해서 내면의 갈등으로 인한 보이지 않는 고통이 사라지는 것은 아니다. 사회의 법률이나 도덕적 규약 면에서는 전혀 문제가 없어도, 양심은 수많은 비밀스러운 잘못을 고발한다. 그리고 두려운 마음에 관용을 보이기로 마음을 먹어도 스스로 그것이 약함에서 비롯된 것임을 알기에 마음이 불편하다.

나는 앞에서 설명한 두 자매 중 언니에게서 약자의 극단적인 태도를 발견했다. 약자의 극단적인 태도는 내면의 갈등을 멈추게 하기는커녕, 오히려 한층 격화시킨다. 인간의 본능은 어느 누구도 파괴할 수 없다. 누구나 본능을 거스를 수 있지만, 그렇다고 해서 본능이 완전히 없어지는 것은 아니다. 본능을 억누르는 태도는 우리의 내면세계를 좀먹기 시작하면서, 질병을 더욱 악화시키고 약한 반응을 부추긴다.

이에 반해 동생과 같은 극단적인 강한 태도는 그 사람의 기운을 돋우어 주기는 하지만 내면의 갈등을 해결하지는 못한다. 왜냐하면 도덕적인 양심 역시 강한 본능처럼 파괴될 수 없는 것이기 때문이다. 우리는 우리의 양심이나 감정을 억누를 수는 있지만, 완전히 묵살할 수는 없다. 양심이나 감정은 이를 감추려고 계속해서 강한 반응을 하게 하는 무의식적 원인이 되며 이것은 억압을 더 심화시킨다.

이와 같이 강자와 약자가 안고 있는 내면의 갈등은 해결되지 않은 채 남아 있다. 이때 어떤 신념을 선택하거나 열성적으로 방어함으로써 자신을 안심시키려는 욕구를 이들에게서 공통적으로 볼 수 있다. 약자는 평화주의자요 이상주의자며 몽상가다. 이들은 자신의 약함을 일종의 미덕으로 여기고, 세상의 불의에 감히 맞서려고 하지 않은 채 소용없는 비난만 한다. 강자는 힘을 의지하고 영웅과 전쟁을 신뢰하며 투쟁을 통해 전진하는 물질주의자요, 현실주의자다. 공격성의 원리는 정신 분석 치료로 강자의 대열에 들어가게 된 신경증 환자만큼이나 광적인 전향자를 낳을 뿐이다. 이들의 열정은 이들이 억압해 버린 도덕적 양심이 겪는 고통을 저버린다. 모든 사람은 자신이 고백하는 신념을 통해 자기 행위를 정당화하고, 다른 사람들을 자신이 믿는 가치관으로 전향시켜 스스로가 옳다는 것을 확인하고 싶어 한다.

그러나 진정한 내적 치유는 약한 반응이나 강한 반응에서는 찾을 수 없다. 마음속의 근본적인 갈등을 실제로 해결해야만 진정한 내적 치유가 가능하기 때문이다. 그리고 진정한 내적 치유는 심리학 수준에서가 아니라, 영적인 영역에서 이루어진다. 하나님은 우리에게 본능을 주셨을 뿐 아니라 도덕적인 양심도 주셨다. 그렇기 때문에 이 둘은 절대 파괴할 수 없다. 오직 하나님만이 이 둘이 조화를 이루게 하시며, 그것이 이루어지는 것은 사람이 그분께 순종할 때다.

심리적 구원은 약자의 대열에서 강자의 대열로 옮겨 가는 것이지만, 종교적 구원은 하나님의 뜻을 재발견하는 데 있다. 삶의 본능과 도덕적 양심은 하나님이 의도하신 인간성 안에서만 제대로 기능할 수 있다. 물론 그 목적은 이 세상에서는 완전히 실현될 수 없다. 하지만 인간과 사회가 건강할 수 있는 길은 하나님의 은혜를 진정으로 경험하는 것임을 많은 경우에서 볼 수 있다. 그런 경험을 통해 약자는 약한 반응의 고통에서 벗어나고, 강자는 강한 반응의 악순환을 끊어 버린다. 또한 약자는 용기를 회복하고, 강자는 교만을 무너뜨린다. 약자는 인생과 자기 자신, 성적 욕구, 본능과 조화를 이루며, 강자는 양심의 목소리를 듣고 그동안 강한 외양 속에 감추어 놓은 자신의 비밀스러운 약점을 인정함으로 새로운 힘을 얻는다. 그리고 그러한 경험을 통해 약자는 스스로 관대하다고 생각했던 행동에 비겁함이 담겨 있었음을 깨닫고, 강자는 자신이 옳다고 주장했던 것에 옳지 못한 행동이 있었음을 인정하게 된다.

이제 그 두 자매를 다시 살펴보기로 하자. 만일 두 자매가 예수 그리스도와의 결정적인 만남을 경험한다면, 언니는 그동안 어머니에게 앙심을 품었다는 것을 인정하고 어머니를 용서하면서 스스로에게 좀더 솔직해질 것이다. 그렇게 해서 언니는 정반대의 극단적 행동인 공격성이라는 강한 반응으로 옮겨 가지 않고도 약한 반응에서 벗어날 수 있을 것이다. 그리고 동생은 하나님과 어머니에게 용서를 구할 것이다. 이것은 결코 약한 반응이 아니며 오히려 그 반대로, 양심의 가책에서 벗어나 마음속 평안을 누리고 어머니에 대한 사랑을 다시 깨달을 것이다.

물론 이전에 당연하게 했던 반응들이 간혹 나타나긴 하겠지만, 하나님의 은혜를 더 많이 경험할수록 언니는 더 당당해지고 동생은 더 부드러운 성품을 가지게 될 것이다.

독자들의 이해를 돕기 위해 극단적이고 격렬한 갈등을 예로 들었지만, 이 모든 것은 대부분의 경우에 적용된다. 사실, 모든 사회적인 관계에서 어느 쪽이 상대방에게 더 영향력을 행사하는가 하는 문제가 늘 제기된다. 모든 사회적 관계에는 상대방을 제한하려는 의지의 대결이 존재한다. 그래서 사람들은 갈등 속에서 충돌하거나, 스스로 옳다고 확신하는 쪽으로 상대방을 끌어들이려고 더 다정한 방식으로 다른 사람을 설득한다. 따라서 모든 사회적인 관계에서는 다음 세 가지 태도가 가능하다. 상대방에게 영향을 주는 모든 시도를 거부하면서 수동적으로 순응하는 약한 반응, 거칠거나 부드러운 방법으로 다른 사람을 억압하고 자기 뜻대로 하려는 강한 반응, 그리고 하나님이 주도하시는 방법으로 두 의지가 자신의 한계를 분명히 인식하고 하나님의 의지에 순복하여 조화를 이루는 것이다.

내가 아는 한 부부는 지적이고 서로를 이해하고자 애쓰며 선한 의지와 욕구로 가득 찬 그리스도인이었다. 그러나 부부의 기질은 각기 아주 달랐다. 남편은 수동적이고 관조적인 성격을 가진 반면, 아내는 강하고 적극적인 편이었다. 이렇게 상대적인 반응들이 서로에게 너무나 강력하고도 비극적인 영향을 주었기 때문에 이들의 결혼 생활에는 많은 어려움이 있었다. 이 부부는 각자 좋은 자질을 가졌음에도 불구하고, 이런 문제 때문에 진정한 결합에 이르지 못했던 것이다. 아내가 의도적으로 남편을 지배하려고 한 것은 아니었다. 다만 항상 남편을 도와주고 싶어 했고, 남편에게 좀더 진취적으로 행동하고 마음속에 있는 것을 털어놓고 자부심을 가지라고 말하곤 했다. 그러나 결과는 반대였다. 남편은 아내의 말이 애정에서 나온 것임을 알기는 했지만 아내의 압력 때문에 자신은 열등한 존재이고 이해받지 못한다고 느꼈다. 그는 더 자기를 방어하며 움츠러들었고 열정도 메말라 갔다. 마음 깊은 곳에서 이들은 상대방이 변해 주기만을 바랐다.

오늘 나는 그 부부로부터 한 통의 편지를 받았다. 편지에는 그 부부가 하나님의 은혜를 경험하면서 각자의 삶이 변했다는 내용이 적혀 있었다. 아내는 기도 중에 하나님이 자신에게서 '조급함과 자기 연민, 보복하려는 마음, 남편을 복종시키려고 억압했던 것을 그만두기를 원하신다는 것을 깨달았다'고 말했다. 그리고 남편은 '자신을 괴롭히는 일들을 마음속에만 담아 두는 것'을 이제는 하지 말아야 한다는 것을 깨달았다고 적었다.

이제 그들 사이의 분위기는 바뀌었다. 하나님의 음성을 통해 남편은 약한 반응에서 그리고 아내는 강한 반응에서 해방되어, 상대방의 반응을 더욱 부추기던 행동에서 벗어나게 되었다. 이 부부가 타고난 맹목적이고 경직된 반응 기제에서 벗어나, 서로의 기질을 보완하고 다양한 모습으로 조화를 이루면서 진정으로 하나가 되는 차원에 이르도록 했던 것은 기도의 힘이었다. 이들 부부는 기쁨에 넘쳐 이렇게 덧붙였다. "상대방을 변화시키는 것이 중요한 것이 아닙니다. 중요한 것은 하나님의 도우심을 힘입어 나 자신을 변화시키는 것이지요."

제2장

좌절

우리가 지금까지 이야기한 것을 볼 때, 그렇다면 왜 사람마다 반응이 이렇게 다양한지 의문이 생긴다. 똑같은 마음의 고통에도 왜 어떤 사람은 강하게 반응하고 어떤 사람은 약하게 반응할까? 왜 강하게 반응하는 사람은 기만적인 힘과 건강을 자랑하고 약하게 반응하는 사람은 좌절감을 느끼면 곧장 의사를 찾아가는 것일까?

좌절감. 고통에 시달려 나를 찾아오는 사람들에게서 얼마나 자주 들었던 말인가! "제 인생은 이제 완전히 망했습니다. 10년 전만 해도 선생님께서 저를 도와주실 수 있었겠지만, 이젠 너무 늦었습니다." 나는 이런 말을 참 많이 들었다. 이런 사람들은 자신을 망친 불행한 일들과 계속해서 닥쳐오는 인생의 고통에 낙심하여, 이 모든 괴로움은 도무지 피할 수 없고 자신은 저주받은 삶을 살고 있다고 느낀다. 이들은 그저 새로운 재난을 기다리고 있을 뿐이다. 이들은 손대는 일마다 실패하고 사랑하는 사람들의 삶을 어둡게 한다. 그래서 늘 스스로를 비난하고 잘못된 양심으로 점점 더 어리석은 행동을 한다. 집안의 골칫거리가 되어 버린 이들은 자신에게는 행복이란 존재하지 않는다고 생각한다. 그들에게는 성생활, 결혼 생활, 직장 생활, 노력과 판단 등 모든 일이 항상 잘못되어 간다. 인생, 사회생활, 금전, 도덕성에 대해 패배 의식을 느끼며, 설상가상으로 이들을 도와주고 싶어서 옳은 방향으로 이끌고자 힘썼던 사람들마저 이들은 이기적이고 교만하며 지나치게 예민하고 위선적이며 고집이 세다고 지적한다. 또한 이들은 모든 충고 속에 섞여 있는 사소한 비판에도 좌절하고, 사회적·도덕적·종교적인 형식주의에도 괴로워한다. 이들은 절벽을 향해 절망이라는 에너지를 가지고 돌진해 나가 또다시 실패하고 비난받을 일을 만든다.

더욱 비극적인 것은, 이들은 누군가가 친절을 베풀고 사랑으로 돕고자 할 때조차 좌절한다는 것이다. 이들을 동정하는 마음이 이들에게는 오히려 모욕감을 주기 때문이다. 이들을 돕고자 하는 사람들의 염려로 이들은 자신의 비참한 상태를 더욱 뼈저리게 느낀다. 나 역시 나를 찾아온 환자들이 자신의 상황이 이해받고 있다고 느끼기 시작하면 약한 반응은 더욱 강렬해지고 그 횟수가 더욱 늘어나는 것을 자주 목격했다.

나는 지금 자신이 가족에게 항상 쓸모없는 존재라고 생각하는 한 여인을 상담하고 있다. 그녀는 부모가 자신을 사랑한다는 것을 믿지 못하고 자신은 다른 형제자매보다 나약한 존재라고 생각하고 있었다. 그녀는 항상 약한 반응만 보이다가, 결국엔 강박성 신경증에 시달리게 되었다. 그녀와 나 사이에는 그녀의 패배 의식을 더욱 강화시키는 명백한 부조화가 존재했다. 사실, 우리 자신의 깊숙한 자아는 여느 사람들과 마찬가지로 다 비참한 상태에 있다. 하지만 그녀는 이 사실을 받아들이지 못했다. 그녀는 자신은 실패한 사람이고 의사인 나는 성공한 사람이라고 생각했다. 자신은 도움을 필요로 하는 환자이고, 나는 도움을 주어야 할 의사라는 사실 때문이었다. 서로의 입장을 나누면서 나는 많은 것을 배우고 있었지만, 그녀에게는 모든 것이 한 방향으로 집결되었다. 모든 것이 다 훈계처럼 들렸던 것이다. 내 명성과 직업상의 지식, 심지어 신앙조차도 나 역시 그녀와 똑같은 사람일 뿐이라는 것을 깨닫게 하는 데에 방해가 되었다. 그래서 하나님이 나를 사랑하시는 것만큼 그 여인도 사랑하고 계신다는 사실을 믿지 못했다. 그러나 하나님은 아픈 자와 소외된 자에게 특별한 관심을 기울이시기 때문에 나보다 그녀를 더욱 사랑하신다. 하나님이 내게 은혜를 주신 것은 내 부족함 때문이었다. 그러나 그녀는 나는 하나님의 사랑을 받을 만하다고 생각하면서도, 자신은 하나님께 감히 기도조차 할 수 없는 사람이라고 여겼다. 이처럼 그녀가 나에게 느끼는 열등의식은 영적인 영역까지 침투하여, 자신을 치유할 수 있는 신앙의 경험마저 빼앗아 가고 말았다. 그녀는 스스로가 바쁜 사람의 시간을 많이 빼앗을 만한 가치도 없다고 생각했다. 내 직업이 바로 그 일을 하는 것임에도. 내가 그녀를 위해 많은 시간을 할애할수록 내가 더 많은 어려움을 겪고 그녀에게 실망할 것이라는 두려움이 그녀에게 커져 갔다. 그리고 이런 생각은 그녀로 하여금 자신감을 더 상실하게 했다. 그녀는 도움이 가장 필요한 순간에도 "저보다는 더 큰 만족감을 줄 수 있는 다른 환자를 돌보시는 게 어때요?"라고 말했다.

이와 같이 다른 사람들은 비난을 받건 사랑을 받건 그것을 발판으로 굳건히 서는 반면, 약자는 비난과 책망은 물론이고 이해와 배려를 받아도 좌절한다.

약자는 예민하고 감정적이다. 그러나 그들의 감정적 경향은 실패의 원인인가 결과인가? 어느 쪽이든 그들은 계속해서 동정과 비난에 끌려 다닌다. 그들의 문제는 신경과민인가? 아니면 성격인가? 그러나 이것은 수없이 물어봐도 결코 답을 얻을 수 없는 공허한 질문이다. 왜냐하면 어느 쪽이건 맞는 면이 있기 때문이다. 문제의 모든 측면에 중립적이고 개방적인 태도를 취하기 위해 이들의 문제를 감정(또는 정서, affectivity)이라고 부르고자 한다. 감정—기쁨과 슬픔, 열정과 실의, 자신감과 절망, 상상력과 심적 억제—은 정확하게 정의를 내리는 것보다 단순히 그렇게 이름을 붙이는 것이 더 쉬울 정도로 복잡하고 미묘하며 강력한 힘이다. 나는 감정이란 사람의 유익을 위해 태초부터 주어진 것이라고 생각한다. 즉 사람이 자신의 운명을 완성하게 하는 안내자인 것이다. 인생의 끝을 향해 가는 발걸음은 감정의 긍정적인 측면을 불러오기도 하고, 부정적인 측면들을 양산하기도 한다. 사실 감정은 사람의 총체적인 행동을 지배하는 매우 강력한 힘이다.

감정에 문제가 생기면 제대로 된 안내자 역할을 하지 못해서 무질서와 모순된 반응만 야기한다. 신경이 예민한 사람이 가장 불안해지는 순간이 이때다. 이런 사람은 뭔가 행동을 취하게 되는데, 결과적으로 대부분의 경우 양심에 동요가 일어난다. 그가 한 행동은 정확히 자신이 시달리고 있는 가책을 가중시키기 때문이다. 그는 사방이 거울로 가득 찬 통로에서 나갈 곳을 찾지 못하고 거울 속에서 끝없이 비치는 자신의 모습만 바라봐야 하는 사람처럼 가야 할 길을 잃어버린다. 그리고 공포감 때문에 더욱 혼란스러워지고, 결국 무력감과 좌절에 빠지고 만다.

그러나 이런 감정적 장애의 원인은 무엇일까? 그런 사람들은 흔히 자신들이 생각하는 것처럼 약한 반응을 보이는 선천적 기질 때문에 좌절할 운명을 타고난 것일까? 아니면 그보다는 불행한 생활환경 때문에 감정적 장애기 생긴 것일까? 아니면 불행하게도 선천적 요인과 후천적 요인이 동시에 작용하고 있는 것인가? 내 생각에는 마지막 질문이 타당한 것 같다.

20세기 초 신경 계통의 모든 문제는 장기 손상 organic lesions에 원인이 있다고 생각되었다. 이 장기 손상은 과학적 연구로 접근이 용이할 때도 있지만 그렇지 않은 경우도 있다. 그 후로 정신 분석학자들은 후천적인 심리적 요인, 유아시절에 겪은 정서적 충격, 열등감과 갈등이 매우 중요하다는 사실을 밝히게 되었다. 이제 정신 분석학자들이 밝힌 정서적 기제들을 철저히 다루지 않고서는 약한 반응의 기원을 제대로 연구할 수 없다. 그러나 정신 분석학자들은 자신들이 발견한 사실에 지나치게 몰두한 나머지, 신경 계통의 문제를 정확하게 고려하지 못했던 것 같다. 많은 아이가 아직 성숙하지 못한 나이에 성적 본능에 심하게 노출된다든지, 어머니가 자녀들에게 쏟아붓는 애정에 질투를 느낀 아버지로부터 학대를 당한다든지, 학교에서 불의한 선생님의 학대를 받는다든지 하여, 혹은 아무런 이유가 없는데도 신경증 환자가 된다. 반면, 역시 많은 아이들이 그런 경험을 통해 오히려 격려를 받고 심지가 강해진다. 앞서 살펴본 두 자매 중 둘째 딸이 그런 경우다.

우리는 줄곧 자신의 형제나 자매는 신경증 환자가 아니지만, 자신은 유아기 때 받은 해로운 자극 때문에 신경증에 시달리게 되었다는 환자들을 만난다. 반대로 이들의 형제와 자매는 동일한 자극에도 힘차게 반응하면서 강하고 자립적인 성격으로 자랐다. 나는 앞서 말한 두 자매만큼이나 비극적인 사연을 가진 한 소녀를 만난 적이 있다. 소녀는 부모가 결혼하기 전에 태어나, 잘 알지 못하는 사람의 손에서 학대를 받으며 자랐다. 소녀의 부모는 결혼을 하자 갑자기 소녀를 집으로 데려왔다. 하지만 소녀에게 부모는 낯선 존재였기 때문에 소녀는 상실감만 느꼈다. 얼마 안 있어 부모는 다투기 시작했고 각자 외도하기 시작했다. 소녀는 난폭한 환경에서 살면서 항상 부모의 싸움에 희생양이 되었다. 그리고 결국 부모는 이혼했고, 이 소녀는 다시 한 번 자신을 착취하는 낯선 사람들과 살게 되었다. 이 후, 새로운 가족을 만나 거기서 작은 사랑을 발견하지만, 바로 그 순간에 그 양부모마저 이혼을 했다. 소녀의 어두운 삶 속에 서광을 비추기 시작했던 유일한 희망이 또다시 견디기 힘든 큰 아픔으로 바뀐 것이다. 사춘기가 되어서는 정부와 살고 있는 어머니에게 돌아갔다. 하지만 정부가 소녀에게 너무 지나친 애정을 보이자, 질투를 느낀 어머니는 곧 소녀를 학대하기 시작했다. 그리고 술주정뱅이가 되어 버린 소녀의 친아버지는 소녀에게 아무 도움도 되지 못했다. 그러나 소녀는 그 모든 불행에 짓눌리기는커녕, 오히려 더욱 강인해졌다. 그리고 강하게 반응했다. 매우 어린 나이임에도 비뚤어지지 않고 올곧게 자라 성공적인 삶을 산다. 스스로의 힘으로 괜찮은 직장을 구하고, 이제 겨우 스무 살의 나이에 생계 대책도 마련했다. 소녀는 자신을 귀찮게 하는 남자에게서 자신을 어떻게 지켜야 하는지를 알며, 미래에 대한 원대한 계획도 가지고 있다. 지금 소녀는 여행을 하고 싶어서 내게 조언을 구하러 왔다.

정신과 의사를 찾아가는 사람들은 분명 환자들이다. 그리고 이들은 어린 시절에 받은 정신적 충격을 깨닫는 순간, 거기에서 신경증의 원인을 발견한다. 그러나 이들은 자신과 비슷한 경험은 했지만 질병에는 걸리지 않은 다른 유형의 사람들을 살펴볼 기회는 거의 갖지 못한다.

그러므로 정신 분석학자들이 신경증의 원인으로 보는 어린 시절의 심리적 외상^{trauma}이 중요하기는 하지만, 결정적 요인은 아니다. 여기에 또 다른 요인이 포함되는데, 이 요인은 형질에 관한 것으로 설명할 수 있다. 형질은 사람의 정신-신체적 구조, 즉 약한 반응을 하도록 타고난 선천적인 기질을 말한다. 그러므로 유기체 이론과 정신 분석 이론에서는 신경증을 이미 다룰 만큼 다루어 보았기 때문에, 이제 우리는 정신-신체적 구조 개념을 토대로 만족할 만한 설명을 찾아야 한다고 생각한다. 신경증 환자들은 실리를 생각하는 의사들이 자신을 이해하지 못한다고 느낀다. 왜냐하면 의사들은 자신이 지금 처한 상태의 원인이 된 그동안의 고통, 모욕감, 그들을 짓밟는 억압, 그들의 능력을 약화시키는 양심의 가책, 실망의 경험 등 도덕적인 요인을 중요하게 인식하지 못하기 때문이다. 또한 이들은 의사가 선천적인 요인으로 생긴 문제를 인식하지 못할 때도 의사들이 자신을 이해하지 못한다고 느낀다. 환자는 신체적·정신적 구조 면에서 자신이 타고난 기질에 따라 살면서 받는 충격이나 어려움에 대해 다른 사람들과 다르게 반응하며, 그런 경험으로 다른 사람들이 강해지는 반면 자신은 좌절한다는 것을 직감적으로 안다.

한번은 상당수의 정신과 의사들에게서 차례로 치료를 받은 적이 있는 우울증 환자를 치료했다. 마지막 의사가 그 환자에게, 본래 쉽게 우울해지는 기질을 타고나기는 했지만 환자의 책임은 아니며 그것을 오히려 담대히 받아들이라고 설명해 주자, 그는 이제껏 들은 것 중 가장 큰 위로를 얻었다고 했다. 쉽게 좌절하는 기질을 가진 사람은 스스로를 좌절의 늪에 빠뜨린다. 그러나 그것은 정신적인 문제만은 아니다. 의학적이며 정신-신체적 구조의 문제, 즉 인간 자체의 문제인 것이다. 비달^{Widal} 박사는 신경과민에 관해 이와 비슷한 관찰을 하며, '예민함은 의지와 관련된 문제'라고 설명했다.[1]

삶에 대해 깊은 좌절감을 느끼는 한 여인이 있었다. 여인은 정신 분석을 통해, 강하고 고상한 성품을 지닌 어머니가 자신의 삶이 그렇게 되는 데 한몫했음을 알게 되었다. 어머니는 그녀를 지배하고 그녀의 욕구와 소명을 꺾어 버렸다. 그 결과 여인은 어머니 때문에 무력해지고 자유롭게 살지 못했다는 느낌에 사로잡히지만, 어머니가 돌아가셔도 자유로운 삶을 살지 못하고 예전처럼 패배 의식에 사로잡힌다. 병약한 체질인 여인은 아무리 노력을 해도 체중이 늘지 않고, 혈압이나 심장 상태, 소화 상태가 전혀 나아지지 않아 신경염을 달고 산다.

신경증을 이해하기 위해 프로이트에게서 환자의 심리-성적 발달 과정 중 발생한 사고의 중요성을, 아들러에게서는 심리-사회적 발달이론을, 융^{Jung}에게서는 심리-영적 발달에 관한 이론을 끌어온다 하더라도, 우리는 그들처럼 후천적 요인들이 질병의 유일한 원인이라고 볼 수 없다. 수학 공식을 빌리면, 심리적 외상과 병원^{病原}의 복합체가 필요조건이기는 하지만 충분조건은 아니라고 할 수 있다. 뿐만 아니라, 질병이 발생하는 데는 약한 반응을 보이는 특정 기질이 존재하기 때문이기도 한데, 이는 정신-신체적 기질에 토대를 두고 있다.

2. 좌절

이때 문제는 두 가지 요인이 겹쳐 상호 작용하는 부분은 어디인지, 치료 불가능한 것은 어느 정도이고 치료 가능한 것은 어느 정도인지, 마지막으로 선천적 요인의 본질은 무엇인지 하는 것이다.

나는 마지막 질문이 정신-신체적 문제이고, 유전인자라는 것에 좌우된다고 생각한다. 다시 말해, 신체적인 면에서는 체질상 허약함을 의미하고, 정신적인 면에서는 감수성과 정서적으로 쉽게 흥분하는 성향 지수가 높다는 것을 의미한다. 이러한 형질이 심리-성적, 심리-사회적, 심리-영적 외상에 노출되면 결국 약한 반응을 불러일으킬 것이다. 이 외상들이 더욱 심각해지고 그 수가 늘어날수록, 그에 대한 약한 반응들은 더욱 두드러지게 나타난다. 다른 사람들보다 신체적으로 허약하고 정신적으로 더 예민한 사람들은 어김없이 약한 반응을 할 것이다. 결과적으로 약한 반응은 신체의 저항 능력을 약화시키고 예민함을 강화시켜 앞에서 설명한 바와 같이 악순환을 만든다.

신체적 허약과 정신적 예민함이라는 두 가지 현상은 신경증 환자들에게서 발견될 뿐 아니라, 결핵처럼 신체적으로도 증상을 보이는 '약자의 질병'을 가진 이들에게서도 발견된다. 신체가 원인으로 작용한다는 좀더 확실한 증거는 분만이나 수술, 전염성 질환, 과로 또는 사춘기나 갱년기와 같은 정신적 위기 후에 종종 신경증이 나타난다는 사실에서도 찾을 수 있다.

이러한 신체적 허약의 근본 원인은 여전히 신비에 싸여 있다.

나는 신체 의학이 겉보기에 매우 분석적이고 실리적이라는 이유만으로 그 문제에 대한 열쇠를 제공했다고는 생각하지 않는다. 신체 의학은 빈혈, 혈압, 호르몬 분비 등을 측정하는 데는 성공했지만, 아직 이런 모든 문제의 원인을 파헤치지는 못했다. 그러나 신체적 허약과 정신적 예민함에 정신-신체적 요인이 작용했을 가능성은 매우 높다.

그러므로 신체적 허약과 정신적 예민함에는 근본적이고 선천적인 지수가 존재한다고 할 수 있다. 이 요인 때문에 환자는 약한 반응으로 기우는 성향을 가지고, 그 약한 반응은 더 악화된다. 그러나 이 악순환은 신체적·정신적 치료 요법으로 얼마든지 끊을 수 있으며, 부수적으로 존재하는 그 지수 역시 효과를 발휘하지 못하게 할 수 있다. 그러나 기질은 변하지 않기 때문에 환자는 자기 삶의 틀 안에서 이를 받아들이고 염두에 두어야 한다. 만일 그가 이런 본성을 거스르거나 신체적 과로 및 극심한 감정적 상처에 자신을 노출시켜 본성을 무시하면, 악한 반응은 계속 꼬리에 꼬리를 물고 나타나 결국 그쪽으로 완전히 치우치게 된다. 그러나 기질을 바꿀 수 없다 하더라도, 그들 스스로가 느끼는 것처럼 그들이 실패할 운명은 아니다. 그들에게 그런 인상을 주는 것은 약한 반응의 악순환이기 때문에, 이를 피하는 방법을 안다면 자신의 예민한 성격을 잘 받아들일 수 있을 것이다.

이처럼 신체적 허약의 본질은 아직도 우리의 이해 범위 밖에 있다. 신체적 허약의 본질은 예민함의 지수를 계산하는 것보다 훨씬 더 어렵다. 그 본질은 우리가 생각하는 것보다 사람에 따라 훨씬 더 다양할 것이다. 하지만 이것을 정확하게 측정할 수 있는 방법은 아직 없다. 내가 들은 소음이 이웃 사람이 들은 소음보다 더 시끄러운지 덜 시끄러운지, 혹은 사실 똑같은 소음을 들었지만 이웃 사람만 더 시끄럽게 느끼는지를 어떻게 결정할 수 있겠는가? 다시 말해, 좀더 시끄러운 소리를 들었다는 것과 좀더 시끄러운 것처럼 느꼈다는 것 사이에 어떤 차이가 있는가? 고통이라는 것도 마찬가지다. 만일 쉽게 흥분하는 남부 출신의 환자는 주사를 맞을 때 안절부절못하지만 독일계 스위스인은 침착하게 주사를 맞는다면, 그것은 남부 출신의 환자가 더 아파서인가? 아니면 그가 같은 고통에 좀더 격하게 반응하기 때문인가?

베른 대학의 뒤부와^{Dubois} 박사는 예민한 성격에는 어떤 암시가 작용한다는 사실을 발표한 적이 있다.[2] 그는 불면증에 시달리던 어떤 사람이 자신의 병원에 찾아왔던 이야기를 전해 준다. 그 환자가 살고 있는 방은 창문 사이로 공장이 멀리 내다보이는 곳이었는데, 그 공장은 이른 아침이면 시끄러운 소리를 내며 작업을 시작했다. 이때 뒤부와 박사는 환자에게 사람은 자신이 귀를 기울이는 소리만 듣고, 잠을 방해받을지 모른다는 두려움 때문에 그 소리에 더 귀를 기울이게 된다고 단호하게 말하며 그를 안심시켰다. 그러자 평상시 아주 작은 소리에도 잠에서 깨던 그 환자는 소음 속에서도 잠을 이룰 수 있었고, 잠자는 것을 두려워하지 않게 되었다.

사실, 이 이야기가 민감함 지수의 문제를 완전히 해결하는 것은 아니다. 뒤부와 박사의 긍정적인 암시가 선천적으로 예민한 민감성을 억제한다고 인정하는 사람이 있는 반면, 환자의 감수성이 소음과 불면증에 대한 두려움 때문에 한층 더 악화된다고 보는 사람도 있기 때문이다. 선천적인 요인과 관련해서 논란이 되는 것은 초기의 예민한 상태도 그 후의 둔감한 상태도 아니다. 그보다는 예민함과 둔감함 사이의 엄청난 차이와, 한 극단에서 또 다른 극단으로 옮겨 갈 가능성이다. 피암시성suggestibility은 약한 반응으로 치우치는 기질의 한 가지 양상인데, 약한 반응을 보이는 사람은 자신보다 우월한 사람들에게 복종하는 경향이 있다.

내가 민감함에 작용하는 선천적 신체 요인의 중요성을 더욱 강하게 인식하는 것은 다형성polymorphism 때문이다. 다시 말해, 일반적으로 감수성이 예민한 사람들은 모든 일을 더 날카롭게 인식한다. 이들은 소음, 추위, 고통, 동정, 아름다움, 자연, 슬픔뿐 아니라 도덕적 문제, 영적 문제, 지적 문제에도 민감한 반응을 보인다. 암시와 심리적 강박감이 상당한 역할을 하는 것은 사실이지만, 절대적인 요인은 아니다. 선천적 감수성 지수가 일반적인 기질이라면, 암시와 심리적 강박감은 특별한 기분이나 감정에 대한 감수성을 더 예민하게 한다.

이들은 어린 시절에도 친구가 벌을 받거나 동물이 학대당하는 것을 보면, 지나치게 괴로워하던 사람들이다. 어머니의 사랑을 듬뿍 받으며 항상 자상한 대우를 받았던 한 젊은 여성의 경우를 예로 들어 보자. 그 여성은 어린 시절에 어머니가 동생들만 계속해서 꾸짖던 두려운 기억들을 내게 털어놓았다. 비록 직접적이거나 과도한 것은 아니었지만, 지금 그 감정을 간직하고 있는 사람은 동생들보다는 그녀 자신이다. 이렇게 그녀가 좌절에 빠진 것은 태어날 때부터 예민한 성격을 타고났기 때문이다.

선천적 민감함에 신경과민 같은 후천적 요인이 침투하면, 앞에서 설명한 것처럼 개인을 파멸로 이끄는 과정이 급속히 진행된다.

모든 후천적인 요인 가운데 내가 가장 중요하게 생각하는 것은 부모의 불화다. 부모의 불화는 매일 다투는 모습으로 드러나건, 깊은 갈등이 침묵이나 심한 냉소로 나타나건 별 차이가 없다.

나는 어린 시절부터 부모가 갈등하는 분위기에서 많은 어려움을 겪으며 살았던 사람들의 이야기 10여 건 정도를 메모로 정리해 두었다. 이를 통해 내린 결론은 여기에 분명한 인과 관계가 있다는 것이다. 한 환자가 내게 이런 말을 한 적이 있다. "태어나서 처음으로 환멸을 느꼈던 때는 부모님의 관계가 원만하지 않다는 것을 깨달았던 때에요. 정말 끔찍했어요. 완전히 저 혼자인 것만 같았고, 반항하고 싶은 마음뿐이었어요."

아이들은 본능적으로 부모가 서로 하나 되기를 원한다. 그렇기 때문에 아이들은 부모가 서로를 이해하게 하려고 힘겨운 노력을 한다. 그리고 부모 각자가 서로에게 주는 상처는 아이에게도 영향을 미치기 때문에, 아이는 이중으로 상처를 받는다. 고래 싸움에 새우 등 터지는 상황에 처한 아이는 심한 좌절감을 맛본다. 부모로부터 늘 도덕성에 대해 일장 연설을 들었던 한 소녀는 다음과 같은 내용의 편지를 보냈다. "부모님이 싸우지 않고 평안하게 지낸 날이 하루도 없었어요. 물론 모두 상황이 바뀌길 원하지만, 과연 어떻게 시작해야 하나요?"

아이들의 마음을 무너지게 하는 것은 부모를 화해시킬 수 없다는 데서 오는 무력감이다.

이런 아이는 항상 언제 폭발할지 모르는 상황 때문에 공포 속에서 산다. 몰래 부모의 분위기를 살피고 주의를 기울인다. 또한 부모가 서로 거짓말을 한다는 것을 알고 있으며, 혹시 그 거짓말이 탄로 나서 또 커다란 문제가 일어나지는 않을까 두려워한다. 이런 아이는 결과가 그렇게 된 데에는 자신도 한몫했다는 두려움 때문에 거짓말을 하고 이 일로 양심의 가책을 받아 괴로워하다 사태가 더 나빠질지 모른다는 두려움 때문에 부모나 형제자매 그리고 할아버지, 할머니께도 자신의 감정을 감히 털어놓지 못한다. 모든 것을 마음속에만 감추어 두고, 앞으로 일어날 일을 생각하며 괴로워한다. 그리고 밤마다 얼굴을 베개에 파묻고 몇 시간이고 남몰래 울며 주눅 들게 된다.

부모의 싸움이 고조되면, 부모는 아이가 보는 앞에서 서로를 비난한다. 각자는 상대방의 수치스러운 비밀을 아이에게 일러 주어 자신의 분노에 동참하기를 바란다. 그리고 때로 아이가 자기

편이 되어 주지 않는다고 심하게 꾸중하기도 한다.

아이는 자라면서 부모가 각각 삶에 대해 제시하는 두 가지 다른 태도 사이에서 정신적으로 갈등하며 괴로워한다. 부모 중 한 명은 순종, 이성, 상식, 도덕, 절약을 상징하고, 다른 한 명은 현실, 감각, 일시적인 기분, 열정, 충동을 상징한다. 한 명은 율법을 상징하는 반면 다른 한 명은 은혜를 상징한다. 아이는 부모 양쪽의 모습을 닮아 가고, 부모의 갈등도 아이 속에서 계속된다. 그의 성격은 두 가지 태도에서 나온 두 가지 면을 갖게 된다. 한 젊은 여인이 이런 편지를 보낸 적이 있다. "저는 아버지의 외모와 어머니의 반응을 닮았습니다." 이 여인은 아버지와는 외모가 닮은 반면, 어머니와는 경멸하는 태도가 닮은 것이다. 어떤 젊은 남자는 이성理性과의 사랑이 결혼을 통해 하나로 연결될 수 있다는 것을 믿지 못했다. 뿐만 아니라, 결혼은 하고 싶지만 누군가를 사랑할 능력이 없다고 생각했다. 아마도 그는 사랑하는 일이 자신에게는 불가능할 것이라는 어리석은 믿음에 빠져 있었던 것 같다. 약한 반응의 특징이라 할 수 있는 내면의 무기력은 두 가지 반대 세력을 절충한 상호 중립의 표현이다. 어떤 청년에게서 이런 고백을 들은 적이 있다. "이제까지 살아오면서 저는 아버지가 대변하는 농촌의 삶과 어머니가 대변하는 도시의 삶 사이에서 괴로워했습니다. 그래서 저는 지금도 농사일과 학업 중에서 어느 것을 선택해야 할지 모르겠습니다. 사실 제 속에 흐르는 본능은 저를 농촌의 삶이 더 건강하다는 쪽으로 몰고 가지만, 어머니가 아버지의 무지를 경멸하는 모습을 보아 왔기 때문에 그것이 저에게도 쏟아질 것이라는 두려움에서 벗어날 수 없습니다."

사실 이들 부모가 이렇게 갈등하게 된 근본적인 원인은 결혼 전에 아이를 가졌다는 이유로 서로에게 느끼는 죄책감에 있었다. 각자는 상대방에게 분노를 품고 있기도 하지만 자신들이 '과거에 행했던 옳지 못한 행위의 증거'[3]로 태어난 아이에게도 원한을 갖고 있었던 것이다.

나는 이렇게 불화하는 부모를 둔 많은 이들이 인생의 경험에 짓눌리는 것을 되풀이해서 목격했다. 이것은 아버지의 도덕적 유기遺棄와 어머니의 감정적 지배라는 고전적 유형이다. 실제로 어머니는 갈등으로 인해 아버지보다 훨씬 더 고통스러워했다. 어머니는 안식처를 삼을 만한 직장이나 단골 술집도 없기 때문에 자식에 대한 소유욕으로 정신적 공허감을 채우려고 한다. 아버지는 이미 자식이 어머니의 개인 소유가 되어 버렸기 때문에 자식에 대해서는 아무런 흥미도 느끼지 못한 채 자식에게서 멀어져 간다. 아버지는 자식을 어머니의 정서적 갈취에 맡겨 무방비 상태로 버려두고, 어머니는 눈물과 독단적 요구로 아들을 지배한다. 때로는 이보다 훨씬 더 미묘한 경우도 있다. 뱅자맹 콩스탕Benjamin Constant이 기록한 것처럼, "침묵하는 것은 이성이 작동하지 않았기 때문이 아니라, 모든 일을 머릿속으로만 추측하기 때문이다. 어머니는 한 마디도 없이 아이가 아주 사소한 일까지 모든 감정을 공감하지 않으면 어머니에게 상처를 주는 것이라고 느끼게 만든다. 어머니는 아이가 남편과의 불화를 달래 주는 수단으로 자신에게만 붙어 있게 하려고 아이의 감정을 역이용한다. 어머니는 아이에게 좋아하는 것은 무엇이든 마음대로 해도 된다고 말하지만, 아이는 그 말이 사실이 아니라는 것을 너무나 잘 알고 있다. 이것은 어디까지나 관대한 듯한 폭정일 뿐이다. 어떤 환자는 어머니가 자기에게 전능한 무기—잠자리에 들기 전에 뽀뽀해 주는 것을 거부하는 것—를 휘둘렀던, 가슴에 사무친 이야기를 했다. 결국 낙심하여 잠을 못 이루던 아이는 어머니의 뽀뽀를 받기 위해 어머니에게 자신을 완전히 포기하는 행동을 해야 했다.

어머니의 세심한 염려 속에서 자란 한 아이는 어머니의 사랑이 자신을 위한 것이 아니라 어머니 자신의 이기적인 만족을 위한 것이기 때문에, 진정한 사랑을 받지 못한다고 느낀다. 물론, 의사는 아이 못지않게 어머니도 괴로워하고 있다는 것을 알 수 있다. 바로 여기에 비극이 있는 것이다. 어머니가 괴로워하는 진짜 이유는 남편과의 갈등이기 때문에, 자신에게 필요한 애정 표현을 아이에게서 받아도 전혀 만족하지 못한다. 객관적으로 볼 때, 어머니가 아이를 괴롭게 한 것에 대해 '책임이 없다면', 어머니의 주장과 달리 아이도 어떤 반응을 해서 어머니를 괴롭게 한 '잘못이 없다.'

그 어머니가 결혼 생활의 고통에 대해 말하기를 꺼릴수록, 더욱더 불평을 다른 곳으로 돌리게 된다. 그리고 그 고통을 해소하고자 아주 사소한 일에도 한숨을 쉬곤 한다. 나는 재능 있는 젊은 여성들이 어머니의 가사 부담을 줄여서 한숨을 덜어 주고자 취업 기회를 마다한 경우를 여러 번 본 적 있다. 그러나 그것은 다 헛된 일이었다. 한숨의 원인이 다른 데 있기 때문이다. 딸이 아무리 헌신적이어도 어머니는 불평을 해야만 살고, 그래서 계속 불평을 한다.

그러나 이러한 전형적 유형에는 아버지에게도 잘못이 있다. 아이는 연약한 존재다. 하나님은 아버지에게 아이가 강해질 때까지 그를 지키는 보호자의 역할을 부여하셨다. 만일 아버지가 보호자로서의 역할을 포기한다면, 아이는 살아가는 동안 약한 반응을 보이는 사람이 될 가능성이 많다. 약한 반응은 대개 사별이나 이혼 혹은 도덕적 유기로 아버지 없이 자라는 아이에게서 나타난다.

한편, 어머니는 아이를 양육하는 데에 남편의 도움을 받지 못하므로 아이들이 신체적·정신적으로 건강하지 못할까 봐 지나치게 두려워하게 된다. 어머니는 이러한 지나친 염려로, 아이들을 나약하게 만든다. 나는 이와 비슷한 경우로 30세가량의 한 남자를 기억한다. 내가 그에게 가장 친한 친구의 집을 찾아가 보라는 제안을 했더니, 그는 수백 킬로미터를 여행해야 하는 것을 생각하고는 몹시 두려워했다. 아이를 자꾸만 학교에 보내지 않곤 하던 어느 겁 많은 어머니는 결국 아이의 열등의식을 키우고 말았다.

이러한 전형적 유형은 신경이 예민한 아이들로 하여금 부모를 지나치게 의존하게 만든다. 즉 아버지는 아이로 하여금 절대 받을 수 없는 애정 표현을 갈망하게 하고, 어머니는 정서적 협박을 통해 의존성을 부추긴다.

자유를 얻은 것처럼 보이는 한 남자는 부모에게서 멀리 떠나 낯선 도시에서 자기 스스로 생계를 꾸려 나가고 있었다. 하지만 부모가 돌아가시자, 그는 어린 시절의 세세한 기억들이 떠올라 완전히 도덕적인 혼란에 빠지고 말았다.

남편과 아내 혹은 연인들 사이에도 정서적 협박이 나타나는 경우가 많다. 이들 중 한 사람은 언쟁을 하거나, 더 이상 사랑하지 않을 것이라고 계속해서 위협함으로써 상대방을 지배한다. 이런 식의 행동을 보이는 것은 상대방을 사랑해서가 아니라, 오히려 상대방을 의지하고 있기 때문이다. 또 다른 협박 유형은 아이들에게 헌신적인 부모들이 그것을 늘 계산하고 있는 것이다. 부모는 아이들의 감사하는 마음을 이용하여, 자신의 헌신을 아이들에게 끊임없이 복종을 강요하는 지렛대로 사용한다. 나 역시 그러한 일을 저지른 적이 있다. 한번은 아들과 함께 휴가를 마치고 돌아오던 날, 아들이 조그만 실수를 저질렀다. 나는 "휴가 동안 야외로 데려가 즐겁게 해주었는데, 너는 겨우 이런 식으로 은혜를 갚는 거야?" 하고 다그쳤다. 그 후 나는 묵상 시간을 가지면서, 아들의 건강이 걱정되어 단지 그 걱정에서 벗어나 스스로 평안을 얻고 즐거움을 찾으려고 아들을 데리고 갔다는 것을 깨닫게 되었다. 그래서 아들을 찾아가 아들을 억압하려고 사실을 왜곡했던 것에 대해 용서를 구했다.

자신의 희생에 대해 감사할 것을 요구하는 것은 말로 표현되지 않을 수도 있다. 자식을 위해 재혼하겠다는 생각을 포기한 어머니나 이혼한 어머니에게서 자란 아이의 경우에 이러한 것을 많이 느낀다. 설혹 어머니 자신은 그것을 깨닫지 못해도 자신의 희생에 대해 아이로부터 보상받기를 기대하며, 그런 요구는 아이에게 커다란 짐이 된다.

나는 언젠가, 시험 날이 다가오면 공포를 느껴 공부를 전혀 할 수 없을 정도로 우울 증세를 보였던 학생을 치료한 적이 있다. 그러나 실제로 그 학생은 매우 열심히 공부하는 성실한 학생이었다. 그때 나는 학생의 잘못된 죄의식에 충격을 받았다. 그 학생은 자기를 공부시키기 위해 가족은 희생하고 있는데 자신은 이렇게 게으르니 무가치한 사람이 아니냐며 계속 고집을 부렸다. 학생은 그것이 진실이 아니라는 것을 알고 나서야 비로소 마음의 평정과 용기와 자신감을 되찾고 다시 일어설 수 있었다. 사실 자기 때문에 가족이 희생하는 것이 아니라, 가족이 자신을 대학에 보내 명예를 얻고자 했기 때문에 오히려 가족이 그에게 빚을 지고 있는 것이며, 가족은 그를 통해 명예를 회복하여 과거에 겪었던 사회적 불명예를 말끔히 씻고 싶어 했다는 것을 깨달았다. 얼마나 많은 사람이 스스로를 가득 짐을 싣고 이겨야만 하는 경주를 하고 있는 말이라고 생각하며 좌절하는가?

학교 공부에 열심을 냈지만 이 학생과 같은 두려움에 사로잡혀 있는 학생이 또 있었다. 나는 그 두려움이 학교생활에서 실패한 적이 있는 아버지로부터 왔다는 것을 알게 되었다. 그의 아버지는 자신이 이루지 못했던 야망을 아들을 통해 실현시키고자 아들에게 대학교 가기를 강요했고, 아들이 시험을 볼 때마다 항상 염려와 불안으로 그 결과를 기다리곤 했다. 알랑디Allendy는 부모가 자녀들의 도덕적인 행위에 대해 더 많은 것을 요구할수록, 비록 무의식적이기는 하지만 과거 자신의 실수를 더 많이 보상하려는 것이라고 지적했다.[4]

우리는 이제 상당히 많은 사람을 억압하는 '노블레스 오블리주'noblesse oblige라는 개념에 이르렀다. 이것은 사회적 형식주의social formalism와 '남들이 뭐라고 말할까'라는 의식에 대한 최고의 표현이다. 이런 신념은 귀족 사회에 만연해 있는데, 특히 물질적 또는 도덕적으로 쇠퇴한 가문, 실제는 그렇지 않으면서 스스로 품위 있다고 자부하는 사람들 사이에서 쉽게 찾아볼 수 있다. 이 경우에는 단 하나의—잘못된—도덕률이 있는데, 그것은 유명한 조상 덕에 얻은 가문의 이름이나 명성에 걸맞게 살아야 한다는 것이다. 이런 가문에서 자란 아이는 자유가 없다고 느낀다. 그래서 자신이 원하는 사람과 결혼할 수 없고, 자신이 좋아하는 직장을 얻을 수 있을지도 의문이고, 때로는 웃거나 우는 것도 어려워진다. 가령 이런 사람이 모든 것에 순응한다 할지라도, 그는 개인적인 신념에 의해서 그렇게 한 것이라고 느끼지 못하고 그저 나약하게 굴복했기 때문이라고 생각한다. 그리고 그가 가족 대대로 내려

오는 전통을 무시한다 해도, 불안을 씻어 버리지는 못한다. 그가 순종을 하건 하지 않건 간에, 어떠한 행동도 전혀 자유롭지 못한 것 같고 오히려 포기나 반항에서 나온 것으로 여기게 된다.

도덕적으로나 사회적으로 많은 존경을 받는 사람의 자녀들도 이와 비슷한 의무감에 짓눌린다. 그 아이들은 자기 양심에 따라 행동하고 있다고 생각하기보다, 아버지의 명성을 더럽혀선 안 된다는 계속되는 훈계가 자신의 삶을 이끄는 원리라고 생각한다.

이와는 반대로, 신경이 예민한 아이들은 일반적으로 부모가 생각하는 것보다 훨씬 더 많은 결점이나 비정상적인 상황에 시달린다. 그리고 자신이 사생아라는 사실같이 숨겨진 사실들을 예리하게 알게 되는 경우도 종종 있다. 그러나 훨씬 더 미묘하고 비정상적인 상황을 예리하게 인식할 수도 있다. 이를테면, 재산이 많거나 지배욕 강하고 질투심 가득한 고모가 자신의 교육을 좌지우지하며 자기 부모를 한낱 꼭두각시로 깎아내리고 부모는 고모의 손끝에서 움직이는 경우라든지, 친지가 끊임없이 자기 집을 방문하면서 사실상 그 집을 통제하는 경우 등이다.

부모를 부끄러워하는 아이들은 모두 약한 반응의 덫에 걸린다. 학생들의 경우, 약삭빠르고 인정 없는 아이들이 가난하거나 비정상적인 부모 밑에서 자란 친구들을 우스갯거리로 만들곤 하는 것은 아주 잘 알려진 사실이다. 나는 우울증으로 고생한 한 여인을 기억한다. 그 여인은 어렸을 때 자신을 매우 아끼는 삼촌과 숙모 밑에서 자랐다. 그러나 학교 친구들은 그녀를 '사생아'라고 놀려 댔다.

이런 식으로 모욕을 당하는 곳은 말할 것도 없고 실제로 정상적인 가정 밖에서 자란 모든 아이들에게서 약한 반응의 기질이 나타나는 것을 볼 수 있다. 분석가들은 이런 아이들의 경우, 집에 남아 있는 형제자매들이나 부모와 함께 살고 있는 다른 아이들에게 질투를 느끼는 것 등의 억압된 감정이 있음을 중요하게 여긴다. 그러나 나는 여기에 이인성 장애 depersonalization(평소와 달리 자신과 주변 현실에 대해 매우 낯설거나 이상한 느낌을 받게 됨—역주)라는, 원인을 정확히 알 수 없지만 매우 중요한 현상이 있다고 생각한다. 우리는 모두 자기 자신이 되려는 본능적인 욕구를 가지고 있다. 그러나 자기 자신이 흔들리면 항상 상처를 입는다. 이것은 특히 아이가 실제 자신의 역할과는 전혀 다른 역할을 해야 할 때, 이를테면 숙모가 자신을 '엄마'라고 부르라 할 때 상처를 입는다. 이 숙모는 자신의 아이를 잃은 뒤 위안을 삼기 위해 조카를 맡아서 기를 수 있다. 이런 경우, 숙모는 자기의 죽은 아이를 조카와 동일시함으로써 조카가 자아감을 상실하게 만든다.

비슷한 예로, 지금은 부모가 되었지만 어린 시절 어머니를 여의고 아버지가 재혼하여 얻은 계모를 '엄마'라 부르도록 강요당한 사람들을 몇몇 알고 있다. 물론 이렇게 엄마라고 부르도록 강요한 것은 선한 의도에서였지만, 인간 본성 깊숙한 곳에 있는 본능적 요소를 건드린 것이다. 아이에게 엄마는 오직 한 사람만 존재하기 때문에 이 호칭을 계모에게 사용하게 한 것이 그의 자아감을 없애 버렸던 것이다. 또한 친부모가 아이에게 죽은 형이나 누나의 기호 또는 직업을 따르기를 강요하고 그들의 습관을 그대로 모방하게 하면, 아이의 자아감은 말살될 수 있다.

이인성 장애는 첫 아내를 잃은 남성이 재혼하여 얻은 두 번째 아내에게 첫 번째 아내의 생활 방식을 그대로 따르도록 무의식적으로 요구할 때도 발생한다. 쌍둥이 자매가 한 사람처럼 행동하기를 요구받을 때도 그렇다. 어느 쌍둥이 자매는 20년 이상 의복이나 머리 모양, 행동을 거의 똑같이 했다. 그러나 그중 한 명은 다른 한 명보다 강하여 자신의 개성을 다른 한 명에게 심어 주었고, 자기 실제 본성에 따라 살지 못했던 다른 한 명은 신경성 우울증에 걸리고 말았다.

한 젊은 여성이 결혼하고 얼마 되지 않아 남편에게 이렇게 말했다. "제게 우리 아이들 옷을 짜 달라고 하지 말아요. 저는 옷을 어떻게 짜야 하는지도 모르고, 당신이 털실 가게나 잡지에서 얻어다 주는 복잡한 설명서도 이해할 수 없어요." 남편이 이유를 묻자, 아내는 어린 시절 처음 뜨개질을 시작했던 곳이 마치 경쟁이라도 하듯이 저마다 이런저런 충고를 했던 품위 있는 여성들의 모임이었다고 이야기했다. 질투심 많은 여성들은 처음 뜨개질한 것치고는 매우 잘 짠 99땀을 살펴보기보다, 너무 헐겁게 짠 100번째 땀만을 지적했다. 그러고는 "그런 식으로 계속 하다가는

2. 좌절

뜨개질을 절대 잘할 수 없을 거야"라고 덧붙였다. 이러한 부정적인 암시는 어린 소녀의 가슴속에 자신감 부족이라는 씨앗을 심어 놓았다. 그러나 그녀는 지금 남편에게 모든 것을 털어놓으면서 그 이유를 이해했고 자신감도 되찾았다. 얼마 후 그 여성은 뜨개질에 매우 숙련되었고, 친구들은 그녀를 찾아와 조언을 구하고 책자에 기록된 모호한 말을 설명해 달라는 부탁까지 하게 되었다.

일반적으로 학과 공부의 정확성, 독창성, 사고력을 평가하기보다는 점수 내는 데만 급급한 교사는 학생의 실수가 발견될 때마다 채점표에 따라 점수를 감한다. 이것은 성적 평가라는 측면에서는 덜 자의적인 것처럼 보이지만, 인생에서 가장 중요한 것은 실수를 저지르지 않는 것이라고 학생에게 암시하는 것이다. 이것은 자기의 재능을 개발하여 열매를 맺으라는 성경 말씀과 대치되는 사고이기 때문에, 학생에게 잘못된 가치관을 심어 준다. 고용주가 직원이 어려운 일을 성공적으로 해낸 것에 대해 칭찬의 말은 전혀 하지 않고, 실수로 철자가 빠진 것만을 지적하는 데 급급하여 실망하는 직원이 얼마나 많은가?

심지어 이렇게 부정적으로 덧붙이는 말 때문에 선물을 받는 기분도 망칠 수 있다. 시계를 선물로 받아 즐거워하는 아이에게, "이 시계는 식사 시간을 어기지 않게 해줄 거야"라고 말한다면 아이의 기분은 상하고 말 것이다. 우리는 알랑디가 지적한 것과 같이[5] 부모가 자녀에게 회초리를 크리스마스 선물로 꾸며 선물하는 상황을 상상해 볼 수 있다. 어떤 선물을 하는가는 항상 흥미로운 문젯거리다. 어느 지적인 남편은 아내의 생일에 항상 책을 선물함으로써 자신의 독서 취향을 아내에게 전가하곤 해서 문제였다. 아마도 그 덕에 자신이 그 책을 읽을 수 있다는 사실을 즐거워했던 것 같다! 그러던 어느 날 그가 고심 끝에 아내에게 향수 한 병을 사다 주자 아내는 완전히 회복되었다. 어떻게 남편이 그렇게 변했을까! 이제 그녀는 남편의 사랑을 확신하게 되었다.

불행하게도 부정적인 교육이 미치는 치명적이고도 지속적인 결과는 가장 덕망 있고 경건하며 선한 의도를 가진 부모 밑에서 자란 사람들에게서 나타난다. 이런 부모들은 자녀에 대한 책임을 철저하게 의식하고 자녀의 장래도 깊이 생각하는 교양 있는 사람으로서, 특히 교사들이 그렇다.

이 부모들은 권면과 금지 사항으로 자녀들에게 부담을 안겨 준다. 그리고 어른의 관점에서 아이는 전혀 깨닫지 못할 잘못을 발견하기 때문에 아이는 부모가 자신의 유치한 행동이나 몸짓을 왜 그렇게 중요하게 생각하는지 이해하지 못하는 경우가 허다하다. 부모들은 행여 아이가 잘못된 길로 빠지지는 않을까 두려워하여 자녀에게 잘못된 점을 넌지시 일러 주지만, 그것은 아이의 잘못된 감정이 살아나게 하기 때문에 오히려 아이의 잘못을 부추긴다. 그리고 아이에게 잘못된 행위에 관해 분명하고 실제적인 시각을 제시하여 그것을 바르게 경계하도록 하지 못하고, 원인을 알 수 없는 모호한 불안만을 불러일으켜 아이의 도덕적 저항력을 약화시킨다.

나는 부모가 다툰 다음에 하는 그런 부정적인 교육이 아이에게서 약한 반응을 불러일으키는 가장 흔한 요인이라고 생각한다.

레슬리 웨더헤드Leslie Weatherhead는 친구 집에 머물고 있던 한 정신과 의사가 겪은 일을 소개한다.[6] 그 의사는 자기 친구가 자녀에게 하도 명령을 많이 내려서, 그 수가 어느 정도인지 세어 보기로 했다. 두 시간 동안 아이에게 내린 명령은 120개로, 그중 46개는 반드시 해야 하는 것이고, 73개는 하면 안 되는 것이었다. 하지만 이러한 사태는 결국 아이를 패배의 삶으로 이끌고 만다. 이 모든 훈계가, 상처받은 부모의 자존심이 드러나는 분노 섞인 어조로 전달될 때 상황은 더 악화된다. 결국 학교 공부나 예술 혹은 사회 활동의 영역에서 좋은 성과를 거두지 못하고 실패한 아이는 부모에게 수치심을 안겨 주었다는 생각에 더 상심한다. 이렇게 하여 부모는 일종의 공포심을 불러일으켜서 아이를 더욱 실패하게 만든다. 그리고 자신들이 두려워하는 실패를 넌지시 암시한다. 그 부모는 남은 생애 동안 자녀가 계속해서 실패하는 원인이 될 수 있는, 실패에 대한 두려움을 넌지시 심어 준다. 행여 아이가 마음을 다시 추스르고 새롭게 노력하여 무엇인가 성취한다 해도, 부모는 "이 성공이 지속되어야만"이라는 말로 아이의 마음을 억누른다. 그렇게 되면 아이는 부모가 여전히 자신에 대해 의구심을 품고 있음을 인식한다. 만일 실패하면 아이는 "그럴 줄 알았지"라는 말을 듣게 된다. 하지만 이 말로 아이는 더욱 좌절한다. 이런 부모들은 인내를 강조하는 공자의 글을 읽어야 한다. "다른 사람은 단 한 번에 도달한 곳을 100번의 시도 끝에 겨우 도착했다고 한들, 그것이 무슨 상관인가? 낙망하지만 않는다면 언젠가 반드시 도달할 것이다."[7]

과거에는 교육이 훨씬 더 엄격했다고 한다. 예를 들어 식사 도중에 말을 해서는 안 되는 것처럼 안 된다는 것이 훨씬 더 많았고, 어떤 여자아이는 어머니의 감시 속에서 오후에 피아노와 수예를 배워야 했으며, 요즘보다 훨씬 더 많은 남자아이가 가계의 전통을 이어 나가기 위해 아버지의 사업을 마지못해 물려받아야 했다.

이 모든 것은 사실이다. 그러나 문제는 훨씬 더 깊은 곳에 있다. 그것은 우리 시대의 영적 퇴보와 밀접한 관계가 있는 것 같다. 자녀들은 부모로부터 엄격한 교육을 받았지만 자신들이 그렇게 엄격하게 교육받은 것은 부모의 확고한 신념 때문이라고 생각했다. 즉 자녀들은 부모의 도덕관념 이면의 부모 자신을 자극하는 영적 열심을 볼 수 있었던 것이다. 부모는 자녀들에게 요구하는 것과 마찬가지로 자신도 엄격하고 절도 있게 살았고, 자유와 쾌락에 대해서도 중용을 지켰다. 종교가 그렇게 요구했기 때문이다. 그들이 자녀들에게도 절제를 강요하는 것은 자녀들을 괴롭히고 싶어서거나 그저 사회적 관습이 그래서가 아니라, 절제하는 것이 하나님의 명령이며 인격을 훈련시키는 방법이라고 믿었기 때문이다. 하지만 이제 우리는 도덕성을 영적인 근원에서 분리함으로써 진절머리가 나는 족쇄처럼 취급하게 되었다. 부모에게 믿음이 없다면, 이들이 자녀에게 내리는 모든 명령과 금지 사항은 완전히 독단적인 것임이 틀림없다.

일전에 장 드 루주몽Jean de Rougemont은 자녀들이, 하지 말라는 금기 사항보다는 하라고 하는 권고 사항에서 살아 있는 도덕성을 배운다고 말하면서, 다음과 같은 재미있는 일화를 소개했다.[8]
"왜 전 그것을 하면 안 되죠?"라고 다섯 살배기 아이가 질문한다.

"하면 안 되니까 그렇지. 너 엄마가 그거 하는 거 봤니?"라고 엄마가 대답한다.

"하지만 엄마가 그걸 해선 안 된다고 누가 **엄마한테** 그러던가요?"

"내가 네 나이 때 네 외할머니가 그러셨어."

"그래요? 그러면 외증조 할머니도 외할머니한테 그걸 해서는 안 된다고 하셨나요?"

"그랬겠지."

"참 나, 누가 그런 바보 같은 게임을 만들어 냈는지 모르겠네요"라고 하며 아이는 말을 맺었다.

현대 사회의 세속화로 교육이 그 진정한 가치를 상실하고 남겨 놓은 것이라고는, 효과적이기보다는 해롭고 의미 없는 전통뿐인 것 같다.

과거에는 아버지가 아들에게 자신의 직업을 이으라고 말할 때, 확신과 자신감에 넘쳐 직업에 대해 설명했다. 그러나 오늘날 대부분의 젊은이는 아버지를 비롯한 어른들의 입에서 자기 직업을 맹렬히 비판하는 소리만 들을 뿐이다. 현대의 어른들은 자신의 직장 생활이 노예나 다름없는 저주스런 삶이라고 생각하기 때문에 하루하루 생계를 이어 갈 필요가 없다면 직업 전선에서 도망치고 말 것이다.

현대인들에게는 일종의 부정적인 생각과 환멸이 있어서 어린아이 속에서 용솟음치는 즐거운 삶을 짓누른다. 그러나 루주몽 박사가 거듭해서 말하고 있는 것처럼, "아이는 옳고 어른은 그르며, 아이들은 인생을 믿지만 어른들은 더 이상 인생을 믿지 않는다." 오늘날 신경증 환자가 상당수 존재하며 환자 중 많은 수가 약한 반응이라는 감옥에 갇힌 것은 분명 많은 어른들의 냉소가 끼친 영향력 때문이다. 어른들은 아이들을 순진한 환상에서 구해 주어야 한다는 미명하에 그런 파괴적인 일을 하면서 묘한 기쁨을 느낀다.

어른들은 아이들이 스스로를 작은 존재로 느끼게 만들어 어른들 자신을 쉽게 대단한 존재로 느끼게 할 수 있다. 그리고 어른은 자기의 단점을 인식하고 있기 때문에 그렇게 하려는 유혹에 더 쉽게 빠진다. 여기에는 종종 질투심도 작용한다. 어떤 아버지는 아들이 자신보다 사회적으로 더 존경받거나 더 행복해질지도 모른다는 무의식적 두려움 때문에 아들이 원하는 직장을 가지지 못하게 한다. 사실 그 아버지 역시 자기 아버지로부터 비슷한 방해를 받았다. 또한 부모가 자녀들 사이에 질투심을 부추김으로써, 아이들을 더욱 단단한 고삐로 얽어매거나 덜 똑똑한 아이에게 굴욕감을 안겨 주는 일이 자주 있다.

 아이는 감수성이 예민하고 예술적 감각이 있으며 찬란한 미래를 이룰 가능성이 풍부하지만, 부모의 사고가 폭넓지 못하여 그것을 모르는 경우가 이따금 있다. 이러한 아이들은 흔히 학교의 엄격한 규율이나 가문의 전통에 적응하지 못한다. 그러면 학교나 가정에서는 이들을 오해하여 갑작스럽게 화를 내거나 구타 혹은 욕설을 퍼붓는다. 이런 학대에 시달린 아이들은 소년원이나 정신 병원에 보낼 것이라고 내비치는 말에 반항하거나 절망한다. 신경질적인 사람으로 취급된 이들에게는 신경증 증세가 나타난다. 이 아이들은 부모의 사랑을 믿지 못하며 부모로부터 버려졌다는 감정은 그들 속에 위험한 보상 기제를 형성한다. 예를 들어, 무엇인가 훔치고자 하는 충동이 그런 원인에서 생긴다. 이들은 해야 할 일을 들은 적이 없기 때문에 해서는 안 되는 일만 하는 것이다. 이렇게 지독한 인과 관계의 고리는 자상함과 자신감이 누구보다도 필요한 아이의 인생에 쉽게 재앙을 몰고 온다. 그리고 계속해서 위협을 받아 아이의 반응이 악화되면 그 위협들은 효력을 발휘한다. 소년원 지도자나 정신 병원 의사는 그런 아이에게 괴물로 비쳐지기 때문에 반항의 벽에 부딪힌다.

신경증과 강박관념에 시달리는 한 환자는 이렇게 말한다. "어린 시절 아버지는 항상 저보고 저능아라고 하셨어요." 또 다른 소녀는 "제 어머니는 저보고 항상 멍청하고 사납고 못생긴 아이라고 하셨죠"라고 말한다. 그리고 또 다른 사람은 "저는 늘 아무 짝에도 쓸모없다는 소리를 들었어요"라고 한다. 그리고 수많은 사람이 "성격이 나쁘다"는 말을 들었다고 털어놓는다.

누군가에게 꼬리표를 붙이는 것은 결국 그 사람으로 하여금 그 꼬리표를 따르게 만드는 것이다. 특히 그 사람이 감수성이 강한 아동기에 있는 경우라면 더욱 그러하다. 그 사람을 거짓말쟁이로 대하면 그는 정말로 거짓말쟁이가 되며, 이기심이나 교만과 관련해서도 마찬가지다. 그러나 나는 나쁜 성격이 따로 존재한다고 생각하지 않는다. 그것과는 별개로 죄의 문제가 있을 뿐이다. 성격과 죄라는 두 가지 개념 중 첫 번째는 사회적 형식주의 영역에, 두 번째는 도덕적 현실주의 영역에 속한다. 우리는 모두 똑같은 죄인이다. 품위 있고 존경받을 만한 훌륭한 사람이라도 그들이 경멸하는 사람들과 똑같이 죄인이며, 인정이 없고 불의하며 교만한 부모 역시 그들이 성격이 나쁘다는 말로 무시하는 아이들과 마찬가지로 죄인이다. 부모는 죄에 대한 올바른 관점을 가지고 스스로는 강한 반응 속에서 자신의 약함을 숨긴다 하더라도, 아이가 겪는 나약함은 모든 사람이 겪는 일이라는 것을 아이에게 알려 주어야 한다. 이렇게 할 때 아이는 용기를 되찾고 바른길을 가게 된다. 반대로 부모가 아이를 골칫거리로 취급하면,

아이들은 정신적으로 지독한 고독감을 느끼고 다른 사람들은 모두 선한데 자기만 악하다고 생각하게 된다. 아이는 이렇게 죄의식과 고독감 속에서 훨씬 더 치욕스러운 꾸중을 듣게 하는 반응을 한다. 사람이 살아가는 환경, 신체적 조건, 정신적 인과관계의 고리도 그러하다. 결국 어떤 사람에게는 독선적인 자기만족을 취하면서, 또 어떤 사람에게는 약한 성격을 보이고, 결과적으로 보편적이고 동일한 죄를 낳는다. 복음에 비추어 보면 전자가 후자보다 더 나쁘다.

한 예로 신데렐라 콤플렉스 같은 것이 있다. 일단 한 아이가 가정의 폭풍을 막아 주는 도구, 곧 모든 원한을 대신 받아야 하는 희생양이 되기 시작하면, 그 아이 머리 위로 부당한 일이 얼마나 많이 떨어지는지 모른다. 장난감이 망가지거나 유리컵이 깨져도, 형이나 동생이 싸워도 다 그의 잘못이 된다.

내가 만났던 어느 환자는 어린 시절 사촌과 밖에 나가서 놀았고 어느 때까지 집으로 돌아오기로 했다고 한다. 돌아갈 시간이 다가오자, 그녀는 전에 자주 혼났던 사실을 떠올리며 불안한 심정으로 사촌에게 집으로 돌아가야 한다고 애걸했다. 하지만 사촌은 한 번도 꾸중 들어 본 적이 없었기 때문에, 전혀 신경 쓰지 않았다. 그때, 그녀의 마음속에서 지독한 싸움이 벌어졌다. "혼자 돌아가야 할까?" 하지만 사촌이 꾸중 들을 것이 두려워 감히 그렇게 할 수도 없었다. 오히려 사촌은 그녀가 점점 더 불안해하자, 재미를 느껴 더 늦게 가자고 졸랐다. 결국 두 소녀가 돌아갔을 때 그녀의 어머니는 자기 딸에게만 늦게 돌아온 책임을 물으며 사촌에게 나쁜 영향을 주었다고 꾸짖기까지 했다.

또 다른 환자는 부모가 어리석은 사치 생활에 빠져 있을 때 부모를 돕고자 하는 열망으로 수고를 마다하지 않았지만, 그 부모는 다른 형제자매를 버릇없이 키웠고, 그들은 오히려 그녀를 비웃었다.

영리한 한 어린 소녀는 불어 작문을 하는 것이 지나치게 불안하여 아무 일도 할 수 없었다. 그 소녀의 교사는 항상 가장 잘 쓴 작문과 가장 못 쓴 작문을 학급에서 큰 소리로 읽어 주고는 학생 이름을 밝히는 습관이 있었다. 물론 그것은 소녀의 생각에 그렇다는 말이다. 소녀의 작문이 친구들 앞에서 가장 못 쓴 작문의 표본으로 읽혀졌을 때 소녀가 받았을 정신적 충격은 가히 상상이 간다. 극심한 정신적 고통을 이겨 낸 후 나중에야 성공적인 직장생활을 할 수 있었던 어떤 환자는 어릴 적 성적표에서 "좋지 않은 학생임. 학교를 마치고, 도대체 무엇을 할 수 있을지 의문임"이라는 평가를 보았을 때의 충격에 대해 말해 주었다. 그때의 평가가 그 환자의 뇌리에 사무쳐 그가 그것을 기억해 낼 때마다 상처를 받는 것은 뻔한 일이다. 알랑디 역시 선생님으로부터 "넌 아마도 폭력배가 될 거야"라는 말을 들은 한 아이의 경우를 인용한다.[9] 알랑디는 아이가 보기에 그런 암시를 주는 사람의 권위가 클수록, 이런 부정적인 암시는 더 해롭거나 지속적인 영향을 준다고 정확히 지적한다. 하지만 아버지나 교사만이 그런 사람은

2. 좌절

아니다. 이를테면 어떤 어린 소녀에게는 자신이 너무 존경하여 매사를 대신 결정해 주는 오빠가 권위 있는 존재일 수도 있다. 만일 그 소녀는 뚱뚱한데 오빠는 아주 날씬한 여자를 좋아하여 항상 동생을 무시하듯 비교한다면, 소녀는 자신의 예쁜 용모를 믿지 못하면서 성장하고 어떤 남자라도 자기처럼 뚱뚱한 여자는 좋아하지 않을 것이라고 생각할 것이다. 그래서 소녀는 자신을 실제보다도 더 뚱뚱하다고 생각하고, 그것을 감추고자 애쓸수록 매력적인 여성에게 꼭 필요한 자연미를 망치게 된다. 소녀는 옷도 형편없이 입고, 어떻게 해야 자신이 가진 아름다움을 최대한 살릴 수 있는지에 대해서도 무지하다. 이 생각이 더욱 깊어지면서 자신은 절대 결혼할 수 없을 것이라고 두려워하기 시작한다. 이렇게 소녀는 그 감정에 깊이 빠져들어 신앙생활까지 포함한 생활의 모든 영역에서 열등감을 느낀다. 신앙을 잃어버린 것이 고통스러워 나를 찾아온 한 여성도 그와 비슷했다. 물론 그 여성의 신앙적 위기 뒤에는 지금은 분석할 수 없는 다른 원인들이 있었다. 여기에서는 어린 시절에 받은 부정적 암시가 삶의 전반에 해로운 영향을 미친다는 사실을 밝히는 데 초점을 맞추고자 한다. 이 젊은 여성은 어릴 적 받은 부정적 암시의 영향으로 매사에 의심하는 버릇이 생겼다. 사랑과 종교는 아마도 감정이 가장 많이 관여하는 두 영역일 것이다. 바로 이런 이유로 상당히 많은 사람이 마음속에서 사랑과 종교를 연관시킨다. 사람들이 사랑을 상실할지 모른다는 두려움이 생기면 신앙도 잃을까 봐 두려워하게 되고, 사랑에 대한 믿음을 가지고 있으면 신앙에 대한 믿음도 가지게 된다.

불행하게도 어린 시절부터 자신의 외모가 아름답지 못하다고 생각하는 여성들이 수없이 많다. 아름다움이란, 하나님이 여성에게 주신 가장 귀한 선물이며 여성이 함부로 무시할 수 없는 것이기에 스스로 아름답지 못하다는 생각은 생활 전반을 왜곡시킨다. 자기 외모를 의심하는 상황에서 결혼을 하면, 그 의심이 결혼 생활에서 계속 이어져 남편의 사랑을 믿기 어려워하고 남편에게 진실한 사랑을 주지 못한다. 더 나아가 이것은 현재 일반적으로 존재한다고 인식되고 있는 정신-신체적 요인에 의해, 신체에도 영향을 미친다. 그런 여성들에게서 난소 기능 부전, 월경 불순, 다모증 등의 증세가 나타나는 것을 자주 보았다. 이렇게 자신의 외모를 의심하는 마음이 여성다움과 아름다움을 조절하는 내분비선의 기능에 제동을 걸기 때문이다.

어떤 소녀는 어머니의 미모를 부러워한 나머지, 자신 역시 어머니의 미모 못지않게 아름답다는 사실을 인식하지 못하고 자신감을 상실하여 아름다움을 가꿀 기회를 놓쳤다. 이와 비슷한 경우로 멋진 직업을 가졌음에도 지금까지 살펴보았듯 다양하면서도 비슷한 형태로 나타나는 패배감이라는 방어기제를 계속 가지고 있는 사람을 만난 적이 있다. 나는 그가 자기 아버지를 지나치게 존경한 나머지 패배감을 가지게 되었다는 사실을 알게 되었다. 사실, 그 역시 통합된 수많은 자질의 소유자였기 때문에

2. 좌절

대단히 존경받을 만큼 뛰어난 사람이었다. 그러나 이미 언급했듯이 자기 어머니를 여신처럼 생각하는 소녀와 마찬가지로, 그는 자기 아버지를 신으로 생각하고 있었다. 그 환자는 항상 마음속으로 자신을 비현실적 모델과 비교하였기 때문에, 모든 점에서 그 모델에 비해 열등할 수밖에 없었다. 내가 여기서 밝히고 싶은 것은 부모가 자신의 어려움과 약점을 자녀에게 숨김으로 사실을 왜곡하는 것이 자녀를 격려하기는커녕 자녀의 신체적·지적·정신적 발달을 마비시킨다는 사실이다. 많은 젊은 여성들이 이런 말을 한다. "저는 아무것도 할 수 없어요. 저의 엄마는 모든 것을 완벽하게 하셨지만 저는 엄마가 보는 앞에서는 감히 냄비나 빗자루도 잡을 수 없었어요." 어떤 사람은 또 다른 영역에서 어머니와 자신을 비교한다. 즉 어머니는 자신을 쓰다듬거나 안아 주는 등의 사랑 표현은 절대 하지 않고, 단지 아무 걱정 없이 사는 것에만 온통 신경을 썼다는 것이다. 사랑은 그녀를 열정적으로 활동하게 만들기보다 수동적이고 감상적인 예민함만 갖게 만들었다. 그리고 결국 이렇게 말한다. "저는 제가 정말로 사랑을 할 수 있을지 늘 의문이에요."

부모들이 자녀 중 한 아이만을 다른 형제자매의 비위에 거슬릴 정도로 비교하는 일은 매우 흔하다. 다른 형제자매들의 기질은 그 아이와는 완전히 다르다. 그 아이는 고분고분하고 유순하며 특별히 좋아하는 것이나 특별히 싫어하는 것이 없고 공부를 게을리 할 만큼 딱히 다른 것에 대단한 열정이 없기 때문에 학교생활을 잘한다. 그는 인생에서 더 할 수 있는 것도 없지만 우선 당장은 부모에게 상당한 신뢰감을 준다. 그리고 부모가 자식에게 가지고 있는 존경심 때문에 자식은 부모에게 더욱 순종한다. 훨씬 활발하고 쉽게 마음이 변하는 아이는, 자신을 항상 형이나 누나와 비교하여 바라본다. 그 아이는 형이나 누나에게 항상 심각한 열등감을 느끼고, 그 열등감은 모든 사회관계에 걸림돌이 된다.

또 다른 예로 형제들은 이솝우화에 나오는 개미를 닮았지만, 자신은 베짱이를 쏙 빼닮은 경우가 있다. 개미를 닮은 그의 형제들은 비록 사랑을 담아 한 것이기는 하지만, 부모가 설정해 놓은 성공의 높이와 기준을 가지고 동생에게 충고를 던진다. 그렇지만 동생은 자기 형제들은 알지 못하는 보물을 마음속에 간직하고 있다고 느낀다. 그러나 과거에 받은 암시의 힘이 너무도 커서 그 보물을 자랑스러워하기보다 부끄럽게 여긴다.

또한 언니는 예술적 감각이 뛰어나고 생각이 많은 반면, 동생은 매우 활동적인 자매가 있었다. 언니는 동생을 비난하면서도 부러워하고, 자신의 재능을 개발하기보다 항상 동생과 자신을 비교한다.

부모들 중에는 자녀의 행동을 칭찬하거나 작은 사랑이 담긴 자녀의 행동에 고맙다는 말 한 마디 하는 일 없이 단점만 이야기하면서도, 자녀가 없는 자리에서는 친구나 아는 사람들에게 자녀를 자랑하면서 자부심을 갖는 사람이 있다. 그러는 사이 자녀는 자신이 부모에게 완전히 실망스러운 존재라고 생각한다. 사실 자녀의 오해는 불필요하고 슬픈 일이다. 부모는 자신이 최선을 다하고 있다고 생각하기 때문이다. 이들은 자녀의 좋은 자질을 인정하고 높이 평가하고 있다는 것을 자녀가 알게 되면, 오히려 교만해질지도 모른다는 두려움 때문에 다분히 의도적으로 그런 행동을 한다. 물론 부모는 궁극적으로 자녀의 교만을 막지 못한다. 사람들은 누구나 전적으로 교만하기 때문이다. 그러나 부모가 그런 식으로 자녀에게 심어 놓는 열등감은 가장 해로운 형태의 교만이다. 실패했을 때보다 성공했을 때 겸손해지기가 더 쉬운 법이다. 나는 실패하고 나서 열등감으로 가득 차 있는 불행한 영혼을 볼 때마다 자주 그런 생각을 한다. 이런 사람들은 항상 자신을 비난하고, 자신이 가진 약간의 재능이라도 보여 주어 보상받으려고 어설프게 노력하기 때문에 스스로를 허영심 많고 교만하다고 비판한다. 한편, 다른 사람들의 칭찬을 제법 듣고, 하는 일에도 성공하여 항상 우쭐해 있는 이들의 형제자매는 은밀히 만족감을 감춰서 겸손하게 보일 수 있다. 그러나 성경은 우리에게 꾸밈없이 진실하라고 가르친다. 그리고 부모는 선하고 악한 품성을 모두 가진 자녀를 있는 그대로 이해하고, 부모가 발견할 수 있는 자녀의 선하고 악한 품성뿐 아니라 자신의 품성까지도 자녀들에게 솔직하게 이야기해야 한다고 가르친다. 그리고 우리 모두는 다른 사람의 도움 없이 혼자서 교만을 없애거나 교만하지 않은 척할 수 없다고 말한다. 그래서 하나님이 우리의 교만을 용서해 주신다는 것을 믿고 우리가 교만하지 않도록 우리를 지키시는 하나님의 은혜를 의지하라고 가르친다.

최근에 한 어머니는 자녀를 함부로 대하는 것과 마찬가지로 자녀를 우상처럼 대하는 것 역시 매우 위험한 일이라고 강조했다. 이것만큼 중요한 진리는 없다.

또한 자신에게 솔직해지는 것만큼 더 귀한 것은 없다. 나는 자신에 대해 부정적인 태도를 취하는 사람들을 많이 보아 왔다. 이런 사람들은 마음속으로 끊임없이 자신을 어리석다고 하며 스스로를 비난하고 무시한다. 다른 사람들을 판단하는 일반적 경향에는 반대하면서도 자신의 단점은 용서하지 않으려고 한다. 이들은 자신을 사랑으로 대하지 못한다.

성경은 자신을 사랑하는 것에 대해 비난하지 않는다. 다만 자기 몸과 같이 다른 사람들을 사랑하라고 요구하고 있을 뿐이다. 그리고 하나님의 창조물인 인간의 가치를 주장한다. 이렇게 자신을 존중하는 동시에 자신의 죄를 인정하는 것은 하나님이 은혜를 체험하는 데 선결되는 기본조건이다.

"죄를 인정한 사람만이 제대로 예배를 드릴 수 있다"(*Maxima debetur puero reverentia*). 교육이 열매를 맺으려면 아이들을 존중하는 마음이 활성화되어야 한다. 교육은 아이들이 자신의 본성 이면에 있는 부패한 것들에 눈을 뜨게 해주어야 하지만, 또한 아이가 자신의 재능을 인식하도록 도와줌으로써 아이를 격려해야 한다. 그리고 교육은 아이를 비난하기보다 이해하기 위해 노력해야 한다. 몬테소리의 말처럼, 교육이 융통성이 없다는 지적을 받았다면 분명히 "치명적인 갈등이 폭발하고 있다"는 것을 인식해야 한다. 교육은 아이에게 독단적으로 진리를 강요하기보다 스스로 진리를 발견할 수 있게 해주어야 한다. 그리고 교육은 아이가 처음으로 무엇을 시도할 때 아이를 짓누르지 말고 30년 후에는 지금보다 훨씬 더 잘할 수 있을 것이라고 격려해 주어야 한다. 교육은 아이 본연의 인격을 존중해야 한다. 페스탈로치의 말대로 "아이들이 스스로의 노력으로 발견할 수 있는 것이라면 그것을 찾아내게 해야 한다." 마지막으로 교육은 아이의 신체 리듬을 존중해야 한다. '생리학적 시간' 면에서, 아이의 1시간 동안의 집중력이 성인의 3-4시간에 해당한다는 사실을 기억하는 부모와 교사가 얼마나 될까? 나는 늘 다른 사람들로부터 강요만 받아서 좌절감과 패배 의식에 사로잡힌 사람을 많이 보았다. 느긋한 기질을 타고났지만 명석하고 적극적인 부모와 활발한 형제자매들 사이에서 자란 사람은 (내 말로 하자면) 그들보다 항상 더디고 그들에게 항상 지기 때문에 무능한 사람이라는 말을 듣는다.

놀랍게도 자녀가 자신과 다르다는 것을 이해하려고 하는 부모는 매우 드물다. 부모는 아이가 독창적인 행동을 보이면 제멋대로라고 비난한다. 부모는 자녀에게서 자신의 모습을 보고 싶어 하고 자신을 닮지 않은 자녀를 쉽게 희생양으로 만들어 버린다. 그리고 서로 사이가 좋지 않은 부모는 배우자를 닮은 자녀를 종종 희생시킨다. 심지어는 한 아이가 양쪽 부모에게 희생양이 되는 일도 허다하다. 다시 말해 외모가 아버지를 닮았다는 이유로 어머니에게 희생양이 되고, 성격이 어머니를 닮았다는 이유로 아버지에게 희생양이 된다.

지적이고 선한 의도를 가진 부모는 많은 경우 자녀들이나 자녀 중 한 명에게 자신이 애정을 표현하는 것을 방해하는 어떤 요소가 있음을 막연히 감지한다. 이들이 무의식적으로 작용하는 기제를 늘 인식하는 것은 아니며, 그 기제를 인식했다 해도 거기서 벗어나지 못한다. 어린 시절 애정을 받지 못한 데 대한 복수심에서 그럴 수도 있다. 이들은 이러한 장애물을 극복하고자 부단히 노력하지만 노력을 해야 한다는 바로 그 사실이 이들의 성공을 방해한다. 아이의 직관은 자신과 부모를 분리시키는 알 수 없는 장벽을 믿을 수 없을 정도로 빨리 인식한다.

나는 어머니의 사랑을 받지 못하여 유아기적 삶의 태도가 굳어져 버린 환자들을 많이 만났다. 그들은 자신의 본능이 요구하는 것을 받아 본 적이 없기 때문에, 자신의 어린 시절을 무한정 연장시켜 버린 것이다. 이들 중 한 여성은 어린 시절 선물을 하나도 받아 본 일이 없다고 말했다. 딱 한 번 초콜릿을 받은 적이 있지만 그것 역시 곧 다른 아이가 빼앗아 가져갔다. 그 여성은 대신 다른 것을 주겠다는 말을 듣기는 했지만 결국 받지 못했다.

무의식적 요소는 자녀를 지나치게 염려하는 부모에게서도 작용한다. 자녀가 저녁 늦게 집에 돌아오면 부모의 불안은 상상할 수 없을 정도로 빨리 커져 버릴 것이다. 부모의 불안은 매우 비논리적이고 의지로 통제할 수 없는 수준까지 이른다. 어머니는 자녀가 이렇게 늦는 것은 그럴 만한 이유가 있어서이고 자신이 자녀를 믿지 못하기 때문에 불안한 것이라고 스스로를 비난한다. 이렇게 자신이 염려하는 모습이 자녀에게 해로울 것이라고 혼잣말로 자신을 달래 보지만 아무 소용이 없다. 자신을 비난하는 소리는 두려움만 키울 뿐이다. 더욱이 아버지 역시 아무 일도 없을 것이라는 긍정적인 확신을 주지 못한다. 따라서 이들 부부가 평안을 찾을 수 있는 방법은 대화가 아니라 기도를 통해서다. 기도를 통해 평안을 되찾고 자신이 불안해하는 진정한 이유를 이해할 수 있게 된다. 어머니는 어렸을 때 자기 어머니가 자신을 거의 걱정하지 않았다는 것 때문에 괴로워했을 수도 있다. 그렇기 때문에 이 어머니가 현재 느끼는 고통은 자신의 불만족스러운 요구를 자녀에게 투사하고 있는 것이다. 그리고 이런 사실을 깨닫는다면 스스로 평안을 회복할 것이다.

마지막으로 나는 외동아이가 가지는 문제에 대해 중요한 몇 가지를 생각해 보고자 한다. 한 자녀만을 두고 있는 것은 부모의 잘못된 소심함 때문인 경우가 많다. 즉 임신, 출산, 대가족이 주는 재정적 부담 등이 두려워 자녀를 한 명만 두는 것이다. 그러나 이것은 하나님의 뜻에 사실상 불순종하는 것이며 부모와 자녀 모두 그에 대한 대가를 치러야 한다. 부모는 아이에게 자신의 모든 희망을 걸고 그 아이가 완벽한 사람이 되기를 바라며 충고-물론 최상의-를 쏟아붓는다. 이들은 자식이 남들과 다른 독특한 직업을 갖기를 꿈꾸고, 성직의 길을 걸으라든지, 적성에 전혀 맞지 않는 공부를 하라든지 하는 잘못된 제안을 하기도 한다. 이들은 자녀가 실수를 저지를지 모른다는 두려움 때문에 독창적으로 먼저 일을 시작하지 못하게 하고 "자녀에게 무슨 일이 일어날지도 모른다"는 두려움에 사로잡혀 독립성을 키워 주지 못한다.

한 젊은 여성은 기차 시간표 읽는 법을 알지 못했다. 왜냐하면 그 여성의 아버지가 딸이 실수를 할까 두려워 아무리 짧은 여행이라도 항상 손수 여행 일정을 세워 놓았기 때문이다. 이모의 손에서 자란 어떤 환자는 이미 성인이 되었지만, 여든 살의 이모는 그가 잘못된 친구들에게 빠질지도 모른다는 두려움 때문에 아직도 그가 여행할 때마다 따라간다. 사생아의 경우, 훨씬 더 심각하다. 이 경우 어머니는 자신이 아이에게 저지른 잘못을 보상하려는 생각으로 근심과 두려움을 잔뜩 가지고 아이를 교육한다. 흔히 있는 일로, 어머니가 아이를 신동으로 만든다 힐지라도 그 아이가 삶을 대하는 태도는 남의 이목을 많이 의식하고 서투르다.

그리고 부모는 외동아이의 응석을 항상 받아 주어 버릇없는 아이로 만드는 경향이 있다. 그 결과 아이는 인생과 실패, 혼자 있는 것을 두려워하게 된다. 그리고 자유케 하시는 하나님의 은혜의 능력을 경험하지 않는 한 그런 두려움에서 벗어나지 못한다.

또한 남편이 아내의 응석을 받아 주고 아내 스스로 할 수 있는 일을 모두 남편이 대신 해주어 아내의 자신감을 약화시키는 경우도 종종 있다. 남편이 죽는다면, 아내는 삶에 대해 완전히 무방비 상태가 되고 말 것이다.

제3장

두려움

아이가 부모의 싸움에 놀랐든지, 부모나 교사의 오해를 받아 학대를 받았든지, 제한이 많은 분위기에서 양육되었거나 걱정이 많은 부모가 두려움을 심어 주어 자신감이 부족하게 되었든지 간에 아이가 약한 반응을 보이는 근본적인 원인은 두려움이 분명하다.

어른들은 자신의 신체 크기조차 아이에게는 두려움을 유발한다는 사실을 알지 못한다. 어른들이 이것을 이해하려면 자신이 헤라클레스보다 더 강한 힘과 미네르바보다 더욱 명석한 두뇌와 주피터보다 더 강력한 목소리를 가진 3미터가 훨씬 넘는 거인들 사이에 산다면 어떻게 행동할 것인가 상상해 보아야 한다. 또는 거의 기적에 가까운 행동을 하는 사람, 만나기만 하면 으르렁대는 사람, 사람들의 질문에 "당신과 무슨 상관이야?", "그런 질문을 하다니 부끄러운 줄 알아" 또는 "너는 그것을 이해하기엔 너무 어려"라며 퉁명스럽게 대꾸하면서 수많은 비밀을 간직한 사람들 사이에 산다고 상상해 보아야 한다.

아버지들은 더 그럴 필요가 있다. 자신의 인생에 직면할 능력이 없는 사람들이 궁극적으로 아버지에 대한 지울 수 없는 두려움을 가지고 있는 경우를 나는 많이 보았다. 이들은 모든 사람, 특히 힘과 권위를 가진 사람에게 공포심을 느낀다.

알랑디 박사는 자녀를 지배하고 자녀의 인격을 무시하며 자신의 부당한 요구에 순종하라고 강요하기 위한 강력한 무기로, 두려움을 이용하는 부모나 교사를 범죄자라고 말한다.[1] 레슬리 웨더헤드는 "너 그렇게 하면 도깨비가 와서 잡아간다", "그거 했다간 죽을 줄 알아", "만일 네가 계속 말을 듣지 않으면 하나님도 더 이상 너를 사랑하지 않으실 거야" 등과 같이 두려움에 호소하는 거짓된 방법은 특히 더 해롭고 악한 것이라고 밝힌다.

한 젊은 여인은 어머니가 "넌 저주받을 거다"라는 말을 자주 했다고 하면서 지금도 예전처럼 흥분했다. 또 다른 여성은 종종 자신은 살 권리가 전혀 없다고 생각한다고 말한다. 결국 그녀는 어렸을 때 아버지가 자주하던 말을 했다. "쟤는 태어나지 말았어야 했는데." 그리고 한때 가짜 의사 생활을 했던 남자의 경우, 그는 실수를 감추기 위해 환자들에게 이렇게 말했다. "제가 당신을 치료할 수 없는 이유는 당신이 사탄에 사로잡혀 있기 때문입니다."

두려움은 암시의 촉매제다. 그리고 어떤 암시는 아무리 지적이고 용기 있는 사람이라도 고치기 힘들고 터무니없는 두려움을 마음속에 심어 준다. 그들은 두려움 때문에 점쟁이에게 황급히 달려가고, 점쟁이의 어리석은 말 때문에 자신의 모든 반응을 왜곡시키는 두려움에 사로잡힌다. "당신은 비참하고 끔찍한 종말을 맞이할 것입니다." 이러한 종류의 암시는 최선의 의도를 가진 사람이 던지기도 한다. '자살할까 봐 두려워하는' 환자를 안심시키기 위해 의사는 그가 자살을 생각하기 쉬운 '기질'의 소유자라고 말할 수 있을 것이다. 하지만 이 말은 환자를 진정시키기보다 그가 자기 마음을 다스릴 수 없는 사람이라는 뜻으로 통하기 때문에 그렇게 말할 필요가 없다.

신경이 예민하고 감수성이 강하며 마음이 약하기 때문에 다른 사람들로 하여금 괜히 으름장을 놓고 싶은 유혹을 느끼게 하는 아이들에게서 비극이 발생한다. 그런 아이의 친구들은 재미도 있고 아이가 얼마나 놀라는지 보면서 우월 의식을 느끼려고 꾸며 낸 이야기를 한다. 심지어 어른들, 간호사나 부모까지도 귀신처럼 꾸미고 갑자기 아이들의 방에 나다나기도 한다!

아이에 대한 통제권을 유지하려고 나중에 받을 양심의 가책이라는 유령을 아이에게 들이대는 어머니들도 있다. 그들은 "내가 죽으면 너는 엄마한테 저지른 잘못들 때문에 결코 너 자신을 용서할 수 없을 거야"라고 말한다. 그러나 자녀들 앞에서 자신을 어떻게 통제해야 할지 모르는 사람들도 있다. 내가 알고 있는 한 여인은 어느 날 밤 자기 어머니가 밖으로 뛰쳐나가면서 강물에 빠져 죽을 것이라고 말했을 때 느꼈던 공포를 기억하며 계속 두려움에 떨고 있었다. 그날 밤 그 여인은 어둠 속에서 절망적으로 울부짖으며 어머니를 쫓아갔다. 그러다가 구덩이에 빠져 흙이 왈칵 입속에 들어왔는데, 지나가던 사람은 그녀가 성질이 나서 보채는 아이인 줄 알고 욕설을 퍼부었다고 한다.

이외에도 아이는 화재, 폭탄, 번개 때문에 공포를 느끼거나 지하실이나 캄캄한 방에 갇히거나 정신 이상자를 만나거나 학교 친구가 간질 증세를 보이는 경우를 경험한다. 이러한 경험들은 환자의 증세에 상당한 역할을 한다. 왜냐하면 인간의 마음은 그런 경험들이 두려움으로 자라나는 데 아주 비옥한 토양이 되기 때문이다.

물론 사람을 괴롭히고 지배해서 그것을 인정하는 것조차 꺼려하게 만드는 두려움을 모두 열거할 수는 없다. 두려움은 뚜렷한 대상도 없이 보이지 않는 적에 대항해 승산 없는 싸움을 하는 것이기 때문에 계속되는 막연한 불안에서부터 의식적이건 무의식적이건 생각이 꼬리에 꼬리를 물고 이어지면서 생기는 더 구체적인 두려움까지 그 범위가 아주 다양하다. 다시 말해 두려움은 일반적인 질병뿐 아니라, 언론 매체에 자주 등장하는 결핵, 정신병, 암 등과 같은 특별한 질병에 대해서도 나타난다. 또는 아버지와 같은 나이에 죽거나 같은 질병에 걸릴지도 모른다는 두려움, 갱년기에 대한 두려움, 세균에 대한 두려움, 근거 없이 자신이 두려워하는 바로 그 질병에 걸렸다고 진단받을지 몰라서 의사를 찾아가지 못하는 두려움도 있다. 그리고 정상이 아닌 아기를 가질지도 모른다는 두려움 때문에 상당히 많은 여성이 엄마가 되는 것을 어려워하기도 한다. 또는 자다가 죽을지 모른다는 두려움, 살아 있기는 하지만 혼수상태일 때 매장될지도 모른다는 두려움(이것은 불면증의 원인이 된다), 악몽을 꾸는 것에 대한 두려움(이것은 불면증에 대한 더 깊은 원인이다), 수술에 대한 두려움, 마취 상태에서 기밀을 누설할지 모른다는 두려움, 죽음에 대한 두려움(이것은 환자 주변에 있는 사람들에게 퍼져 환자가 죽음에 올바로 직면하지 못하게 한다), 아버지, 남편 혹은 자녀를 잃을지 모른다는 두려움(이것은 그들을 의지하는 잘못된 감정이 생기게 한다), 고독에 대한 두려움, 가정을 갖지 못하거나 자라 온 환경을 떠나지 못할 것이라는 두려움, 책임이나 미지의 것에 대한 두려움, 돈 없이 지내야 하는 것에 대한 두려움, 누군가에게 상처를 줄지도 모른다는 두려움(이것은 솔직하지 못하게 만든다) 혹은 오해받을지도 모른다는 두려움(이것은 남편과 아내가 서로 솔직하게 대화하지 못하게 하여 오해의 골을 깊게 만든다), 혼자 남게 될지 모른다는 두려움(그래서 신성한 사랑이 없는데도 피혼하지 못한다), 친구에게 실망할지 모른다는 두려움(이 두려움이 수반하는 억압 때문에 친구 사이의 우정이 사라진다), 행복을 느끼면서도 그 행복에는 끝이 있다는 두려움(그래서 행복을 누리지 못한다), 현실에 실망할지 모른다는 두려움(이것은 우리를 망상에 빠지게 한다), 다른 사람의 충고에 대한 두려움, 다른 사람의 영향을 받을지도 모른다는 두려움, 충고를 따를 때 유익을 얻지 못할 수 있다는 두려움 또는 충고를 따르지 않아 불이익에서 벗어나지 못할 것이라는 두려움, 다른 사람을 실망시킬지도 모른다는 두려움 또는 그들로부터 비난을 받을지도 모른다는 두려움 등에 사로잡히기도 한다.

모든 두려움은 모든 사람을 프랑수와 드 살레[St. François de Sales]가 말했듯, '두려움을 두려워하는' 상태까지 몰고 간다.[2] 이 두려움은 정신을 혼란스럽게 하여 두려움에 대한 저항 능력과 상식적으로 사고하는 능력을 잃을 때까지 눈덩이처럼 불어난다. 우리는 상호 배타적인 두려움에 고통을 받는다. 다시 말해 성공에 대한 두려움을 느끼는 동시에 실패에 대한 두려움도 느낀다는 말이다. 어떤 환자는 내게 이런 말을 하곤 한다. "저는 죽는 것도 두렵고 사는 것도 두려워요." 어떤 사람들은 병이 낫지 않을까 봐 두려워하지만, 건강을 회복하여 다시 삶을 영위해야 하는 것도 두려워한다.

두려움은 두려워하던 바로 그 결과를 낳는다. 나는 이 점을 전쟁과 관련시켜서 다른 곳에서 이미 지적한 바 있다. 이것은 사람들의 행동을 관찰할 때마다 항상 확인하게 된다. 예를 들어, 무대에 서는 것이 두려워서 연설을 못하게 된다. 아버지나 어머니를 닮을까 봐 두려워서 오히려 아버지나 어머니를 점점 더 닮아 가고, 그것이 진짜 유전만큼 중요한 역할을 하게 된다. 결심을 지키지 못할 것이라는 두려움은 오히려 그 결심대로 성실하게 수행하지 않도록 만들어서 실패를 불가피하게 만든다. 자위행위에 빠져 버릴지 모른다는 두려움은 오히려 확실히 자위행위를 하게 만든다. 미칠지 모른다는 두려움은 사람을 매우 신경질적으로 만들어, 주위에 있는 사람들이 그 사람을 보고 분명히 미쳤다는 확신을 가지게 한다. 쇠약해질지 모르며 어떠한 일을 할 만큼 튼튼하지 않다는 두려움은 오히려 기력을 쇠약하게 만든다. 애인을 실망시킬지도 모른다는 두려움을 지닌 사람은 자연스럽게 행동하지 못하고 그래서 애인을 결국 실망시킨다. 사랑받지 못할 것이라는 두려움은 아내의 외적 매력을 잃게 하여, 남편이 아내에게 싫증을 느끼고 멀어지게 만든다. 자신이 그리 예쁘지 않다는 두려움은 아름다운 용모를 잃게 하고 우스꽝스러운 화장으로 외모를 더 손상시킨다. 몸이 마른 것에 대한 두려움은 오히려 살찌는 것을 멈추게 한다. 아내의 신뢰를 잃을지 모른다는 두려움은 오히려 남편을 위선자로 만들어 아내의 불신을 사게 된다. 늙는 것에 대한 두려움은 나이보다 빨리 늙게 만든다. 고통에 대한 두려움은 수많은 실수를 저지르게 하여 끊임없이 고통에 시달리게 만든다. 가난에 대한 두려움은 요행을 바라게 해서 우리가 가진 작은 것까지도 잃어버리게 한다. 실직에 대한 두려움은 젊은이로 하여금 직업을 바꾸게 하여 실직당하지 않고도 스스로 직장을 그만두게 만든다. 또한 좋은 직업을 갖지 못하여 결혼할 수 없을 것이라는 두려움은 오히려 직장에서 성공하는 데 필요한 에너지를 빼앗아 버리고 만다. 한 여인이 내게 이런 말을 했다. "제가 죽음을 두려워했던 것은 사실 가장 하고 싶은 일을 하기 전에 죽을지도 모른다는 두려움 때문임을 이제야 깨달았습니다." 그리고 그 여인이 가장 하고 싶은 일을 하지 못하도록 막은 것은 바로 그 두려움이었다.

―

 가장 해롭고 유치한 두려움은 바로 성(性)의 영역에서 나타난다. 정신 분석학자들이 어린 시절 사람들이 성적인 상처를 경험한 횟수를 제시하여 파문을 일으킨 적이 있다. 그때 사람들은 그 학자들이 자신의 추행을 근거도 없이 이론에 반영했다고 비난을 쏟아부었는데, 이 모두는 위선적인 행동이다. 우리 사회를 객관적으로 검토해 보면 정신 분석학자들의 관찰은 사실로 드러난다. 이것은 엄밀히 말해, 사회가 오늘날 널리 퍼져 있는 성적인 방종을 침묵으로 은폐하고는 거기에 희생된 사람들이 자신의 상황이 이례적이었다고 생각한다는 사실을 모르는 척하기 때문이다. 이들은 말할 수 없는 치욕이기라도 한 것처럼 성에 대해 매우 어렵게 이야기를 꺼낸다. 때로는 자신의 모든 삶을 왜곡시켰던 경험을 고백하여 성적 방종을 있는 그대로 밝히는 데 몇 달이 걸리기도 한다. 나는 심각한 성적 상처를 경험한 경우를 많이 알고 있다. 이를테면 아버지나 오빠에 의해 성폭행을 당했거나, 누나가 남동생에게 성에 대해 눈을 뜨게 했던 경우가 있다. 성도착증이나 노출증, 동성애 등으로 인한 모든 성적 충동들을 생각해 본다면, 그런 상처가 얼마나 자주 있었을지는 뻔하다. 특히 가해자가 사회적으로 존경받는 위치에 있는 사람일 때는 그 정서적 충격이 심각하다. 소아 성애증에 빠진 사람 중에 상당수가 저명한 사회 인사일 때가 많다. 우리는 죄와 그것의 힘을 너무 과하게 비관적으로 보는 것이 아닌가 하는 비판을 받기도 한다. 그러나 교회가 영향력을 회복하고자 한다면, 교회는 현실을 다시 바로 볼 수 있어야 한다. 성에 관한 모든 문제를 신비스럽고 수치스러운 것으로 감추는 분위기는 비도덕적인 사람들이 하는 저속한 농담이나 냉소적인 사람들이 던지는 이중 의미, 또는 본능에 충실하라고 부추기는 심리학자들의 충고만큼이나 해롭다.

이 때문에 우리는 우리가 치료한 상당수의 환자가(물론 내가 방금 이야기한 사람들보다는 겉으로 보기에 덜 심각해 보이지만) 성과 관련된 경험 때문에 정신적 충격을 받고 거기서 헤어나지 못하고 있음을 발견한다. 한 남성의 경우도 그러했는데, 그가 이루 말할 수 없는 불안을 느끼게 된 것은 옆방에서 들리는 소리의 의미를 어느 정도 알게 되었던 어느 주일 아침의 사건에서 출발한다. 우리는 상당수의 부모가 순진하게도 아이들이 눈치채지 못할 것이라고 생각하고 꽤 성장한 아이와 같이 자는 것을 보고 놀라곤 한다. 아이가 눈을 뜨면 심하게 나무라서 일을 더 악화시키지 않는다 해도 말이다. 또 다른 경우, 어떤 어머니는 성생활에 대해 거의 이야기를 하지 않다가 딸에게 성에 대해 아주 부정적인 태도로 남편의 성욕 때문에 쫓겨 다녀야 하는 여성의 고통에 대해 이야기해 주었다.

성이라는 주제와 관련해서는 늘 수치심을 유발하는 분위기가 조성되기 때문에, 이름 모를 많은 사람이 자신의 삶에 독소를 뿜어내는 고통스런 경험과 기억들을 아무에게도 말하지 못하고, 내게 편지를 보내온다. 그러나 이런 것들을 단순히 누군가에게 이야기한다고 위안을 얻는 것은 아니다. 내게 편지를 보낸 다음 직접 나를 찾아온 한 남자를 기억한다. 그는 나를 방문한 뒤 하나님 앞에 자신의 문제를 내어놓고 영적인 대화를 하며 자신의 삶과 성에 대해 자유롭고 긍정적인 태도를 회복할 수 있었기 때문이다. 많은 사람이 정신적 충격보다, 그런 식으로 자신에게 상처를 주었던 사람에게 느끼는 분노로 더 괴로워하기 때문에 때로 용서에 대한 확신이 필요하다.

이러한 모든 어려움은 성과 두려움 사이에 밀접한 정신적 연상 작용을 불러일으켜 영혼을 파멸시키기도 한다. 많은 아이가 특정한 부분에 대해서는 질문하기를 두려워하여 아무도 모르는 고통에 시달리는데, 이로 인해 고치기 힘든 성적인 강박이 발생한다. 통찰력 있는 한 초등학교 교사는 자신이 맡고 있는 남자아이와 여자아이의 선입견에 대해 조사를 했고 거기서 얻은 놀라운 결과를 내게 서신으로 알려 주었다.

두려움은 모든 심리-성적인 문제에서 결정적인 역할을 하며, 이때 자기 암시 기제가 작용한다. 하지만 그것은 반대로 다음과 같은 두려움을 야기한다. 즉, 성생활을 즐기지 못한다는 두려움(이는 성교 불능이나 불감증 등의 심각한 신체적 장애가 아니라 단지 이 두려움이 유일한 원인인 경우가 많다), 또는 성생활에 지칠지 모른다는 두려움(한편 이것은 하나님의 뜻과 일치하면 활력소로 작용한다), 결혼에 대한 두려움이나 결혼하지 않은 채로 순결을 지킬 수 없을 것이라는 두려움 또는 결혼을 해도 결혼 관계에서 신실함을 지키지 못할 것이라는 두려움(이것은 유혹에 대한 저항감을 약화시킨다), 정말로 사랑할 수 없을 것이라는 두려움(이것은 사람들로 하여금 진정한 사랑에서는 절대 생길 수 없는 거짓된 모습으로 시험 연애에 빠지게 한다), 부정한 유혹에 넘어갈지 모른다는 두려움(이 두려움은 스포츠나 직장 업무에 지나칠 정도로 몰두하게 하거나, 어떤 경우에는 그 불안이 없어졌으면 하는 마음으로 소명감 없이 성직을 택하게 하기도 한다), 자신의 건강이 회복될 것에 대한 두려움(이것은 정상적인 삶으로 돌아가는 것을 두려워하는 환자들에게서 발견되는데, 이들에게 건강은 감각적인 것에 대해 강한 욕구가 일어나는 것을 의미하기 때문이다), 마지막으로 질병에 대한 두려움이나 자위행위를 한 벌로 불감증이나 불임증이 생길지 모른다는 두려움이 있다. 이러한 것들은 근거 없는 생각이나 착각에 빠져 생기는 두려움이다.

이 두려움들은 감정으로 가득 차 있어서 늘 하는 말이나 선의로 한 말에서도 끊임없는 오해를 불러일으킬 수 있다. 한 젊은 여성은 주일학교 선생님으로부터 결혼 전에 임신하는 것은 수치스러운 일이라는 말을 들은 적이 있어서 젊은 청년과 함께 춤만 춰도 임신할지 모른다고 두려워한다. 이러한 암시의 힘으로 인해 그녀는 자신이 알고 있던 임신의 몇 가지 징후, 즉 월경 불순이나 구역질 등이 나타날 수 있고 그녀가 가장 두려워하던 것이 자신에게 임했다고 생각할 수도 있다.

자위행위, 성교 불능, 성도착 등 모든 종류의 성적인 문제가 시작될 때 자기 암시가 중요한 역할을 한다는 것은 틀린 말이 아니니다. 자기 암시는 두려움이라는 비옥한 토대에서 점점 성장한다. 그리고 그것은 성적인 문제들을 이야기하는 것에 대한 두려움이 가져오는 도덕적 고립감 속에서 무성하게 자라난다. 나는 이렇다 할 이유 없이 갑자기 동성애에 대한 두려움에 사로잡힌 사람들을 많이 보았다. 이런 사람들의 마음속에는 그런 생각에 상응하는 상*이 생기고, 이성 친구 앞에서 불편해하는 자신을 보면서 결국 그 두려움을 확증한다.

한 남자가 자신은 동성애 성향을 타고났다고 주장하면서 수차례 나를 찾아온 적이 있다. 그러나 그 사람의 어린 시절을 조용히 거슬러 올라가 보니, 그는 한 여자아이에게 접근하다가 뺨을 심하게 맞은 일이 있었다. 그 순간부터 상처받은 자존감을 숨기기 위해, 무의식적으로 그의 상상의 세계는 남성 쪽으로 돌아섰다. 그의 경우, 원하는 것을 하기 싫은 것처럼 꾸미는 허세일 뿐이다.

동성애자가 된 또 다른 남자는 이전에 성적으로 너무 도발적인 여자 때문에 불쾌했던 적이 있었다. 그 남자는 자기가 사랑의 주도권을 잡고 싶었는데 그녀가 그의 자존감에 상처를 안겨 주었던 것이다. 다소 비슷한 방식으로 아내가 너무 관능적인 경우, 남편이 성교 불능 증세를 보이는 경우도 있다. 아내가 성적인 만족을 더 요구할수록 남편은 점점 기력을 잃어 간다. 남편은 아내에 대한 미안함과 자신에 대한 수치심 때문에 무력해진다. 남편은 스스로 기운을 돋우기 위해서 간음까지 저지를 수도 있다. 이 경우 필요한 것은 긴장을 늦추어 악순환을 끊고 처음 만나 사랑을 나누었을 때로 돌아가는 것이다.

또 다른 남자는 성도착증 환자에게 저항하지 못하고 희생되었던 적이 있어서 동성애자가 될까 봐 두려워한다. 또 어떤 사람들은 수줍음을 많이 타 여성에게 다가가지 못해서 그와 같은 두려움에 시달린다. 한 소녀의 경우, 동료 학생과 가까이 있는 모습을 기숙사 사감에게 들킨 적이 있는데, 자신을 의심하지 않을까 하는 생각에 사로잡혔고 그 뒤 자기 암시가 작용하여 그런 두려움을 느끼게 되었다.

이렇게 고통에 빠진 영혼들도 존경받는 보통의 사람들만큼의 육체적 감각을 지녔을 뿐임에도 수치와 치욕으로 가득 찬 '성도착자'perversion라는 경멸에 가까운 비난을 받는 것을 접하면서, 우리 사회가 얼마나 불공평한지 깨닫는다.

낯익 복음주의자기 창세기에 나오는 오난의 이야기를 지적하면서, 그 문제에 대해 사회적 규약이라는 이름으로 공포된 평결을 반박해 달라고 내게 부탁한 적이 있다. 물론 나는 부도덕한 충동에 굴복하는 것이 죄라는 사실을 부정하지는 않는다. 나는 여기서 정상적이건 변태적이건 **모든** 충동에 대해서 말하고자 한다. 정상적이건 변태적이건 모든 사람이 죄를 짓는다. 그러므로 모든 사람은 양심과 진정한 회개로 동일한 자극을 받아, 참된 자유를 주시는 하나님의 은혜의 능력을 경험한다. 그러나 환자의 부도덕성이 아니라 환자에게 책임이 없는 성도착에서 오는 잘못된 죄의식은 절망, 두려움, 도덕적 비하의 원인이 될 뿐이다. 어떤 형태의 성도착으로 인해 괴로워하는 사람에게 그의 문제는 스스로 생각하는 것보다 훨씬 더 보편적이라는 말만 해줘도 그는 상당한 위안을 얻는다.

성도착자들은 비정상적인 성행위의 정당성을 제시하는 이론들을 언급하며 자신을 합리화하려는 습관이 있다. 하지만 성도착자들이 이런 주장을 펼침에도 불구하고 이들이 인습에서 나온 잘못된 수치심에 사로잡혀 있다는 것을 쉽게 알 수 있다. 죄에 물든 상태로 죽을지 모른다는 두려움에 사로잡혀 모든 일이 잘되어 가는 순간―승리의 순간―에 자살하려는 생각에 자주 빠져드는 사람이 있다고 하자. 그 경우는 이런 잘못되고 형식주의적 죄의식 때문에 유발될 수 있는 공포심을 보여 준다. 진정한 죄의식을 통해 나타나는 건전한 감정은 유익하지만, 이 사회가 죄가 아닌 성도착과 결부시켜 암시하는 감정은 치명적이다. 전자는 두려움에서 벗어나게 하지만, 후자는 두려움을 더욱 가중시킬 뿐이다. 도덕적 양심의 영역에서 성도착으로 괴로워하는 사람들의 진짜 죄는 이 두려움이며, 그들이 여기서 해방되면 승리를 맛볼 것이다. 어떤 이들은 그것이 성경에서 벗어난 생각이라고 말하겠지만 말이다. 정상인이든 비정상인이든 간에 구원으로 인도받는 유일한 통로는 죄를 고백하는 것이다. 그러나 심리적 검열이라는 장애물을 만들어 내는 그릇된 사회적 수치심으로 비정상인들이 죄를 고백하는 것은 더 어려워진다.

    교회는 성에 대한 두려움을 만연시킨다는 비난을 받고 있으며, 우리는 그 사실을 인정해야 한다. 한 신앙심 좋은 여인이 있었다. 자신보다 덜 '영적'이라며 마음속으로 무시했던 한 천박한 사람과 성생활을 시작한 그 여인은, 그 남자가 감각이라는 것으로 자신을 다루고 있음을 깨닫고 매우 치욕스러워했다. 그리고 그녀가 전에 가졌던 거짓되고 허무한 자아상을 지키기 위해 필사적인 노력을 기울이는 동안, 수치심은 강박증으로 커져 갔다. 이런 경우는 우리에게도 흔히 있는 경우임에도, 보통 성적인 죄는 다른 죄와 다른 것으로 보는 경향이 있다. 많은 부모가 아이들의 자위행위를 유아기의 아이 누구나 느끼는 평범한 성욕으로 보지 않고 그것에 대해 지나치게 걱정한다. 유아기의 성욕은 아직 완전히 발달하지 않은 본성을 더듬거리며 탐색해 나가는 것인데도 말이다. 어떤 어머니는 딸을 데리고 와서 마치 내가 판사라도 된 것처럼, 내가 보는 앞에서 딸에게 "의사 선생님께서 네가 계속 그런 행동을 하면 죽을 거라고 말씀하실 거야"라고 말하는 경우도 있었다. 어떤 이는 자기 아들이 자위행위를 했다고 하면서, 눈물을 흘리며 엄마로서 얼마나 충격을 받았는지 이야기했다. 그리고 자기 아이는 영영 '구원'받지 못할 것이라고 믿어 그때 이후로 기도도 할 수 없었다고 덧붙였다. 하지만 사람들은 다른 영역에서는 자신의 실수를 전혀 부끄러워하지 않고 받아들인다. 이들은 성욕을 느끼면, 진정한 도덕적 양심보다는 사회적 규약에 의해 생기는 전혀 다른 수치심으로 인해 상처를 입는다. 이들은 죄를 지어서가 아니라 성적 본능을 가지고 있다는 것에 수치심을 느끼는 것이다. 유혹은 두려움과 교만이라는 부정적 태도로 스며들기 때문에 더 악화된다. 믿는 사람들은 이런 모든 인습에 반대하고 성의 신성한 의미를 다시 배워야 한다. 다행히 이러한 과제에 관심을 가지는 훌륭한 학자들이 몇몇 있다. 이들 중에는 레슬리 웨더헤드 목사처럼 식자층을 대상으로 하여 저술 활동을 하거나,[3] 주방루^{Jouvenroux} 박사처럼 좀더 대중적인 저술 활동을 하는 이들이 있다.[4] 이들의 글은 성에 대한 두려움만을 가중시켜 계속 정신적 파국으로 이끈 바 있는 기존의 도덕주의적 저술들과는 큰 대조를 이룬다.

거룩한 것(여기서는 성을 말함)을 두려워하게 되면, 사람들은 그 두려움 때문에 하나님을 멀리한다. 이 때문에, 상당수의 젊은이가 성의 문제로 기도할 때조차 신앙적 분위기 대신 두려움의 분위기 속에서 성적 유혹과 싸워야 한다. 성에 대해 억압적인 분위기에서 자란 한 여성이 나를 찾아온 적이 있다. 그녀는 자신의 성적 본능을 아주 성공적으로 억압하여 자신은 거기에서 벗어났다고 믿었다. 몇 명의 남자가 청혼을 했지만 그들의 지나친 구혼은 오히려 그녀를 극도로 냉정하게 만들었다. 그녀는 사회적으로 훌륭한 직장에 들어갔지만, 늘 자신을 억압해 왔기 때문에 때로 설명할 수 없는 혼란을 겪는 자신의 모습에 묘한 불안을 느꼈다. 그러나 조심스럽게 우정을 나누며 자신이 알지 못했던 본능을 느끼자, 갑자기 놀라울 정도로 모든 것이 뒤바뀌었다. 그 여성이 전에 인위적인 태도를 보일 때는, 사랑을 위해 직업을 팽개치고 '이성을 잃고' 감정에 빠져 버리는 여자들을 비난하고 무시하기도 했다. 그때까지 그녀는 자신이 감성보다는 이성이 더 강하다고 생각했다. 이것은 자신을 몰라서 한 생각이기에 어려운 문제를 낳긴 했지만, 직장에서는 성공하는 요인이 되었다. 그런데 이제 그녀는 감성이 이성보다 강할 수 있다는 사실을 알게 되었고 완전히 회복되었다. 자신이 그동안 경멸했던 다른 사람들과 마찬가지로 자신 역시 감정에 빠질 수 있다는 것을 깨달은 것이다. 사실 그 여성은 두려움에 싸여 있었다. 자신을 두려워하고 자기 내면에서 발견한 이런 충동을 두려워하고 있었던 것이다.

대화가 더욱 진전되자, 그 여성은 용기를 되찾았다. 있는 그대로 자신을 바라볼 수 있는 용기, 자신의 두려움에 직면할 수 있는 용기를 회복했던 것이다. 예전 기억들이 되살아났다. 이제 그런 충동이 항상 자기 속에 있다는 것을 알았고 또 스스로에게서 그것을 숨기려고 했음을 알게 되었다. 그리고 그런 충동이 자신이 경험했던, 도무지 설명할 수 없는 혼란의 무의식적 원인이었다는 사실을 깨달았다. 그녀 스스로 만들어 낸 자아상, 곧 본능과 그것에 굴복하는 위험에서 완전히 벗어난 모습은 그녀의 환상에 지나지 않았다. 그것은 일종의 도피 행위였기 때문에 강함의 표현이기보다 약함의 표현이었다. 우리 안에는 끊임없는 위험 요인이 있다는 것과 우리는 자신이 가진 이상을 너무도 쉽게 거스를 수 있다는 것, 즉 스스로 있는 그대로를 받아들이는 것이야말로 진정한 용기다. 우리의 본능을 억누름으로써 그것을 피하기보다 의식적으로 그것을 받아들이는 것, 즉 우리 안에 있는 그 위험 요인에 맞서는 끊임없는 분투를 받아들이는 것이야말로 진정한 용기다. 그 여인은 결국 평안을 되찾았고, 자신의 현실과 그것과의 분투를 받아들임으로써 전보다 더 강해질 수 있었다.

이 점에 대해 기독교적 입장은 간단명료하다. 기독교적 입장은 순진하게 자신은 본능의 위험에서 안전하다고 착각하면서 자기가 경멸하는 본능이 갑자기 폭발하는 것을 경계하라는 것도 아니고, 하나님이 정하신 결혼 생활의 경계를 벗어나 본능대로 행동하라는 것도 아니다. 그리스도인들은 하나님이 자기 안에 심어 놓으신 본능을 귀하게 여기기 때문에 그것을 함부로 사용하여 모독하는 일이 없도록 신중을 기한다. 우리 그리스도인이 성을 하나님의 뜻대로 사용하기 원하는 것은, 엄밀히 말해 성에 대해 긍정적인 태도를 가지고 그것을 하나님의 작품이라고 여기기 때문이다.

어떤 프랑스인 학생이 "결혼 전까지 순결을 지키는 것이 가능한가요?"라고 물었다. 그리고 이렇게 덧붙였다. "친구들에게는 가능하다고 말하지만, 실은 저 자신도 확신할 수 없습니다." 물론 순결을 지키는 것은 가능하다. 순결을 지키면 신체적·정신적 건강에 필요한 활력이 생긴다. 그러나 세상은 정반대의 행동을 정당화하려고 한다. 단지 성에 대한 두려움과 잘못된 수치심으로 순결을 지킬 때는 해롭다. 그런 경우 조금만 실수를 해도 강박적인 절망에 사로잡힌다. 크리소스토무스$^{St.\ John\ Chrysostomus}$는 다음과 같이 말한다. "우리가 싸우는 동안 넘어지는 것은 위험한 것이 아니다. 정말 위험한 것은 한 번 넘어졌을 때 일어나지 못하고 그대로 땅에 주저앉아 버리는 것이다." 순결을 지키는 근원이 신앙일 때, 그것은 더 강해지고 그 결과 심지가 더 견고해진다. 그때 우리는 하나님이 자신에게 이길 힘을 주신 것에 감사하며, 성을 잘못 사용하지 않도록 보호해 주신 하나님의 은혜를 의지하여 넘어져도 다시 일어선다.

그러므로 우리는 사람들이 성에 대한 잘못된 두려움에서 벗어나도록 도와야 한다. 이러한 잘못된 두려움에 대한 책임이 종종 교회에 있다는 것을 인정하지만, 교회의 영향권 밖에서 자란 환자들에게서도 그런 근거 없는 두려움이 자주 발견된다는 사실을 덧붙여야겠다. 이러한 근거 없는 두려움은 하나님의 뜻에 어긋나지 않는 낭만적이고 신체적인 사랑이 소화를 이루지 못하게 한다.

그러나 역설적으로, 사람들을 성에 대한 잘못된 두려움에서 벗어나게 하기 위해서는 진짜 두려움, 즉 무분별한 성생활에 대한 두려움을 받아들이도록 도와야 한다. 이것은 매우 중요하기 때문에 독자들은 주의를 집중하여 읽기 바란다. 나는 2-3세의 어린 시절까지도 기억해 낼 수 있는 한 여자아이와 상담을 한 적이 있다. 그 아이는 성에 관련하여 호기심, 욕망, 두려움 등의 모호한 감정으로 인해 괴로워했다. 그리고 이런 고통은 혼자 참아내야 한다고 생각하며 지금까지 비밀로 지켜 왔다. 그 아이뿐 아니라 이 세상의 모든 아이가 같은 두려움을 가지고 있다는 것은 누구나 잘 아는 사실이다. 사실 그 아이를 괴롭게 한 것은 두려움이 아니라 두려움을 감추려는 것이었다. 즉 두려움에 대한 두려움 때문에 그 두려움을 받아들이지 못했던 것이다.

나는 지난 반세기 동안 성에 관심을 가져 온 모든 심리학자와 함께 사회적 인습이 그런 두려움을 악화시켰다고 지적해 왔다. 그러나 그것만이 유일한 원인이라는 것에는 동의할 수 없다. 어떤 아이라도, 혹 아무리 이상적인 조건에서 양육된 아이라도, 그런 두려움을 경험하지 않고 성을 인식할 수 있다고 생각하지 않는다. 무인도에 살아도 어린이는 성을 인식한다.

어린이의 예리한 직관은 자기 안에는 자기를 다스리고 지배할 수 있는 가공할 만한 능력이 있다는 것을 일깨워 준다. 아이는 이러한 직관으로 분명하고 보편타당한 두려움을 느낀다. 인습주의자들은 아이가 이런 충동을 고백하거나 그 기미가 보이자마자 다음과 같은 태도를 보인다. "너 자신에게 부끄럽지도 않니?" 그러나 이 말은 두려움을 더욱 악화시킨다. 왜냐하면 그 두려움이 두려움을 은밀하게 감추게 하고, 두려움에 대한 두려움이라는 부가적인 두려움을 불러일으키며, 또한 그것은 거짓이기 때문이다. 사실 아이에게 "너 부끄럽지 않니?"라고 말하는 사람 역시 아이와 동일한 충동과 두려움을 인식하고 있고, 지금도 여전히 그것을 경험한다.

인습은 문제를 더욱 악화시킨다. 게다가 두려움도 더욱 가중시키지만, 그것이 전부는 아니다. 두려움은 우리 인간 본성의 일부분이기 때문에, 인습과는 상관없는 기본적이고 중요한 두려움의 핵심이 있다. 프로이트와 같이 성에 대한 두려움이 단지 사회적인 억압에서 나온다고 주장하는 심리학자들은 내가 보기에는 현실을 잘 모르는 사람들 같다.

욕망 없는 삶은 없다. 그리고 두려움 없는 삶도 없다. 그 누구도 자기가 원하는 것을 성취하지 못할 것이라는 두려움 없이 무엇인가를 바랄 수는 없다.

우리는 이 세상에서 우리가 바라는 모든 것을 얻을 수 없다. 그렇기 때문에 두려움 없이 살 수 없는 것이다. 자기의 욕망을 성취하는 데에 밖으로든 안으로든 방해가 있을 수 있다는 두려움은 늘 따라다닌다. 즉 우리는 밖으로는 자연의 힘과 다른 사람의 의지가, 안으로는 도덕적 양심이 우리를 방해할지 모른다는 두려움을 느낀다.

프로이트는 꿈을 억압된 욕망의 실현으로 정의한다. 나는 두려움을, 이와 비슷하게 억압된 욕망의 영상으로 정의할 수 있다고 생각한다. 어린 시절 집 밖으로 나가기만 하면 불안감에 시달렸던 한 여성 환자의 경우를 살펴보겠다. 그녀는 사실 어머니에게 불만을 가지고 있었지만 그 감정을 억눌렀다. 그녀는 빨리 집에서 나와 어디론가 떠나고 싶었지만, 그녀의 양심이 이 욕망을 비난했다. 그리고 그녀가 마땅히 떠나야 할 시점에 이르렀을 때조차, 그것은 마음속에 죄의식을 수반한 욕망과 두려움을 불러일으켰다.

우리가 가진 욕망이 우리에게 허락된 한계를 넘게 할지 모른다는 두려움 없이는 어떠한 것도 바랄 수 없다. 우리 모두에게 나타나는 두려움의 핵심은 우리의 도덕적 양심과 연결되어 있다. 하지만 이것은 프로이트 학파가 무시하는 개념이다. 그것은 죄를 저지르거나 우리 본능의 힘에 좌우되거나 도덕적 양심이 비난하는 행동을 하는 것에 대한 두려움이다.

프로이트 학파는 환자들을 두려움에서 벗어나게 하기 위해, 두려움은 사회적 억압에서 기인한 것이며 모든 죄의식은 암시의 결과라고 설득시키려고 한다. 만일 누가 자위행위에 빠져 양심의 가책을 받고 괴로워하고 있다면, 그들은 그것이 단지 사회적 편견에서 생긴 것이기 때문에 그런 거짓된 양심의 가책을 버리라고 말할 것이다. 그러나 마이데Maeder 박사는 자위행위와 관련된 죄의식에 대한 통찰력 있는 연구에서 그 이론들의 무가치성을 분명하게 증명했다.[5] 본능을 본래 의도에 어긋나게 사용함으로써—공동체를 가능하게 하는 공동의 기쁨을 위해서가 아니라 혼자만의 즐거움을 위해 사용함으로써—자연의 질서를 파괴하고 있음을 비판하는 내면의 목소리를 피할 수 있는 사람은 아무도 없다. 사람은 자신의 양심의 목소리를 억누를 수는 있지만, 거기서 벗어나지는 못한다.

더욱이, 이것이 성에만 적용되는 것은 아니다. 나는 성이 가장 대표적이기 때문에 예로 든 것이다. 우리 속에 두려움을 불어넣는 내면의 힘은 바로 삶 그 자체다. 그것은 성에 대한 욕망만이 아니라 살고자 하고 소유하고자 하고 번성하고자 하는 욕망이다. 우리 중에서 어린 시절부터 가장 강한 사람이 되고 가장 부자가 되고 가장 큰 사람이 되는 것을 꿈꾸지 않는 사람이 누가 있겠는가? 그리고 우리는 이미 어린 시절부터 다른 사람들을 짓밟지 않고, 자연 질서를 파괴하지 않고, 우리의 도덕적 양심인 질서 의식을 거스르지 않고는 이런 꿈들을 이룰 수 없다고 느낀다. 그렇기 때문에 우리는 자신의 욕망을 두려워하고 욕망에 굴복하는 것을 두려워하며 자신을 두려워한다.

이것은 세상에 있는 어떠한 이론도 우리를 구원할 수 없다는 것에서 기인하는 두려움이다. 앞으로 살펴보겠지만, 두려움이란 인간 본성의 일부분이기 때문에 지극히 정상적이고 보편적이며 건강한 것이다.

어느 날 냉정하고 침착한 영국인 친구가 날 찾아왔다. 그 친구는 아무것도 두려워하지 않는 것처럼 보이는 유형의 사람이었다. 더욱이 그는 자기 나라의 지성계와 정치계에서 확고한 위치를 차지하고 있을 정도로 탁월했다. 내가 말 한 마디 하기도 전에 그가 먼저 앉아서 유쾌하게 말을 건넸다. "난 자네 나라에서

매우 근사한 주말을 보냈네. 나 자신을 좀더 알기 위해서 나를 두렵게 만드는 사람들, 사건들, 생각들을 모두 차례차례 생각해 보았지. 꽤 결실 있는 마음 훈련이었다네. 노트 몇 권을 가득 채웠지만 목록을 제대로 완성하려면 일주일도 부족하겠는걸."

나는 그 친구의 방문을 결코 잊지 못할 것이다. 인생에서 낙망한 사람들이 자신의 이런저런 두려움들을 마치 큰 비밀인 양 털어놓는 것을 볼 때마다 그 친구를 떠올린다. 그리고 그들의 괴로움이 대부분 커다란 오해에서 생긴 것임을 깨닫는다. 그들은 '강자'는 두려움이 없다고 생각한다. 그 영국인 친구는 자신의 두려움을 아주 단순하게 털어놓았지만, 이런 사람들은 두려움이 마치 자기만의 약점이라도 되는 것처럼 자신의 두려움을 부끄러워한다.

내가 지금까지 열거했던 두려움들이 약한 사람, 좌절한 사람, 신경증 환자의 마음만 공격한다고 생각해서는 안 된다. 사회적으로 성공한 사람들, 즉 우리 모두가 벌벌 떠는 사람, 정치적·경제적·군사적 지위가 높은 사람, 어떤 구체적인 상황 속에서 영웅다운 기백을 떨친 사람들 역시 자기 스스로 떨쳐 버리지 못하는 우스꽝스러운 두려움의 희생자다. 그중에는 자기 아내나 자신을 두려워하는 사람이 얼마나 많은지 모른다.

사실 강한 것처럼 보일 때는 자신뿐 아니라 다른 사람들에게 자신의 두려움을 숨기기 쉽다. 두려움을 인식하기 위해서는 내 친구처럼, 자기만의 세계로 돌아와 자신을 평가할 필요가 있다.

사람들은 사회적으로 성공하면 체면을 유지하려 하고 만사에 대범한 태도를 보일 수 있다. 그러면 약한 사람은 강자 앞에서 두려움을 느끼고 강자를 있는 그대로 보지 못하며 그 강자가 감추고 있는 두려움도 분별할 수 없다.

학생들은 교사를 두려워하겠지만, 교사 역시 학생들을 두려워한다. 여기에 반박할 교사는 아무도 없을 것이다. 그러나 교사는 그 두려움이 크면 클수록 더욱 엄격해지고 편파적이 되거나, 자신의 두려움을 감추기 위해 더욱 으름장을 놓는다. 환자는 의사가 중병을 진단 내리거나 곤란한 질문을 던질까 봐 의사를 두려워하겠지만, 의사 역시 환자를 두려워한다. 환자를 실망시키거나 실수를 하거나, 환자를 고치지 못할 수도 있다는 두려움이 의사에게 있다. 그리고 의사가 두려워하면 할수록 실패할 가능성도 많아진다. 노동자는 어느 순간 자신의 일자리를 빼앗을 수 있는 고용주를 두려워하지만, 고용주 역시 노동자를 두려워한다. 그리고 고용주가 노동자를 두려워할수록 그의 태도는 더욱 독단적이고 거만해진다. 경쟁하는 사람은 상대편 경쟁자를 두려워한다. 사람들이 가장 조심스럽게 자신의 차분한 확신을 표현하려고 애쓸 때는, 바로 일이 잘못되어 가고 있거나 실패에 대한 두려움이 있을 때다. 한 저널리스트가 표현한 것처럼 '…처럼 보이지 않기 위해서' 말이다. 사람들은 자신이 무서움을 느끼기 때문에, 다른 사람들을 무섭게 하려고 한다.[6] 우리가 지금까지 살피고 있는 강한 반응은, 그 뒤에 있는 두려움을 숨기고자 하는 하나의 영사막이다. 두려움은 약한 반응을 일으키는 원인이듯이 마찬가지로 강한 반응을 일으키는 원인이기도 하다.

모든 사람은 두려움을 느끼기 때문에 자신감을 얻기를 갈망한다. 그들이 가진 학위, 성취한 성공, 존경받을 만한 행동을 통해 추구하여 얻은 좋은 평가, 그들이 보여 주는 용기, 자신의 관점을 내세우는 열정, 자신이 늘 옳다는 것을 보여 줄 때의 끈기, 자신보다 더 약한 사람들에게서 받기 원하는 존경, 유머 감각 등 이 모든 것은 자신의 약점을 가리기 위한 무기다. 그러나 이러한 것들을 통해 우리의 명성이 높아지고 어느 정도 위안을 얻을 수 있다 하더라도 죽음이 이것들을 다 빼앗아 갈 수 있다는 것도 우리는 잘 알고 있다. 이는 모든 사람이 죽음을 두려워하는 이유 중 하나이며, 죽음에 대한 두려움은 다른 모든 두려움을 불러일으킨다.

여기에 인간이 다른 모든 생물체와 공유하고 있는 두려움―자연재해에 대한 두려움, 자기보다 강한 자에 대한 두려움―이 해를 입히고 그들을 억압할 수 있다. 원숭이의 군집 생활을 연구한 주커만Zuckerman은 무리 지어 사는 동물들은 계속되는 두려움의 위협 속에서 사는 것 같다고 말한다.[7]

그러나 그것이 전부는 아니다. 내면에서 기인하는 두려움, 자신에 대한 두려움, 실제로 느껴지는 우리 안의 어떤 힘에 대한 두려움, 그 힘이 어느 순간 폭발할지도 모른다는 두려움도 존재한다.

한 환자는 오랫동안의 자신감 상실이 결국 절정에 다다르게 되었다. "저는 제가 두려워요. 제 속에서 발견되는 저 자신의 모습이 두렵고요. 제 충동이 두렵고 제가 저 자신을 움직이고 복수나 미움과 질투의 행동을 하는 것이 두려워요. 저는 제가 동물적인 본능에 의해 움직이는 것이 두려워요. 그러다가 저질스러운 행동이라도 할까 봐 두려워요. 그리고 제 감정과 기질이 두렵고 지나치게 예민해질까 봐 두려워요. 꿈을 꾸는 것이 두려워서 쉬는 것조차 두려워요. 수녀가 되라는 부름을 받았지만 거절했어요. 목사님과 사랑에 빠졌기 때문이죠. 저는 '감정 전이'가 두려워요. 의사 선생님을 향해서도 죄악 된 사랑을 품게 될까 봐 두려워요."

이 모든 것은 "나는 죄를 지을까 두렵다"는 말이다. 그리고 두려움은 그 두려워하는 것을 만들어 낸다. 우리가 싸워야 할 것은 우리를 지배하고 있다고 느끼는 감정이다. 죄를 지을지도 모른다는 두려움 때문에 자신의 감정을 억압하는 사람들은 사랑에 목말라 하지만, 가장 순수한 애정에 대해서도 죄를 지을 수 있다는 감정에 사로잡혀 사막에서 방황한다.

진찰받기 위해 찾아온 환자들만 이러한 두려움을 느끼고 있다고 생각해서는 안 된다. 이 두려움은 가장 자신감 있어 보이는 사람들에게도 있다. 우리 모두는 온갖 노력과 결심에도 불구하고 승리하지 못할 수 있고, 승리가 덧없으며 완전할 수 없다는 것을 알고 있다. 우리가 그것을 숨기고자 하면 할수록 우리의 자신감은 약해지고, 그것을 감추기 위해 보이는 약한 반응은 우리의 도덕적 활력을 약화시킨다. 그렇기 때문에 두려움에서 해방되기 위해서는 자기의 결점을 고백하는 것이 반드시 필요하다. 사회적으로 유명한 사람들 가운데에도 방심, 게으름, 육욕, 불결, 성급함, 자위행위, 변덕, 고질적인 습관과 같이 자기만이 아는 결점 때문에 상당히 괴로워하는 사람들이 있다. 이들은 결점이 평범하면 할수록 더욱 수치스럽게 느낀다. 많은 사람으로부터 존경받을수록, 즉 능력 있거나 유명할수록 자신의 결점을 인정하는 것을 부끄러워하고 꺼리게 된다. 이러한 비극은 교사, 사업가, 판사, 의사, 목사와 같은 사람들에게서 많이 나타난다. 때때로 이들은 자기가 그렇게 존경받는 직업 활동을 마치 연극을 하는 양 계속하는 것이 위선이라는 비통한 감정을 느끼기도 한다. 사회적으로 명성 있는 사람들이 자존감을 거스르는 것을 극복하려면 자기에 대해 고백해야 하는데 그들은 그것이 너무나 힘들 것이라고 잘못 생각하기도 한다. 용감한 사람은 자신이 엄청나게 겁먹었던 기억에 괴로워하고, 꼼꼼한 사람은 자신이 했던 어떤 행동이나 생각을 기억하기만 해도 얼굴을 붉힌다.

이제 추상적으로 나열하는 것은 그만하고, 좀더 구체적인 실례로 들어가면 이해하기 더 수월할 것이다. 상당히 활동적이고 바쁜 사람이 어느 순간 어린아이처럼 시간을 낭비하고, 그것을 너무 부끄러워하면서도 그만두지 못하는 경우가 있다. 어머니의 충동적인 기질에 시달려 온 어떤 여성은 자기에게 어머니와 같은 결점이 있다는 것을 발견하고는 고민에 빠지고, 짜증을 참지 못해서 아이를 때리기까지 할 정도인 것에 대해 무력감을 느낀다. 도벽이 있는 한 여자아이는 자신이 너무나 자연스럽게 지능적으로 훔친다는 사실에 당황했다. 그래서 도벽은 저항할 수 없는 일종의 게임같이 되었으며, 친한 친구들조차 너무나 순진하게 훔칠 기회를 준다는 사실에 놀란다. 정직한 양심을 가지고 사업을 하는 사람도 소득을 신고할 때는 불법 행위에 저항하지 못하고, 몇 푼 안 되지만 적은 액수의 관세를 속이기도 한다. 항상 완벽하게 절제하고 있는 것처럼 보이는 사람도 자신이 담배, 크림빵, 포르노 잡지의 유혹에 저항하지 못한다는 것을 안다. 어떤 사람은 재정적으로 큰 어려움을 겪어 아내에게 항상 절약하라고 강요하면서도, 자신이 어리석다고 생각하는 특정한 부분에 돈을 지출하고 있다는 것을 아내에게 털어놓지 못한다. 그는 심지어 자신에게도 그것을 숨기기 위해 지출을 기록하거나 합계 내는 것을 피한다. 뿐만 아니라 자신의 궁핍한 생활을 아내에게 말하는 것이 두려워 돈을 빌리는 것이 분별없는 행동이라는 것을 알면서도 친구에게 거금을 빌리는 나약한 행동을 한다. 아내의 씀씀이를 향한 잔소리는 약한 감정을 끊임없이 자아내는 원천과 같다. 빚지는 것에 대한 지나친 염려로부터 돈을 함부로 쓰고 싶은—허영심에서 기인한 보상인—어리석은 충동을 갖게 되는 것은 흔히 볼 수 있는 일이다.

많은 사람이 자신의 감정이 일관되지 못하다는 것을 느낄 때, 수치심과 고통을 느낀다. 그들은 이렇게 말한다. "저는 선생님의 확고하고 변함없는 믿음이 부러워요. 저는 늘 기복이 심한데 말이에요." 사실 지^{知}와 정^{情}의 활동은 그 자체가 **움직임**이기 때문에 우리 모두는 기복이 있다. 움직임이 없다면 우리는 아무것도 감지할 수 없을 것이다. 믿음이란 우리가 끊임없이 외면하려는 하나님께로 영원히 그리고 계속 결단하면서 돌아서는 것이다. 믿음은 유도 능력이 전혀 없는 직류 같은 것이 아니라, 음극과 양극의 연속적 교류와 비슷하다. 양극의 교류는 감정에 적당한 진동을 유지한다. 예를 들어, 진정한 죄의식은 극히 드물고 순간적으로 지나가는 것으로 몇 초 동안의 경험일 뿐이다. 하지만 그보다 오랜 시간 동안 지속되면 정말 견딜 수 없다. 죄를 확신하는 순간은 짧지만, 그 기억은 몇 년 또는 일평생 남아서 때마다 영적인 삶을 회복시킨다. 우리가 죄를 지적으로 인정해야 하는 경우도 많지만, 그러한 조명은 하나님의 위엄과 거룩함 앞에서 우리 자신이 아무것도 아니라는 것을 섬광처럼 깨달을 때에 비하면 희미한 그림자일 뿐이다.

어떤 시계는 매일 태엽을 감아야 하지만 일주일에 한 번만 감아도 되는 시계가 있는 것처럼, 인간의 마음도 제각각 리듬에 좌우되기 때문에, 더 불안해하는 사람의 경우 절망스러울 정도로 자신감을 상실할 수 있다.

이렇게 리듬이 서로 교차되는 것과 관련하여 신경증 환자에게 항상 불안의 원인이 되는 심리학적 법칙이 있다. 그것은 바로 억압의 지연 작용$^{\text{delayed-action effect of repression}}$이다. 신경증 환자들은 갈등, 실패의 위협, 남편이나 아내에 대한 불신 등과 같은 심각한 걱정거리를 안고 산다. 이들은 계속해서 불안 속에 묻혀 산다. 하지만 나중에 방황과 굴욕감에 시달려 나를 찾아올 때는 이렇게 말한다. "저는 도대체 이해할 수 없습니다. 지금 모든 것이 해결되었는데 이렇게 긴장하는 이유를 말입니다." 이것은 흔히 있는 일로, 갈등이 계속되는 한 그들은 아무리 고통스러워도 본능적으로 갈등에 저항한다. 그러나 그 대상이 사라지면 저항할 필요성이 사라지면서 절망에 빠지게 된다.

이 모든 도덕적 문제에서 우리의 힘을 가장 약화시키는 것은 자신에게 성실하지 못하다는 의식이다. 예를 들어, 재능이 많은 예술가가 돈을 벌지 못할 것이라는 두려움 때문에 예술 계통의 직업을 포기하고 은행원이나 공무원이 되기도 한다. 자신을 배반했다는 형언하기 어려운 감정은 남은 삶 동안 계속 존재하여, 그 결과 모든 상황에 약한 반응을 보이게 된다. 이것은 낙심한 순간에 학업을 포기한 영리한 학생이나 거절당하는 것이 두려워 사랑을 감히 밝히지 못하는 연인, 또는 결혼 전에 남자의 사랑을 잃을지도 모른다는 두려움 때문에 남자에게 헌신하지 못하는 여성도 마찬가지다.

그러므로 영적인 관점에서 볼 때 특히 인간이 느끼는 두려움은 항상 죄의식과 관계된다는 것을 알 수 있다. 이것은 성경이 잘 보여 주고 있는데 아담과 하와가 하나님께 불순종한 후에 도망하여 숨었던 사건에서 잘 나타난다.[8] 이것은 우리의 본질적인 죄의식으로, 그것이 부분적으로 억압되어 있고 무의식적이고 애매할 때조차 우리의 마음속에 있는 두려움(동물은 알지 못하는)을 일깨우고 그 두려움을 외부 대상에게 투사하게 한다. 그리고 우리는 불확실하고 견딜 수 없는 두려움을 의인화하고 분산시키려고 스스로 환영을 만들어 무서워 떤다. 우리 마음속에서 만들어진 이 환영은 여간해서 사라지지 않기 때문에 한 가지 환영이 우리를 무서움에 떨게 할 능력을 상실하면, 곧 또 다른 환영이 등장한다.

이 사실은 지나친 수줍음을 치료하는 과정에서 생생하게 증명되었다. 수줍음은 실용 심리학에 관한 여러 책과 연구 기관의 주장처럼, 규칙적인 훈련으로 치료가 가능하기 때문에 이 과정의 중요성이 과소평가되어서는 안 된다. 그러나 이따금씩 전혀 다른 방법으로 수줍음이 치료되기도 한다. 환자가 완전하고 구체적으로 자신의 죄를 고백할 때 갑자기 심지어 폭발적으로 치료가 이루어지기도 한다. 그러나 그러한 종류의 고백은 쉽게 일어나는 것이 아니기 때문에 사실 드문 치료 방법이다. 하나님이 인도하지 않으시면 그 누구도 그렇게 할 용기가 없다. 그러나 이러한 경우들은 매우 깊은 인상을 남긴다.

매우 뛰어난 재능을 가진 한 여성도 그런 경우였는데, 그 여성은 극도의 수줍음 때문에 무기력에 빠져 있었다. 그녀는 이미 회심을 체험한 신앙인이었지만, 여전히 불확실한 믿음을 지니고 있었기 때문에 갑자기 무엇인가에 열광적으로 매달리다가도 의

기소침해지곤 하였다. 그녀는 자신의 신앙이 감정적이라는 것과 그 신앙이 자신의 수줍음을 극복하는 데 아무런 도움도 되지 못했다는 것을 분명히 깨달았다. 이때 그녀의 선생님이 용기를 주었다. "너에겐 가능성이 있단다. 그러니 용기를 가지고 시작해라. 부끄러워하면 안 돼."

수많은 대화를 나누고 난 어느 날, 그 여성은 매우 혼란한 상태로 나를 찾아왔다. 그녀는 어느 날 저녁, 이제까지 누구에게도 말한 적은 없지만 매우 부끄러워하고 있던 일이 문득 떠올라 내게 털어놓기로 결심한 것이다. 그로부터 며칠 후 나는 그녀에게서 몇 통의 편지를 받았다. 처음 편지는 지난번 만남에서 그녀가 자신의 이야기를 털어놓고 함께 기도했을 때, 또 내가 죄를 고백하기만 하면 그 죄를 소멸하시는 하나님의 신실함에 대한 확신을 전해 주었을 때 그녀의 마음속에 가득했던 기쁨의 표현이 담겨 있었다. 두 번째 편지는 매우 인상적이었다. 우리가 진실된 고백을 하기 시작하자, 마치 댐으로 막혀 있던 급류가 터지듯 갑자기 추억의 홍수가 터져 나오는 것 같았다는 것이다. 그 편지에서는 그녀가 기억하고 있던 훨씬 부끄러운 일들을 털어놓았다. 그녀의 내면에서는 지독한 싸움이 진행되고 있었다. 이번에 그녀는 나의 관심을 잃을지 모른다고 생각했지만, 그 모든 것을 고백하려고 다음 방문까지 기다릴 수는 없었던 것이다.

마침내 그녀의 감정적인 신앙은 끝이 났다. 이제 하나님의 변함없는 은혜를 경험하면서 새로운 신앙의 모습이 형성되었다. 그리고 하나님의 은혜가 그녀의 전 존재에 완전히 스며들어 그동안의 수줍음은 녹아 없어지게 되었다.

우리는 사람을 영적인 관점에서 바라볼 수 있는 것처럼, 기술적이고 심리학적인 관점에서도 바라볼 수 있어야 한다. 이것은 서로 모순되지 않는다. 사실 기술적이고 심리학적인 관점은 우리로 하여금 잘못된 판단을 내려 섣부른 결정을 내리지 않게 도와준다. 정신 분석학자들이 보여 주듯, 후자의 관점에서 봤을 때 내가 말한 모든 이상 행동 유형은 내면의 갈등에서 발생한다. 두 개의 반대 세력이 우리 속에서 충돌할 때 우리는 무기력해지고 약한 반응을 보이게 된다. 우리가 살피고 있는 주제의 거대하고 중요한 측면을 몇 가지 예를 들어 설명하고자 한다.

어린아이는 부모와 교사들로부터 자신이 지켜야 할 도덕률을 듣는다. 어린아이에게는 자신의 판단력을 형성할 수 있을 만큼의 충분한 경험이 없다. 어린아이가 완벽한 존재로 바라보고 스스로도 완벽한 체하는 어른들이 아이를 둘러싸고 아이에게 너무나 많은 규칙을 부과하기 때문에, 아이는 어쩔 수 없이 그 규칙을 완전히 받아들인다. "거짓말하는 것은 나쁘다"라는 첫 번째 규칙은 받아들일 만한 것이다. 그러나 "아버지와 다른 의견을 갖는 것은 좋지 않다"라는 두 번째 규칙은 전혀 적절하지 않다. 그리고 "항상 순수한 마음을 가져라"라는 세 번째 규칙은 믿을 만하다. 하지만 "성적인 본능은 사악하고 부끄러운 것이다"라는 네 번째 규칙은 잘못된 것이다. 아이는 이 모든 규칙을 받아들인다. 그러나 어떤 것은 이미 널리 알려진 보편적인 도덕성과 일치하지만 어떤 것들은 단순히 자녀를 양육하는 부모의 개인적인 문제를 나타내는 것이다. 나중에 아이는 이 모든 규칙을 구분하게 되지만, 거짓과 참이 그의 마음속에 너무 밀접하게 얽혀 있기 때문에 그것을 구분하는 과정이 쉽지 않다. 아이는 그릇된 규칙을 정직하게 거절할 때조차 양심의 가책을 느끼고 잘못된 죄책감에 빠진다. 놀라운 것은 이것이 진정한 죄의식 같아 보인다는 점이다. 그때부터 아이는 자라면서 습득해 온 옳은 것에 대한 확신과, 아이 안에 심긴 그릇된 저항 사이에서 갈등한다. 정신 분석학자들은 이런 잘못된 도덕률에 '초자아'superego라는 이름을 붙였고, 샤를 오디에Charles Odier 박사는 오늘날 그것의 영향력을 쉽게 간과하고 있다는 사실을 안타까워한다.[9]

내 환자 가운데는 마음속으로 자신이 옳지 못하다고 생각하여 자신을 끊임없이 비난하는 여성이 있었다. 그녀는 자기 어머니가 자신에게 했던 비난을 되풀이하고 있었는데, 사실 그 비난이 옳지 못하다는 것도 알고 있었다. 그러나 그것은 그녀를 무능력하게 만드는 방해물이 되고 말았다. 만일 그녀가 그런 비난들을 정당한 것이라고 생각한다면 거기에 따를 것이다. 하지만 그녀가 그런 비난을 거부한다면, 더 이상 자신을 비난하지 않을 것이다. 또 다른 환자는 이런 말을 했다. "제 문제는 암시에 빠지기는 쉽지만, 그것에 영향은 받지 않는다는 점이에요." 이상하게 들릴지 모르지만, 이 말은 내면의 분열감을 아주 잘 표현하고 있다. 다시 말해, 그 여성은 암시가 자신에게 미치는 영향력은 느끼지만 그녀 스스로 결정할 권리를 갖고 있다는 본능적인 느낌을 포기하지 않고는 그 암시에 따를 수 없다. 피암시성이 일반적으로 약함의 징후로 보이는 것은 바로 이러한 이유에서다. 피암시성은 사람의 내면에서 일어나는 갈등에 따라, 겉으로 드러나는 증상이 되기도 하고 내적 갈등의 원인이 되기도 한다.

또 다른 여성은 혼자 힘으로 사업체를 이끌어 성공을 이루었다. 그 여성은 자신의 자리가 여자들에게는 적당하지 않다고 생각하는 사회의 편견을 비판한다. 그녀는 여론의 비난에 맞서 내게 자신을 정당화할 필요를 느끼기라도 한 것처럼, 집안일 하는 즐거움을 강조한다. 그러나 곧 그 여성은 자신이 하는 모든 비난과 주장은 사회적 편견과 이웃의 비난을 그대로 되풀이하는 자기 내면의 목소리에 대한 방어라는 것을 깨닫는다.

반면에 어떤 여성은 가부장적이고 귀족적인 환경에서 권위주의적인 아버지에게 양육 받았다. 그 여성은 학교에 가 본 일도 없고 동네 아이들과 함께 어울릴 기회도 전혀 가지지 못했다. 심지어 게임을 할 때조차 여자 가정교사의 규제를 받았다. 그녀가 어렸을 때는 만사가 순조로웠다. 뭔가 특별한 일이 일어나지 않았기 때문에 마음의 갈등도 없었다. 그러나 그녀는 지금 극도의 불안을 느낀다. 그런 성장 과정 속에서 몸에 밴 유순함과, 순종하지 않음으로써 얻게 되는 도덕적 자율성을 향한 욕구 사이에 계속해서 갈등이 일어나는 것이다. 그녀가 언니처럼 가족의 생활 방식에 완전히 순응할 수 있었다면 아프지는 않았을 것이다. 그녀는 내적으로는 옳지 못한 일에 저항할 수 있을 만큼 독립적인 본성을 지녔지만, 그런 자신을 옹호하지는 못했다.

그래서 약자는 자신을 비난한다. 자기 자신이 되지 못하고, 심지어 자신이 옳을 때조차 강자에게 굴복하며, 자신의 좋은 자질과 재능을 수줍어하며 숨기고, 다른 사람들로부터 자신의 좋은 자질과 재능을 주목받을 때도 그것을 부인하며, 숨은 능력을 가지고 있다는 것을 알면서도 늘 다른 사람들의 눈에는 패배에 빠진 쓸모없는 사람으로 비친다. 그리고 이 모든 것에 대해 스스로를 비난한다. 하지만 나는 이런 사람들이 위급한 상황에서 매우 담대해지는 것을 보았고 그때마다 놀란다. 이들은 자신의 잠재적인 능력을 의식하고 있으면서 일상생활에서는 그것을 감추는 스스로를 비난한다. 이들의 내면에는 약한 반응과 이들이 숨기고 있는 능력 사이의 갈등이 존재하는데, 이 갈등 때문에 약한 반응을 보이는 경향은 더욱 증가한다. 사업 관계에서는 강하지만 사랑 관계에서는 약한 여성이 있었다. 그녀는 돈을 버는 데는 대단한 능력을 보이면서도 행복한 삶을 살지 못하고, 오히려 행복을 발견하지 못하게 하는 관계는 끊지 못했다.

한 남성은 세상 사람들에게 '선량한 아이' 같은 인상을 주었다. 나는 그가 그동안 드러나지 않았던 모험가 정신을 가졌으며,

사회적 규약을 거부하고 싶은 환상적 갈망도 가지고 있다는 것을 알게 되었다. 그러나 겉으로는 매우 우유부단하고 유순하며 고분고분한 사람으로 보였다. 사실 그는 투쟁을 좋아하는 사람이었다. 그는 마음속에서는 자신을 짓밟은 모든 사람과 맹렬한 논쟁을 벌이고 있었지만, 자신의 감정을 내보인다면 너무 난폭해질까 두려워서 침묵을 지켰던 것이다. 한 여성은 매우 수줍음을 타는 것처럼 보였지만 사실 그녀는 어린 시절 억압된 대담한 포부를 억제하고 있었다. 이런 식으로 우리는 일종의 성격의 반전을 보게 되는데, 이것은 "모 아니면 도"라는 법칙에 들어맞는 다른 많은 생물학적 현상을 생각나게 한다. 고집이 센 아이는 자신의 배짱을 약간의 신중함으로 누그러뜨릴 능력이 없는 것 같다. 하지만 자라면서 받은 억압의 영향으로 갑자기 무기력해지는 극단적인 성향으로 치닫기도 한다. 그러나 두 가지 경향, 즉 억압된 본래 성향과 인위적 성향은 계속해서 충돌한다.

무한히 복잡하고 깨지기 쉬우며 수많은 두려움에 둘러싸이고 끊임없는 내면의 갈등에 시달리고 잘못된 암시에 빠지기 쉬운 것이 우리 인간의 본성이다. 물론 자기 속에 진행되고 있는 모든 일을 인식하지 못하는 단순한 사람들도 있다. 그런가 하면 좀 더 분별력이 있어서, 자기 속에서 포효하는 폭풍을 관찰할 수 있는 사람들도 있다. 그러나 전자의 무의식은 두려움에 대한 본능적인 저항의 표현이다. 그러므로 흔히 생각하는 것처럼 내면적으로 갈등하거나 갈등하지 않는 두 종류의 인간이 존재하는 것이 아니다. 사람들을 구분하는 것은, 어떤 이들은 두려움을 숨기는 반면 어떤 이들은 그것을 인정한다는 정도의 차이다. 자신의 두려움을 인식하고 정면으로 바라본다는 것은 무서운 일이지만, 사실 그것만이 두려움을 막을 수 있는 유일한 방법이다. 마송-우르셀Masson-Oursel은 이렇게 말한다. "아무것도 두려워하지 않으면서 모든 것에 굴복하는 사람들이 있는가 하면, 모든 것을 두려워하면서 아무것에도 굴복하지 않는 사람들이 있다." 콩데 공The Great Condé의 다음 격언도 매우 유명하다. "원수가 가까이 있을 때 두려워하지 않으려면 멀리 있을 때 두려워하라."

허세와 호언장담으로 강한 반응을 보이면, 분명히 약함을 인정할 때보다 더 좌절하기 쉽다. 두려움을 인정하는 것은 자신에게 솔직해지고 영적인 성장과 창조적인 노력을 기울이는 데 없어서는 안 될 요소다.

나는 두 명의 목사 친구와 함께했던 어느 날 저녁을 기억한다. 이중 한 명은 설교자로 대단한 존경을 받는 사람이였시만 설교에 대해 극도의 두려움을 가지고 있다고 고백했다. 그는 일주일 동안 설교를 준비하면서 얼마나 불안한 시간을 보내곤 했는지, 토요일만 되면 그동안의 계획을 모두 없애 버렸던 일을 털어놓았다. 그는 잔뜩 떨면서 강단에 올라갔고, 다시 내려올 때는 목회를 포기하고 싶은 기분에 빠지곤 했다고 한다. 다른 친구가 자신은 설교로 고민해 본 적이 없다고 말하면서 끼어들었다. 그는 "토요일 저녁이면 설교 내용이 자연스럽게 머릿속에 떠오르기 때문에 아무 걱정 없이 잠자리에 들어" 하고 말했다. 그러더니 이렇게 덧붙였다. "아니지. 사실 힘 빠지게 하는 것이 있긴 해. 바로 텅 빈 회중석을 향해 설교해야 한다는 사실이야. 사람들은 해야 할 일을 무시할 때가 있어. 그래서 신도는 반드시 예배에 참석해야 한다는 교회 방침을 강화해야 한다고."

두려움 없이는 어떠한 노력도 효과를 발하지 못한다. 무대 공포증과 싸우지 않는 훌륭한 배우는 없으며 청중을 향해 떨지 않는 연사도 없다. 나는 이 책을 쓰면서 느낀 불안을 고백하는 것을 부끄럽게 생각하지 않는다. 그것은 피할 수 없는 두려움이라는 것을 알고 있기 때문이다. 성 아우구스티누스가 지적한 대로 야망과 두려움과 슬픔은 선과 자비에 대한 사랑에서 나오는 것이다. 이것들은 그 자체로는 나쁜 것이 아니다. 뒤부와는 "일정한 한계 내의 두려움은 매우 유용한 감정이다"[10]라고 기록했다.

두려움 없는 유토피아적인 삶이라는 개념을 거부하고, 우리 인간의 상황, 즉 있는 그대로의 두려움을 받아들이는 것은 단순한 체념이 아니다. 이것은 두려움을 하나님의 축복으로 받아들이고, 인류를 위한 하나님의 목적이 이루어지는 데에 사용될 것으로 인식하는 것이다.

두려움은 본능이기 때문에 누구에게나 있다. 두려움은 자기보존 본능의 도구다. 두려움은 하나님의 뜻이기 때문에 중요하며 모든 인생 과정의 자원이다. 두려움은 전 문명의 원동력이기도 하다. 자연의 신비를 파헤치고자 한 과학의 원동력이었고, 철학과 종교에서는 진리 탐구의 원동력이었으며, 노동과 농업과 산업에서는 물질적 불안에 맞서는 동인이었다. 사회와 사회적 협력 분야에서는 힘을 모으게 하고, 그들을 분열시키려고 하는 것들을 망각하게 했다. 이것은 외부의 위협을 받는 국가가 평안할 때는 항상 잊곤 했던 헌신적 단결과 사회의 안녕을 깨달을 때 분명해진다. 두려움은 모든 새로운 것에 대한 두려움으로, 덕분에 개인 생활과 사회생활은 안정과 습관이라는 구조를 얻는다. 이것이 없으면 모든 것이 혼란스러워진다. 또한 자신의 열정에 맹목적으로 빠지는 것을 막는 것도 바로 두려움이다(다행히도!). 그렇게 빠져들 때 닥쳐올 치명적인 결과를 우리는 경험을 통해 알기 때문이다.

나는 이제 사랑이 깨우쳐 주는 신비스러운 두려움을 경험하지 않고는 누구도 사랑할 수 없다는 것을 말하려고 한다. 한 환자가 자신이 꾼 꿈을 내게 이야기한 적이 있다. 그 환자는 보트에서 부잔교 landing stage에 다가서려고 할 때마다 사나운 야수가 방해하는 꿈을 꾸었다. 세 번의 시도 끝에 그는 강기슭에 뛰어들어 그 괴물을 잡아 바닥에 내동댕이쳤다. 그때 그는 문득 자신이 껴안고 있는 것이 매우 아름다운 여성이라는 사실을 알게 되었다. 이것은 용이 호위하는 요정이 사는 궁전에 대한 전설로 상징화된 경험이다.[11] 사랑에 두려움과 두려움을 극복한 승리가 빠진다면, 그것은 더 이상 사랑일 수 없다. 모든 시적인 감정은 사랑과 아름다움에 대한 대가, 즉 두려움의 공명共鳴에서 출발하기 때문이다.

그러나 몇 마디 더하고자 한다. 두려움은 또한 예수 그리스도께서 말씀하시는 좁은 문이며, 그것을 지나오지 않고는 하나님을 찾을 수 없다. 은혜는 자신의 강함을 자랑하는 사람이 아니라, 자신의 약점을 인정하는 사람에게 약속되어 있다. 인간의 마음에 대한 현실적 지식을 담은 성경은 "두려워 말라"는 말을 365번이나 거듭하고 있다. 성경은 또한 '하나님을 두려워하는 것'(경외하는 것—역주)이 지혜의 근본이라고 말하고 있다. 그리스도께서는 두려움 없는 인생은 존재하지 않는다는 것을 꿰뚫고 계셨다. 예수님 자신도 웨더헤드의 지적처럼[12] 그 두려움에서 면제되지 않았다. "땀방울이 핏방울이 되었다"지 않던가! 그리스도께서는 좀 더 유익한 두려움을 위해 해로운 두려움은 던져 버리라고 하신다. "몸은 죽여도 영혼은 능히 죽이지 못하는 자들을 두려워하지 말고 오직 몸과 영혼을 능히 지옥에 멸하실 수 있는 자를 두려워하라."[13]

그렇기 때문에 두려움은 하나님의 목적 안에서 우리 삶에 어떤 역할을 하느냐에 따라 유익하기도 하고 해롭기도 하다. 성경적 관점은 우리가 약자의 진영에서 강자의 진영으로 옮겨 가야 한다고 보지 않는다. 우리 자신의 약함을 인정해야 한다고 본다. 자신의 두려움을 고백하기 어려워한다면, 그것은 늘 강한 것처럼 보이고 싶어 하기 때문이다. 자신의 두려움을 부끄러워하면, 이 부끄러움은 두려움을 더욱 굳게 하고 결국 두려움은 해가 된다. 가슴의 종양으로 고통받고 있는 한 여성 환자가 암을 두려워하고 있다는 내용의 편지를 보내온 적이 있다. "진정한 그리스도인이라면 두려워해서는 안 되겠죠." 그렇지 않다. 그리스도인이라고 두려움에서 벗어나 있는 것은 아니다. 하지만 그 두려움을 하나님께로 가져가야 한다. 신앙은 두려움을 억압하지 않는다. 신앙이 하는 일은 두려움에도 불구하고 앞으로 나아가게 하는 것이다. 나의 영국인 친구가 두려움의 목록을 만든 것은 하나님의 은혜 가운데서 두려움에 맞서기 위해서였다. 우리는 하나님의 임재 안에서, 두려움 없는 삶이라는 스토아 철학의 유토피아를 버려야 한다. 그것은 너무 많은 억압과 너무 많은 거짓말의 원천일 뿐이기 때문이다. 우리는 하나님과 함께 우리의 두려움을 정면으로 바라보고 그것을 고백하여, 두려움 속에 있는 신성한 것이 열매 맺도록 해야 할 것이다.

그러나 그 길 자체가 이미 두려움이라는 용의 호위를 받고 있다. 모든 인간은 하나님을 두려워하기 때문이다. 성경을 펴 보라. 그러면 하나님이 말씀하실 때마다 그 말씀을 듣는 사람의 첫 반응이 항상 두려움이라는 것을 알게 될 것이다. 이들은 자신이 나쁜 양심을 가졌다고 생각하고, 하나님이 자신에게 요구하시는 희생을 겁내기 때문에 하나님을 두려워하는 것이다.

나는 내 소명이 심리학 분야와 영적인 영역 모두에서 두려움을 내쫓는 일이라고 생각한다. 강자건 약자건, 모두 내게 찾아와 자신의 길을 방해하고 자신의 반응을 왜곡하는 두려움을 털어놓는다. 인간적인 수준에서 나는 대답할 말이 없다. 두려움은 길

들여지지 않는다. 우리는 두려움을 억압할 수는 있지만 완전히 없앨 수는 없다. 우리는 두려움에 노출되지 않기 위해 삶을 억압하면서, 두려움과 타협할 수 있다. 그러나 그것은 승리가 아니다. 그리고 나 역시 솔직히 말해 이러한 모든 두려움에 둘러싸여 있음을 고백한다.

그러나 내가 다른 사람들에게 도움이 되려면, 내가 그들과 같은 문제를 겪지 않는 접근하기 어려운 초인이 아니라 그들 가까이 있다는 것을 그들이 느끼게 해야 한다. 나는 이미 내 두려움을 인정하였고, 이제 그 두려움을 피할 수 있다는 착각으로 더 이상 나 자신을 기만하지도 않는다. 반대로 우리가 두려움을 정면으로 바라보고 하나님을 믿으며 그것을 하나님께 가져간다면, 그 두려움을 극복할 수 있다는 것이 내 경험이다. 그것은 쉽지 않은 일이다. 전쟁 때 자신이 강하다고 생각하며 적의 힘을 과소평가하는 사람은 결코 강자가 아니다.

어느 환자가 면담 초기에, 자신의 인생과 질병에서 두려움이 지배적인 역할을 했음을 깨달았다고 말한 것을 기억한다. 우리는 함께 기도했고, 그는 안심하게 되었다. 나는 문제가 해결되었다고 낙관했다. 몇 년 후, 그에 대한 우리의 온갖 치료 노력이 실패했을 때 그는 내가 너무 쉽게 만족하는 것을 느꼈다고 털어놓았다. 그는 내가 그의 두려움이 완전히 회복된 것으로 보았다고 생각했기 때문에, 더 이상 말하지 못하고 혼자서 두려움을 느끼고 있었던 것이다. 이럴 때 반드시 해야 할 일은 우리의 상황을 현실적으로 받아들이는 것이다. 하나님은 우리가 그분께로 돌아서게 하시려고 우리에게 두려움을 심어 놓으신 것이다. 두려움 중에서 죄가 되는 것은 날마다 버려야 하지만, 두려움이 주는 자극은 잘 간직해야 한다. 하나님은 우리가 얼마나 불쌍한 존재인지를 알게 하시려고 우리의 마음속에 두려움을 심으신 것이다.

제2부

인간의 반응

제4장

약한 반응

이제 약자와 강자가 나타내는 두 가지 반응을 자세히 살펴보자. 사람들은 누구나 이 두 가지 반응으로 자신이 느끼는 불안을 드러낸다.

약한 반응은 억제하는 반응이고, 강한 반응은 자극하는 반응이라고 볼 수 있다.

약한 반응은 우울, 낙담, 슬픔, 자기 연민, 자책, 권태감, 지나친 자기 비난, 공포, 현실 도피, 은폐, 침묵, 무기력 등이며, 강한 반응은 흥분, 행복감, 유쾌함, 생색을 내는 태도, 자기만족, 낙관주의, 다른 사람에 대한 지나친 비판, 경솔함, 공격성, 쾌활함, 수다스러움, 흥분을 잘하는 성질 등이다.

이 외에도 여러 가지를 더 말할 수 있지만, 약한 반응은 주로 현실 도피 욕구와 의욕 상실과 관련된다.

도피의 여러 가지 형태에 관해서는 나의 책 「인격 의학」*Médecine*

*de la personne*에서 이미 설명하였다. 여기서는 일상생활에서 사소하고 소심한 행위로 표현되는 형태인 도피만 언급하고자 한다. 예를 들어, 대화 내용이 우리를 당황하게 하거나 논쟁만 일으킬 우려가 있을 때 지혜롭게 화제를 바꾸는 것, 급하지도 않고 별로 내키지 않는 일을 피하려다가 진짜 급히 해야 할 일을 발견하는 것, 강하게 말해야 할 때 오히려 자신의 무능력이나 무지함만을 항변하는 것, 신중하게 입을 다물고 있거나 겸손의 태도로 피해 버리거나 그럴듯한 이론이나 공허한 말을 늘어놓으면서 도피처를 찾는 것, 자기를 후원해 줄 권위 있는 사람의 의견을 구하려고 하는 것 등이 그것이다. 많은 대화가 겉도는 이유는, 말하는 사람들 모두가 서로에게서 멀어지려고 하기 때문이다. 이런 사람들은 자신의 약점을 진부한 말이나 공손한 아첨, 익살, 엉뚱함 같은 것으로 감춘다.

속임수나 겉치레, 회피, 허세 없이 완전히 솔직하고 개방적인 교제를 계속 유지하는 것은 어려운 일이다. 그리고 이러한 교제가 어렵게 되면, 우리는 마치 연막 속에 있는 군함들처럼 자신을 감추고 만다. 우리는 작은 경험으로도 그와 같이 계속 도피하려는 세밀한 움직임들을 분간할 수 있다. 그런 모습은 자신의 참모습을 솔직하게 보여 주려고 우리 진료실을 찾아오는 사람들에게서도 찾아볼 수 있다. 하지만 우리 자신에게 일어나는 움직임을 보는 것이 훨씬 더 가치 있는 일이다. 가끔 동료들은 내게 묻는다. "어떻게 모든 사람과 그렇게 친밀하게 이야기를 하죠?" 그에 대한 대답은, 도피 행위의 공범자가 되지 말고, 대화가 심각해질 우려가 있어도 갑자기 옆길로 빠지지 말며, 아무리 분별없는 문제나 질문이라도 대처할 준비가 항상 되어 있어야 한다는 것이다.

이러한 어려움들을 극복하기 위해서는 '경건의 시간'을 따로 마련하여 기도하는 것이 큰 도움이 된다. 나는 아내나 친구와 함께 하나님 앞에서 자신을 내려놓고 모든 생각을 조용히 써 내려갈 때, 말하고 싶지 않은 것을 써야 하는 순간을 자주 만난다. 바로 이 때문에 많은 사람이 자신의 기도 제목을 말하기 두려워하는 것이다. 어제 나는 무척 마음이 가는 어느 환자와 잠시 이야기를 나누었다. 그 환자와 나는 솔직한 대화를 많이 나누면서 매우 친밀해졌다. 그러나 내가 함께 기도하자고 제안하자, 그는 무엇이 그를 기도하지 못하도록 막는지 말했다. "제가 기도하려고 하면 불쑥 어떤 생각이 나서 두려워져요." 그때 갑자기 우리의 친밀감이 열 배나 커지는 것 같았다. 이미 우리는 상당히 친밀한 상태였지만, 더 깊숙한 성역을 헤치고 들어가는 것처럼 느껴졌다.

나는 '바로 이 순간이 함께 기도해야 할 때다'라는 생각이 들 때가 자주 있었다. 그러나 기도하자는 제안은 하지 못한 채 공허한 대화만 나눌 때가 많다. 묵상할 때조차 솔직하기가 어렵다. 마음에서 자연 발생적으로 떠오르는 생각들을 단순하게 적어 보는 것보다 고상하면서도 진부한 교훈을 몇 자 기록하면서 우쭐대는 것이 훨씬 더 쉽다.

약한 반응의 또 다른 형태는 생리학자와 심리학자가 억제라고 부르는 무력감이다. 번역하기 어려운 독일어 Hemmung은, 보이지 않는 이상한 끈의 방해로 무기력하고 무감각해진 감정을 잘 표현해 주는 단어다.

적개심 강한 부모님 때문에 무척 고통스러워한 매우 감정적인 소녀를 예로 들어 보자. 그 소녀의 아버지는 딸에게 항상 불평과 분노하는 모습만 보여 주었다. 소녀가 매우 어렸을 적에, 어느 날 아버지가 작은 장식품 하나를 소녀 앞에 있는 테이블 위에 놓아두었다. 그것은 작은 유리 코끼리였다. "자, 보렴. 너에게 주는 거야!" 하고 아버지가 말했다. 소녀는 예기치 않은 선물을 받고 너무 놀랍기도 하고 기쁘기도 해서 자기 자리에 꼼짝 않고 앉아서 아무런 감정 표현도 하지 못했다. 소녀는 이 작은 코끼리가 마치 베들레헴의 별처럼 밝게 빛나는 것 같았다. 그래서 소녀는 밝게 빛나는 그 조그마한 물체가 무엇인지조차 말할 수 없었고 움직일 수도 없었다. 그러다 소녀는 자동 인형처럼 벌떡 일어나 옆방으로 가 버렸다. 그리고 다시 돌아왔을 때 그 반짝거리는 작은 코끼리가 동생의 목에 걸려 있는 것을 보게 되었다. "네가 그걸 좋아하지 않아서 동생에게 주었단다" 하고 아버지는 조용히 설명했다. 이것이 바로 약한 반응이 만들어 내는 비극이다. 다른 사람이 실수하게 만들기 때문이다. 매우 감정적인 사람은 오해받을 가능성이 많다. 소녀는 진한 감동을 받아서 할 말을 잃었는데, 그런 모습은 오히려 아버지의 선물에 전혀 관심이 없는 것처럼 보였던 것이다. 그래서 소녀는 자신이 받아야 할 근사한 선물을 빼앗겼다고 오해하며 너무 크게 실망한 나머지, 자기의 본심이 무엇인지 설명해서 일을 제대로 해결할 힘을 잃어버렸다.

이 마지막은 미묘한 부분이지만, 나는 이것이 감정적인 사람들을 괴롭히는 내면의 소용돌이에서 매우 중요한 역할을 하기 때문에 거듭 이야기한다. 다른 환자의 경우를 예로 들어 보자. 그 여성은 자신이 빠지기 쉬운 감정적 혼란을 스스로 매우 잘 알고 있을 만큼 영리한 사람이었다. 어떤 사람으로부터 심각한 상처를 받은 그녀는 그 후 그 사람을 떠올릴 때면 항상 쓰라린 고통을 느꼈다. 그녀가 친구 집을 방문했을 때, 대화 도중에 그 사람의 이름이 언급되자 곧바로 그곳을 떠나고 싶은 마음이 들었다. 그래서 그녀가 갈 준비를 하자 친구들이 말렸다. 그녀는 자신의 감정은 표현하지 못한 채 그대로 머물렀지만 이후로 그녀의 혼란은 더욱 가중되었다. 이 여성은 대화의 주제 때문에 화가 났지만, 자신의 감정을 제대로 설명하지도 못하는 자신에게 더 큰 화가 치밀었다.

감정상의 혼란이 계속될 때에도 오해가 발생한다. 약한 사람은 불쾌하거나 자신이 동의할 수 없는 제안을 받을 때 또는 실패했을 때 그 후유증을 빨리 떨쳐 버리지 못한다. 약한 사람은, 자기 친구가 칠판 가득 방정식을 풀고 있을 때 자기는 아직도 산수 문제를 풀어야 하는 학생과 같다. 혹은 필름 감는 것을 잊어버려 풍경이 겹쳐진 사진을 인화한 사진작가 같다. 다른 사람들은 그를 이해하지 못하고, 그의 고통이 다 해결되어 끝난 상태라고 생각한다. 그리고 그가 무덤덤한 것은 그것에 대해 신경 쓰지 않거나 무관심하기 때문이라고 여긴다. 문제는 이 약한 사람이 자신은 이해받지 못한다고 느끼기 때문에 평정을 회복하는 것이 더 어려워진다는 것이다.

이와 비슷한 방어기제는 망설임에도 자주 작용한다. 양자택일 상황에 처한 약자는 다른 사람들이 결정을 내릴 때보다 더 많은 시간과 평정이 필요하다. 약자는 자신이 감정에 빠지기 쉽다는 것을 알기 때문에, 도피해 버리거나 아니면 다른 사람들의 결정에 그냥 따르게 될지 모른다고 두려워한다. 그리고 이 두려움은 문제를 악화시킨다. 이들은 자신이 어느 것을 선택해야 할지 모르겠다고 말하지만, 그 말은 사실이 아니다. 이들은 이미 마음속에서 선택을 한 상태다. 다만 그것을 어떻게 표현해야 할지 막막할 따름이다. 그러면서 그런 자신에 대한 분노가 마음을 지배해서 다른 것은 생각할 수 없게 된다. 그래서 생각을 할 수도, 결정을 내리거나 의지력을 행사할 수도 없다.

신경이 예민한 사람들은 내면의 동요에 대해 이야기한다. 그것이 일단 작동하면, 약한 반응을 가중시키고 결과적으로 오해를 불러일으키며 그다음에는 자신이 오해받고 있다는 감정에 사로잡혀서 그 동요를 가중시킨다. 이것은 마치 반사 장치가 붙어서 더 강한 빛을 발하는 램프와 같다. 이들은 자신의 감정을 자신에게 비추기 때문에, 억압이 일어난다. 그리고 그를 억압하는 것은 건전한 직관과 판단, 그리고 자신의 선택을 표현하지 못하는 것에 대한 짜증으로, 본인은 마음에 이미 가지고 있지만 주변 사람들은 그에게 그것이 부족하다고 생각한다. 그는 마치 차고 열쇠를 잃어버려 허둥대는 사람과 같다. 그리고 그런 조급함 때문에 잃어버린 열쇠를 제대로 찾지 못하고, 그러느라 잃어버린 시간도 보상받지 못한다.

차고에 있는 차는 억압을 받아 무력해진 감정과 같다. 이런 상태는 피곤하다는 느낌을 주고, 결국 그 예민한 사람은 자신이 유약하다는 확신을 더 확고히 한다.

피로는 신경 쇠약의 특징적 증상으로, 뒤부와 박사가 지적한 대로[1] 모든 신경 쇠약 환자가 호소하는 첫 번째 증상이기도 하다. 피로는 그 자체만으로도 여지없이 약한 반응으로, 사람들이 극복할 수 없는 장애를 만났을 때 경험하는 힘의 상실이다. 그러나 이런 억제는 그보다 더 약한 반응을 유발하는 원인이 되기도 한다. 그러므로 피로는 환자가 생각히 듯 수동적이거나 힘이 부족해서 생기는 것이 아니다. 그보다 훨씬 더 복잡한 문제다.

일상적 관례에서 우리는 피로의 원인을 네 가지로 구분할 수 있다. 그러나 이 원인들이 겹치는 부분도 있기 때문에, 너무 엄격하게 구분 짓지 않아야 한다.

첫째, 순수한 과로에 의한 피로가 있다. 그러나 나는 이런 경우는 아주 희박하다고 생각한다. 때로 외부적 요인, 질병, 가난, 장시간 노동을 시키면서 적당한 휴가를 허락하지 않는 사회적 불의 등 복합적인 상황 때문에 피로가 생긴다. 그러나 순수한 과로로 인한 피로감은 흔히 불규칙한 생활 방식 때문에 발생하는 것으로, 원한다면 치료가 가능하다. 사람들은 반드시 자신의 기질에 맞게 생활해야 한다. 무한한 에너지를 타고나지 못한 사람이 게으르거나 나약한 사람이라는 비난을 받는 것이 두려워 과로하는 경우가 자주 있다.

어떤 사람은 자신이 피곤하다는 것을 인정하지 않는 것에 대해 특별한 자부심을 가지고 있다. 예수 그리스도께서도 피로를 경험하셨으며 휴식을 취하기도 하셨다. 또한 많은 사람들이 자신이 병약한 것을 부끄러워한다. 심장 장애로 고생하던 한 젊은 여성이 기억난다. 스스로 건강을 자부하는 그녀의 친구들은 그녀에게 너무 두려워하지 말고 노력해 보기를 당부했다. 친구들이 있을 때 승강기를 탈 수 있었던 것이 그녀에게는 진정한 도덕적 승리였다.

기능적 신경증에 시달리는 사람들은 특히 자신의 병을 부끄러워한다. 만일 친구가 안부를 묻기라도 하면, 그들은 친구의 친절한 물음을 모욕으로 느낀다. 이들은 자신이 아직도 나아지지 않은 것을 보고 당황해하는 친구에게 무슨 말을 해야 할지 모른다. 잘못된 수치심에 건강은 악화되고 수치심은 더욱 깊어진다.

자신이 소중히 여기는 활동을 포기하고 싶지 않은 마음, 또는 사랑하는 사람을 실망시키고 싶지 않은 마음도 과로를 유발하는 또 하나의 원인이다. 나는 강의를 맡아 달라는 간절한 요구를 거절하거나 환자에게 특정한 날짜 전에는 만날 수 없다고 말해야 하는 것이 늘 어렵다. 만일 내가 항상 정신없이 활동하고 있다면 평안을 찾는 사람에게 어떻게 평안을 말할 수 있겠는가? 이처럼 주일을 안식일로 지켜야 한다고 설교하는 목회자가 일주일 내내 밤늦게까지 일하고, 자신의 내면을 돌보기 위해서는 전혀 시간을 낼 수 없는 경우를 많이 보게 된다. 또는 온갖 쓸데없는 기념식에 참석하여 자신의 명성을 유지하려는 정치인들은, 정작 자기 관할구역의 주민들이 당면한 매우 중요한 문제들에 대해서는 생각할 여유를 갖지 못하기도 한다.

물론, 욕심이나 금전에 관한 염려도 흔히 보는 과로의 원인이다. 정신과 의사들의 일 중에서 가장 중요하고 어려운 일은 각 환자의 신체 능력에 따라 활동을 규제하는 일이다. 우리는 약해 보이는 사람들이 예기치 못한 흡인력을 지니거나 거인들이 전혀 저항할 힘을 갖지 못하는 등 깜짝 놀랄 만한 일들을 자주 경험한다.

그러나 사실 과로를 하지 않았는데도 잘못된 구조 때문에 피로를 느끼는 경우가 종종 있다. 예전에 나는 일주일에 세 번씩 하던 오후 무료 진료 때문에 매우 피곤해 있었다. 왜냐하면 진료 후에는 약속이 있는데 진료 시간이 길어져 약속 시간에 맞춰 참석하는 것이 어려워졌고, 그 걱정으로 인해 진료와 약속 둘 다

손해를 입었기 때문이다. 우리가 그 문제를 놓고 함께 기도했을 때에야 겨우 아주 간단한 해결책을 얻을 수 있었다. 일주일 중 하루를 통째로 무료 진료에 할애하고, 개인적인 약속들은 다른 날에 잡자 순조로워졌다.

회복 단계에 있는 환자의 생활을 규제하기는 특히 어렵다. 신체적인 질병이나 신경 쇠약을 겪고 난 후에는 활동을 서서히 점진적으로 회복해야 한다. 어떤 사람은 뜻하지 않은 장애에 부딪히기도 한다. 걸을 수 있기도 전에 달리고 싶어 하거나 자신이 좋아하는 일이라면 당장 하고 싶어 하는 회복기 환자의 성급함, 자신감 부족이나 너무 빨리 자신의 한계를 느낀 것에 대한 실망, 시간제 고용을 좋아하지 않거나 특별한 배려를 약속해 놓고 사흘도 이행하지 못하는 고용주의 이해 부족 등이 그런 것이다.

여기서 훈련의 법칙을 짚고 넘어가야겠다. 이 법칙은 매우 간단한 것이어서 쉽게 이해할 수 있을 것이다. 전쟁 시 무장한 군대에서 신체 훈련 계획과 통제에 관여한 의사들은 모두 휴식이 운동만큼 중요하다는 것을 매우 분명하게 제시해 왔다.[2] 운동선수는 초인적인 노력을 기울여서 최상의 성적을 거두는 것이 아니라, 자신의 노력을 점차 증가시키고, 특히 훈련이 끝난 뒤에는 항상 적당한 휴식을 취해야 최상의 성적을 거둘 수 있다. 이것은 지적인 직업에서도 마찬가지다. 세르티앙주(Sertillanges) 신부가 말한 것처럼 "진정한 휴식 없이는 진정한 노동도 없다."[3]

나는 다른 책에서 많은 이들이 일요일 휴식이나 휴가를 잘못

활용하고 있다는 내용에 관해 언급한 적이 있다. 음식과 술을 마구 먹고 마시는 것은 말할 것도 없고 일할 때보다 쉴 때 몸을 더 피곤하게 한다. 이것과 관련해 폴 카르통Paul Carton이 지적하듯, 도취가 주는 피로 효과[4]를 떠올릴 수 있다.

피로의 두 번째 원인은 지나친 열심이다. 과로로 고생한 한 젊은 남성은 돌아다니며 물건을 팔면서 자기 일을 절제하지 않고 고집스럽게 힘을 소모시키는 사람이었다. 사실 그가 그렇게 혹독하게 수고한 것은 어린 시절 부당한 비난을 받으면서 새겨진 열등의식에서 벗어나 자신을 회복하려는 욕구가 마음 깊숙이 자리 잡고 있었기 때문이었다. 어떤 사람은 자기 집에서 일하는 젊은 가정부가 전혀 쉴 줄 모르는 것 같다고 걱정하며, 그를 내게 보냈다. 그 가정부는 열심히 일을 해서 자기 가족과 겪는 심각한 갈등의 고통을 덜어 보려고 애썼던 것이다. 이와 같이 많은 사람이 스스로도 인정하는 것처럼, 자기만의 생각 속에 홀로 남겨진다는 것에 대한 두려움이나 자신이 그만두면 완전히 쓰러질지도 모른다는 두려움 때문에 끊임없이 열정적인 활동에 탐닉한다.

이와 같은 노동은 그것이 초래하는 신체적 긴장 때문만이 아니라, 그에 수반되는 정신적 억압 때문에도 피로를 유발한다. 똑같은 업무를 가벼운 마음으로 수행하면 그것은 일종의 게임일 수 있지만, 정신적 긴장 속에서 하면 지쳐 버릴 수 있다. 그런 정신적 긴장이 생기는 것은, 예를 들어 같은 일을 함께하는 사람들에게서 흔히 발생하는 것으로 상대방의 열정에 대한 질투, 또는

4. 약한 반응

자기보다 더 강한 남편만큼 일을 많이 하고 싶어 하는 아내의 질투 때문일 수 있다. 혹은 자신의 직업에 상당한 자부심을 가지고 있어서 자기가 피로하다는 것을 절대 인정하지 않으려는 간호사들의 자존심 같은 것 때문일 수도 있다. 또는 맡은 일을 감당하지 못할 것이라는 두려움 혹은 지나친 의무감으로 인해 긴장이 일어날 수도 있다. 이것은 하나님의 은혜를 경험하지 못한 사람에게는 짐이 된다.

그러나 세 번째 원인으로 우리를 가장 피로하게 하는 것은 반항이다. 늘 강한 피로감에 시달려 온 한 지체 장애 여성은 어느 순간 거기에서 자유로워졌다는 것을 말하려고 나를 찾아왔다. 그 여성은 나이 많은 한 의사가 "이 세상에서 문제가 되는 것은 어느 정도의 힘을 가졌느냐가 아니라, 자기가 가진 것을 어떻게 사용하느냐 하는 것입니다"라고 했던 말을 묵상하면서 자신의 연약함을 인정하는 법을 배웠던 것이다.

피에르 퐁수와예Pierre Ponsoye 박사는 '피로는 전반적으로 뇌수와 뇌의 피질皮質 현상'[5]이라고 기록한다. 피로는 신체로 느끼지만, 사실 마음에서 오는 경우가 많다.

자신의 일에 만족하지 못하는 사람, 항상 짜증을 내면서 일하는 사람, 자신의 능력 밖이거나 자신의 능력 및 관심과는 상관없는 일을 부당하게 해야 해서 환경이나 다른 사람들을 탓하는 사람, 실망스러웠던 일들만 항상 마음속에 담아 두고 사는 사람, 고용주가 자신을 이용하거나 착취한다고 생각하는 사람, 과로와 학대에 시달려 탈진하지는 않을까 염려하며 휴일만 기다리는 사람, 이러한 사람은 피로에 지쳐 버린다. 이렇게 마음에 사사건건 모든 것을 적어 두는 자세는 이들로 하여금 일터와 그 속에서 겪는 불의를 실제보다 더 나쁜 것으로 보게 만들며, 이들이 그려 놓은 놀라운 이미지는 피로(결과적으로는 저항으로 이어지는)를 악화시킨다. 이런 경우 현실을 그대로 인정하면 마치 두꺼운 외투를 던져 버린 것처럼 피로가 말끔히 씻길 수 있다. 그렇지 않다면 평등한 근무 조건을 요구하거나 사직서를 제출할 수 있을 만큼의 용기를 가져야 한다.

사람들은 실제로는 짜증이 나는 것인데, 그것을 피로라고 할 때가 많다. 이들이 "나는 지쳤어"라고 말할 때는 "신경과민이 극에 달했다"는 뜻이라고 할 수 있다.

이 사람들은 거짓 피로에 시달리는 것이다. 거짓이라는 말은 그들이 거짓말을 한다는 뜻이 아니라, 그들의 피로가 그들을 나약하게 만들지 않는다는 뜻이다. 오히려 피로가 극도로 활발한 반응을 끌어낼 수 있다. 이런 사람들은 종종 게으름 때문에도 피로를 느끼는데, 이것이 바로 네 번째 원인이다. 나는, 활력이 넘치지만 어딘가에 몰두해서 유용한 활동으로 시간을 보내지 못하고 오로지 에너지가 속에서만 끓어오를 뿐 제대로 활용하지 못하는 사람들을 많이 보아 왔다. 마음속에서 끝없이 계속되는 전투만큼 사람을 피로하게 만드는 것은 없다. 이들의 예민한 신경 뒤에는 심리적 강박, 성장 과정에서의 실수, 갈등이나 두려움이 자리하고 있다. 사람들은 이들이 자신의 상태를 극복하도록 제대로 보살펴 주기보다 "신경이 날카로워져 있는 것 같은데 좀 쉬지 그래"라는 식으로 그들의 문제를 지나치게 단순화한다. 결혼을 약속하고 매우 의욕적이었던 한 젊은 남자는 연인을 소유하고 싶은 유혹에 맞서면서 그 유혹에 걸려 넘어질지 모른다는 두려움과 남몰래 고통스러운 사투를 벌이다가 갑자기 의기소침해졌다. 그러다 직장을 떠나고 말았다. 그 결과 삶이 자신만 아는 은밀한 공허와 갈등으로 가득 채워지면서 건강이 악화되었다. 하지만 자신을 괴롭히는 짐을 벗고 직장에 다시 들어가고 나니 비로소 나아지기 시작했다.

또 다른 예로, 매우 유능한 한 남성은 자신의 근무 능력이 점점 감소되고 있음을 깨닫고 완전한 휴식을 취하기 위해 장기간의 휴가를 얻었다. 하지만 직장으로 다시 돌아와 전혀 나아지지 않은 자신의 모습에 실망했다. 그는 자신감을 잃고, 빨리 늙을지도 모른다는 두려움에 빠지게 되었다. 그러나 우리가 그의 상황을 함께 세심히 살펴본 결과, 사실 그는 자신의 가치를 잘 알고 있음을 알게 되었다. 그의 생각에 자신은 큰일을 맡아 능히 해낼 수 있는 사람인데 실제로는 너무 쉬운 업무만 맡았던 것이다. 그는 승진할 기회가 있었지만, 혈연관계에 있는 사람을 뽑으려는 배후 세력들 때문에 그 기회를 놓치고 말았다. 그의 권태감은 사실 은밀한 초조함이 은연중에 드러난 것이었다. 그 심각성을 인식하지 않는 한, 더 불행하게는 자기가 능력을 잃고 있다고 두려위하는 한, 그의 상태는 더 악화될 뿐이다.

매우 진취적이고 활발한 기질을 가진 또 다른 남성은 힘을 사용할 필요가 있었다. 심각한 실의에 빠진 그가 우울증 증세를 보이자 요양원에 보내졌다. 그는 요양원에서 세심한 치료를 받아 자신을 과용하지 않으려고 했음을 알게 되었고, 그가 실의에 빠져 생긴 감정에 인격과 건강을 결부시킬 수 있었다. 그 결과 그는 자신의 힘을 지나치게 사용하게 될까 봐 두려워하고 있음을 발견했다. 테니스를 치러 갔을 때도 그는 경기에 몰두하기보다 경기가 너무 오래 지속되어 피곤해지지 않을까를 염려하고 있었다. 만일 그가 정말로 지쳤다면 그렇게 하는 것이 조금은 도움이 되겠지만, 그것은 원기 왕성한 그의 본성과는 반대되는 것이었기 때문에 상황을 악화시킬 뿐이다.

수년 동안 이 같은 휴식을 취해야 하는 사람들이 있다. 이들의 삶은 매우 경직되어 있기 때문에 기쁨, 일, 소망, 사랑 등의 힘을 만들어 내는 모든 것을 상실한 채, 병을 얻게 될 것이다. 그리고 이들은 아플수록 모든 활동을 더 엄격하게 차단하고, 그럴수록 그들의 마음에는 피로에 대한 두려움과 뒤부와가 신경증적 피로에서 지적하고 있는 '능력이 부족하다는 확신'[6]이 깊게 자리 잡는다. 이들이 자신을 정상적인 삶에서 분리시키는 간극이 더 깊어진다고 느낄수록, 자신에게 극복할 힘이 있는지에 대해 더 절망하게 되고 자신의 비참한 생활의 유일한 도피처로 요양원에 기대를 걸게 된다.

4. 약한 반응

이처럼 약한 반응 중에서 특히 피로는 정서적 억압에 의해서 자주 발생한다. 파업이 한 나라의 경제를 마비시키는 것처럼 피로는 사람의 능력을 마비시킨다. 파업과 마찬가지로 피로는 약자의 무기다. 대화할 때 다른 사람들을 지배할 만큼 강하지 않다고 느끼는 사람은 자신의 두뇌와 목소리로 파업을 하는 약자가 된다. 그는 정신적 긴장에 시달려 더 이상 생각할 수 없으며, 생각한다 해도 파업 중인 군중처럼 하고 싶은 말이 목에서 걸려 버리고 만다. 이것은 억울함과 뿌루퉁함이라는 기제로 나타난다. 주위 사람들은 뿌루퉁해 있는 그에게 화가 나서, 그 파업을 멈추게 하려고 노력하지만 오히려 문제는 악화된다. 성장 과정에서 문제가 있었거나 감수성에 상처를 입은 어린이가 말을 하지 않는 것이 바로 이러한 경우다. 이런 사람들은 비사교적이 되고 혼자만의 고독에 빠진다. 이와 비슷하게, 동물에 몰두하는 것이 인간 사회에서 멀어지는 하나의 방편이 되기도 한다.

이런 파업 반응은 흔히 볼 수 있다. 알랑디 박사는 본래 병적인 몇몇 경우를 제외하고는, 게으른 아이는 파업 중에 있는 아이라고 말한다. 이때는 아이를 꾸짖기보다 아이에게 상처를 준 것이 무엇인가를 찾아내는 것이 필요하다고 매우 분명하게 설명한다.[7] 많은 사람에게 나타나는 수동성은 파업 반응의 또 한 가지 형태이지만, 사소한 시간 낭비나 상당한 건망증 역시 서서히 진행되는 일종의 파업이라 할 수 있다. 때로 나는 관찰자라는 특권을 누리며 인간의 문제에 관해 알게 된 사실을 독자들에게 전달하려고 책을 쓰는 것에 마음을 쏟다가도 원고 앞에 멍하니 앉아 있곤 한다. 나는 적절한 표현을 찾으려고 마음속으로 이 문장 저 문장을 읊곤 한다. 단순히 편지를 쓰는 것이라면 단숨에 써내려갈 것이다. 마치 생각하는 방법을 잊어버린 사람처럼 보이는 이런 행동, 이것이 곧 약한 반응이다. 이럴 때는 낙서를 하거나 사전을 이리저리 뒤적이며 손자국을 남기면서 시간을 허비한다. 그리고 표현하고자 하는 말들을 논리적으로 배열할 수 있는 기발한 방법이 떠올라 자신감을 느낄 때의 작은 만족은 그동안 내 생각을 전달할 적절한 표현을 찾느라 겪은 모든 어려움에 대해 위로가 된다. 그러면서 나는 시간을 허비해서 스스로에게 양심의 가책을 느끼게 하려고 했음을 가슴 깊이 깨달았다. 왜냐하면 그것을 통해 나를 막고 있는 약한 반응의 영향력을 극복할 힘을 끌어낼 수 있었기 때문이다.

많은 기능 장애는 상징적 파업이다. 한 가지 예로, 잠에 대한 지나친 욕구가 있다. 한 사무원은 혼자 일을 도맡아 하면서 그의 동료들이 하기 싫은 일을 모두 그에게 떠넘겨도 대항하지 못하다가, 서경(글을 많이 써서 생기는 손의 통증—역주)에 시달렸다. 그는 동료들에게 언짢은 반감을 품고 있으면서도 겉으로는 친절한 태도를 보이면서 반감을 억눌렀다. 일을 하지 못하게 만든 질병은 무의식이 만든 파업에 불과했다. 마찬가지로 여성의 불감증과 남성의 발기불능증은 종종 남편이나 아내에 대해 마음속으로만 삭이고 있던 불만을 성적인 파업으로 나타내는 경우다. 더욱 심각한 파업의 예는 혼란스러운 삶에서 안식처를 찾기 위해, 종교적인 열정이나 질병으로 도피해 버리는 경우다. 변비, 편두통, 천식, 하반신 마비, 무력증과 같은 많은 질병이 그 예인데, 이것에 관해서는 「인격 의학」에서 이미 다루었으므로 이 책에서는 세세하게 다루지 않을 것이다. 아이들의 야뇨증도 대부분의 경우는 무의식적 파업으로 설명할 수 있다.

종종 지나치게 마른 것도 삶에 대한 파업의 표현으로 보인다. 정신적 식욕 부진 mental anorexia 으로 고생한 한 젊은 여성의 경우가 그러했다. 그 여성에게 식사는 분명 악몽이었다. 그녀를 이해하려고 노력하던 중에, 그녀는 자기가 인생의 기회들을 놓쳐 버렸다는 생각에 자주 휩싸이곤 했음을 알게 되었다. 자기에게 대단한 재능이 있다는 것을 의식하고 있었지만, 그 재능을 활용할 수 있는 상황이 허락되지 않았던 것이다. 그녀는 마치 다른 사람들은 멋진 여행을 하러 떠나 버리고, 자기만 외로이 플랫폼에 남아 있는 것처럼 느꼈다. 그리고 그녀의 불만은 무의식적인 단식 투쟁을 불러일으켰다.

글씨를 아무렇게나 쓰거나 얼굴 표정이 시무룩한 것도 사회적 관계에 관한 파업을 나타낸다.

때로 파업은 파괴 행위를 수반하기도 한다. 어떤 사람은 의도치 않게 자기가 가장 간절히 바라던 것을 결국 얻을 수 없게 만들어 버리기도 한다. 그의 무의식은 그렇게 해서 그동안 감히 솔직하게 불평할 수 없었던 부모에게, 성장하면서 부모 때문에 겪는 일들로 인해 파국적인 결과가 빚어졌다는 것을 보여 주려고 한다. 그 사람이 인생에서 성공할 경우 부모에 대한 자기 불평은 근거 없는 것임이 드러나지만, 그의 무의식은 불평을 쉽게 멈추지 않는다. 언젠가 만난 적이 있는 한 여성 환자는 새들의 노랫소리에도 원한을 품을 만큼 그 소리를 참지 못했다.

이러한 반응들은 유용한 기능을 할 때가 많기 때문에 비난하고 싶지는 않다. 다시 말해 이 반응들은 큰 해를 입히지 않고서는 도저히 참을 수 없을 정도의 큰 고통에 대항하는 사람의 본능적인 방어다. 이는 마치 갑옷의 갈라진 틈을 메우는 것과 같다고 할 수 있을 것이다. 많은 사람이 현실이라는 가혹한 공격을 둔화시키려고 공상이나 감상에 빠진다. 한 젊은 여성이 이런 말을 한 적이 있다. "제 아버지는 대화가 좀 심각해진다 싶으면 그냥 나가 버리십니다." 또 다른 사람은 "저는 사람들이 전쟁에 대해 이야기하는 것이 듣기 싫어요"라고 말한다. 이것은 당황하거나 불쾌한 일들에 대해 눈을 감는 기술, 즉 '현실도피주의'다. 신경증으로 고생하는 환자들 중 상당수가 모든 일에 무관심해지고 있으며, 그 어떤 것도 자신에게 중요한 것이 없다는 사실이 두렵다고 털어놓는다. 이것은 방어적 무관심으로, 자신의 예민함을 입증하는 것이면서도 그들 스스로는 둔감해지고 있다고 생각한다. 그리고 이것은 반복적인 공중 폭격의 효과라고도 한다. 이와 비슷한 감정인 일반적 무관심은 종종 우울증을 겪고 난 후 나타나는 회복의 전조다.

어떤 사람들에게 나타나는 고의적인 회의는 그저 자기가 절대적으로 갈망하는 것을 얻지 못한 것에 대한 불만을 드러내는 방식이기도 하다. "저는 조금도 개의치 않아요"라는 말은 사실 "여우와 포도" 우화처럼 "저는 제가 원하는 것을 얻지 못해 굴욕감을 느껴요"라는 의미다.

이러한 방어-반응은 극장에 화재가 날 것을 대비해 낮게 드리운 방화막이나, 외부의 공격으로부터 요새를 방어하기 위해 세운 도개교와 같다. 사실 모든 약자는 방패를 찾는다. 그 방패는 자신의 고통을 감추기 위한 조롱 섞인 어조나 변덕스런 어조일 수도 있고 신경증 환자가 주위 사람들에게 자신의 비참한 삶을 더 이상 견딜 수 없다고 경고하면서 끊임없이 쏟아붓는 불평일 수도 있다.

그러나 대부분의 약한 반응은 어떤 면에서는 치료를 시도하는 것처럼 보이기도 하지만, 사실 잘못된 치료책이다. 그래서 약자의 상당수가 자신을 강화시키려고 흥분제를 사용한다. 특히 술에 의지하는 사람은, 오히려 자신의 진정한 능력을 약화시키고 그 속에서 자신의 나약함을 분명히 알게 된다. 싸우기를 좋아하고 화를 잘 내는 어떤 남성은 끝없는 논쟁 속에서 자신의 수줍어하는 성격을 극복할 인위적인 흥분제를 찾고 있었다고 털어놓았다. 신경이 예민하고 지적이며 재능이 많은 한 남성은 자신의 약함을 겉보기에 좋은 자질들로 가리고 있었다는 사실을 깨달았다. 그가 아무리 난폭하게 행동을 해도 그것은 그 약함의 베일을 찢기에는 턱없이 부족한 시도였으며 오히려 그 베일에 가면을 덧붙이는 꼴이 되고 말았다. 그리고 노력이 수포로 돌아간 것에 대해 위안을 얻으려고 공상에 빠지게 되었다.

어떤 환자는 생활에서 일어나는 일들을 마음속에서 하나의 연극으로 재구성하면서, 다른 결말을 상상해 보기도 한다. 많은 사람이 혼자 특정 구절이나 상투적인 문구를 거듭 읊조린다. 예를 들어, 담배에 불을 붙이는 경우와 같은 일시적 유행과 기계적인 몸짓의 진짜 의미는 스스로 용기를 북돋우는 것일 때가 많다. 어떤 환자의 마음 상태는 두 개의 음반만 가진 축음기와 같았다. 하나는 완벽할 정도로 아름답고 경이로운 목가적인 전원을 묘사한 것이었고, 또 하나는 모든 추함과 공포를 묘사한 것이었다. 그는 두 번째 음반은 거의 틀지 않았고, 오로지 첫 번째 음반의 웅장함을 돋보이게 하기 위해서만 틀었다.

지적인 부분에 남다른 열정을 가지고 있는 사람들 중에 열등감 때문에 학업을 그르치는 사람도 있다. 이들은 밤이면 방문을 걸어 잠그고 아무도 모르게 연구에 몰두하여 실제로 전문 지식을 얻기도 한다. 하지만 이런 은둔은 그들을 사회에서 단절시켜 열등감을 더 부추긴다. 이들은 사무실에서 동료들의 일상적인 대화에 흥미를 느끼지 못해 그들과 가까이 지내지 못하고, 다른 지식인들에 대해서는 그들이 자신보다 더 박식하다고 생각하여 (어리석게도) 그들을 피한다.

현실과 동떨어진 공상은 사람을 나약하게 만들고 현실 세계와 맞설 수 있는 능력도 약화시킨다.

정서가 불안한 사람들은 대부분 마음속에 일어나는 감정을 억누르려고 한다. 말하자면 조명 밝기를 낮추는 것처럼 삶에 제동을 건다. 이들은 자신이 너무 감정적으로 변할지 모른다는 두려움 때문에 완전히 피상적인 대화만을 나누고는 정작 상담받고 싶은 문제들을 이야기할 용기가 없다고 고백하고 낙담에 휩싸여 가 버린다. 우리가 우리의 인생을 차단하면, 완전히 밀봉된 절망 속에 우리 자신이 고립된다. 이런 사람들은 숨길 수 없는 내적 긴장이 겉으로 드러나는 것을 숨기려고, 소리를 막을 때만 말고는 늘 끓고 있는 주전자와 같다. 결국, 폭발은 피할 수 없다. 감정을 밀봉하면 더욱 난폭해질 뿐이고 감정을 내보인다는 두려움은 더욱 커져 그것을 숨기려는 노력은 배가되는 식으로 악순환의 고리가 만들어진다. 예를 들어, 여성들은 모두 결혼하고 싶은 욕구를 강하게 느낀다. 그러나 그 욕구를 부끄러워한 나머지, 감정을 숨기려 하고 그로 인해 괴로움이 더 증가하기 때문에 누군가와 사랑에 빠질 가능성도 더 희박해진다. 내가 아는 한 여성은 음악에 상당한 재능을 가졌음에도 불구하고 가정교사와 너무 가까워질지 모른다는 두려움에 사로잡혀 피아노 배우는 것을 단념하고 말았다.

이와 같이 약자는 자신을 사회와의 접촉에서 단절시키려는 경향이 있다. 하지만 이들에게는 친구가 거의 없으며, 몇 안 되는 친구에 대한 감정이 너무나 강렬한 나머지 친구와의 우정에 강박적이 되거나 부자연스러워져 그들까지 잃고 만다. 또 사랑하고 싶은 억압된 욕구를 단 한 사람에게만 쏟아붓기 때문에 그 관계를 망치게 된다. 또한 이들은 친구에 대한 애정이 너무 지나쳐서 친구를 지치게 할지도 모른다는 두려움도 느낀다. 액체를 폭이 좁은 용기에 담으면, 폭이 넓은 용기에 담는 경우보다 수위가 더욱 높아진다. 감정적인 사람도 자신의 삶의 토대를 계속해서 억제하면, 감정의 수위가 높아진다. 또 지나치게 집착할지 모른다는 두려움 때문에 자신의 애정을 숨기고 그렇게 자기 마음에만 담아둔 애정은 더 커져 그것의 노예가 되어 버린다.

때로 이런 배타성은 자기 친구를 신과 같이 완벽한 존재로 상상하게 한다. 하지만 그 착각에서 깨어날 때가 반드시 온다. 다시 말해 친구에 대한 기대가 완전히 무너지면서 다른 사람들과 마찬가지로 그에게도 난폭하게 비빙히게 된다. 감정이 항상 강한 이유는, 억압된 애정과 증오 사이에 내적 갈등이 있기 때문이다.

자기 비하 역시 감정을 약화시키려는 헛된 시도라 할 수 있다. 한 남자가 인상에 남는 자작시를 보내 왔는데, 그는 마지막에 이렇게 덧붙였다. "저는 그 시들이 아무런 가치가 없다는 것을 잘 알아요." 그는 이렇게 말하면서 내가 칭찬을 하든 비난을 하든 간에 자신이 느낄 감정을 미리 정해 놓고 있었다. 어떤 사람은 "저는 신앙을 한 번도 경험해 본 적이 없어요"라고 말한다. 이 말에는 자기 인생에서 특별한 결단을 내려야 하거나, 그 결과 어떤 선택을 해야 하는 경우 그들이 느끼게 될 감정을 부인한다는 의미가 담겨 있다. 한 젊은 공산당원은 이론은 강하지만 실천이 약한 자신을 치료하려는 시도로, 공산당에 가입하여 실천에 옮겼다. 그래서 나는 그에게 당에서 정말로 활동적인 회원이 되어야 한다고 당부했다. 그러자 그는 자신의 결정이 '잘못된 치료책'이었다고 대답했다. 이 말은 행동으로 옮기지 못하는 자신의 태도를 지적으로 감추려는 방법이다. 시험 때만 되면 항상 정서 불안에 시달리는 것이 두려워 시험을 연기한 한 학생은 결국 시험을 치를 때는 더욱 불안할 것이고, 혹은 아예 시험을 치르지 않을 수도 있다. "저는 잘하는 게 아무것도 없어요. 저는 바보예요. 빵점이에요"라고 말하는 사람들은 자신의 능력을 시험해 볼 수 있는 모험을 무의식적으로 약화시키려고 한다. 처음 사업을 시작해 신경이 날카로운 한 여성은 이윤을 남길 때 느끼는 감정을 가라앉히려고 고객에게 가장 값싼 품목을 제안한다.

사람들은 자기 감정에 속는 것에 대한 두려움으로 항상 불안해하면서, 믿어야 할 때는 의심하고 의심해야 할 때는 믿는다. 그리고 이렇듯 잦은 실수 때문에 스스로에 대한 자신감을 상실하고 불안은 더욱 커져 간다. 몽테뉴Montaigne는 두려움에 관해 기록하기를, "두려움만큼 우리의 판단을 빨리 흐리게 하는 열정은 없

다"고 했다. 그러나 자기의 판단력이 부족하다고 느끼는 감정은 그 자체로 두려움의 잠재적인 원인이다.

남편의 다혈질 성격이 두려워서, 당황하면서도 오히려 시치미를 떼는 아내의 태도는 남편의 성질을 돋울 뿐이다. 고부간의 갈등을 두려워하는 어느 나약한 남편은 두 사람의 비위를 다 맞추려고 애쓰지만, 그의 우유부단한 성격 때문에 싸움은 그칠 줄을 모르고 오히려 비난은 그에게 돌아간다. 아내와 어머니가 그를 상대방의 영향에서 벗어나게 하려고 압력을 가하기 때문이다.

여기에는 약한 반응을 증가시키는 인과 관계의 엄격한 사슬, 곧 눈덩이 이론$^{snowball\ fashion}$이 있다.

알랑디 박사가 지적한 대로,[8] 가정에서 학대받고 자란 아이는 학교생활에서도 자신감을 갖지 못하여 학급에서 조롱거리가 되기 쉽다. 나 역시 학창 시절 감수성이 예민한 친구들을 매몰차게 조롱하고 그들 스스로 방어하지 못하게 했던 것을 이제야 떠올리며 깊이 후회한다. 어른과 마찬가지로 아이들도 자신감 있는 아이들은 존중하고 소심한 아이들은 괴롭힌다. 교내 질서를 바로잡지 못하는 것을 두려워하는 학교 교장은 조롱의 대상이 된다. 자신의 권위가 무너지고 있다고 느끼는 아버지는 기가 완전히 꺾인 목소리로 아들에게 자신을 존경하라고 다그친다. 겁 많은 사람들은 논쟁이 있을 때마다 부모님이 다투던 고통스러운 기억들이 떠올라 두려움에 떨며 강자에게 양보한다. 하지만 이때 강자는 약자로 하여금 모든 비난을 받게 하면서 약자를 자신이 겪는 갈등의 희생양으로 만든다.

한 여인으로부터 다음과 같은 편지를 받은 적이 있다. "저는 평생을 고통받는 것을 두려워하며 살았습니다. 그리고 그런 저의 두려움 때문에 끝없는 고통에 빠졌죠." 아버지를 두려워하는 아이는 아버지 앞에서 주눅 든 태도를 보여 오히려 아버지의 화를 돋우고 그의 분노를 살 뿐이다. 아버지에 대한 두려움으로 어머니의 보호를 받으려고 하지만 이번에는 성난 아버지의 질투와 충돌하기 때문에 전혀 나아지는 것이 없다. 어머니 역시 아이에게 아버지와 비슷한 왜곡되고 무서운 모습을 보여 엎친 데 덮친 격으로 상황은 더 악화된다. 나는 그런 일을 경험한 한 젊은 여성을 꽤 오랫동안 치료한 적이 있다. 그 여성은 결국 정신 분석 과정을 밟은 후에야 치료되었다. 그녀는 아버지와 화해하고 나서 내게 이러한 편지를 보냈다. "이제 제게는 자랑스러워할 수 있는 아버지가 있어요." 아내와 사별한 한 아버지는 재혼 의사를 밝히면 딸이 실망하지 않을까 두려워하고 있었다. 그래서 그는 친구를 통해 그것을 들은 딸이 그 문제를 거론하자 정색을 하며 부인했다. 그러나 얼마 후 딸에게 새 어머니를 소개하자 딸은 돌이킬 수 없을 정도로 충격을 받았다.

스스로 약하다고 느끼는 사람은 상당한 애정 결핍 증세를 보인다. 이러한 애정 결핍 때문에 자신에게 애정을 보이는 사람을 더욱 의지하게 되고, 이렇게 의지하고 싶은 감정 때문에 자신의 약함을 뼈저리게 인식한다. 약함 때문에, 이를테면 쓰기 어려운 편지를 써야 하는 것처럼 긴박한 업무를 미룬 사람은, 그 일에 대해 떳떳하지 못한 마음을 가지게 된다. 그리고 해야 할 일을 오랫동안 미루어 둘수록 감정은 나빠지고, 그럴수록 무기력해져서, 해야 할 일을 미룬 것에 대해 용서를 구해야 하는 고통스러운 순간까지 계속 미루게 된다.

어렵게 잠이 드는 사람은 잠에 들 때마다 불면증을 두려워하는데, 이런 생각 때문에 밤을 지새운다. 암에 대해 지나친 두려움을 가지고 있는 신경이 날카로운 한 남자가 이미 암 증세가 보이기 시작했다며 걱정하면서 나를 찾아왔다. 그는 변을 잘 보면 암을 예방한다는 기사를 어디선가 읽고는 수년 동안 매일 설사약을 복용해 왔다고 털어놓았다.

가벼운 기능성 장애로 고생하는 감정적인 한 젊은 여성은 건강을 염려하여 선교사의 소명을 포기했다. 그러나 그 소명을 포기하자 고통은 더 악화되었다.

자신감이 부족한 사람은 온갖 사람의 의견을 구하고, 서로 엇갈리는 충고들로 우유부단한 성격이 악화된다. 간섭이 심한 어머니에게 억압받은 한 젊은 여성은, 이 종교 저 종교로 옮겨 다니며 도피처를 찾았다. 어릴 적에 회교도로 성장한 그녀는 로마 가톨릭 성당도 찾았다가 인도 현인들의 글도 탐닉했다가 크리스천 사이언스 모임에 참여하게 되었다. 만일 내가 나의 칼뱅주의적 신앙을 이야기한다면 그녀는 더욱 불안해할 것이다.

이와 비슷한 예로, 한 여성은 이 의사 저 의사를 찾아다니며 자신의 신경과민에 대해 문의했다. 대부분의 의사는 지금까지 그 여성을 치료한 다른 의사들을 비난하며 그녀로 하여금 의학을 신뢰하지 못하게 만들었다. 하지만 그녀가 최근에 만난 의사에게 푹 빠져서 항상 그 의사에 대한 칭찬만 늘어놓자, 그녀의 태도에 짜증이 난 친구들은 그 의사가 실패한 경우들을 늘어놓았다. 설상가상으로 친구들이 그녀가 그 의사와 사랑에 빠졌다고 비난하자, 친구들의 빈정거림에 혼란스러워진 그 여성은 그 의사의 치료도 믿지 못하게 되었다.

그리고 의사를 지나치게 찾아다니면, 그 결과 자신이 '환자'라는 울적한 감정을 가지게 된다. 항상 의사들의 조언을 구하기 때문에, 스스로의 힘으로는 일어서지 못한다. 내가 치료한 환자 가운데 정신 분석가로부터 오랜 기간 치료를 받았어도 전혀 회복되지 못하고 그리스도인 의사의 치료로도 전혀 효과를 보지 못한 여성이 있다. 환자를 치료하고자 하는 두 의사의 열정이 대단했는데도 말이다. 그러나 문제는 그 여성이 박식한 심리학자에 비해 자신은 모르는 것이 너무 많고, 그리스도인에 비해서는 자신의 믿음이 너무 적다고 느끼는 것이었다. 그녀를 치료하던 동네 의사가 그녀를 내게 보냈다. 하지만 그녀에게는 또 한 번의 도움을 구해야 하는 창피스러운 시도로 다가왔다. 나도 그녀와 마찬가지로 약한 사람임을 확신시키지 못했다면, 내가 그녀에게 말한 모든 것은ㅡ특히 내 말이 다 옳고 선한 것이라면 더더욱ㅡ단지 그녀를 더 실망시키는 또 한 차례의 강의였을 것이다.

신경이 예민한 많은 사람이 '도움을 받기 위해' 요양원이나 정신 병원에 보내졌다가 결국 모든 자신감을 잃는 경우가 얼마나 많은가? 그리고 그곳에서 빗발치듯 쏟아지는 충고에 상처받고 주저하는 영혼이 얼마나 많은가? 한 여성은 기도한 후에, 동생을 도와주면 오히려 동생이 창피해하고 낙망하기 때문에 동생 혼자서 집안일을 하도록 내버려 두어야 한다는 것을 깨달았다고 내게 고백했다. 어떤 아내는 남편에게 건강을 너무 염려하지 말라고 이야기했지만, 오히려 남편은 이 말로 인해 더욱 걱정하게 되었다.

한 남성이 군 복무 시절에 경험했던 공동생활 때문에 정신적 문제가 더 악화되어 나를 찾아왔다. 그를 제대시키는 것이 최선이라고 판단한 군의관이 그를 진료소로 보냈지만, 이때부터 국가를 위해 충성할 수 없다는 감정이 더욱 심각한 강박증이 되어 결국 나를 찾아왔다. 내가 그를 다시 진료소로 되돌려 보내자 거기에서 부대로 복귀하라고 명했다. 수년이 지난 후 그는 다시 나를 찾아왔는데, 군 복무 기간을 연장하여 모든 고통이 사라졌다고 했다.

의사들은 가끔 환자의 부모가 지나치게 염려하는 바람에, 현명한 판단을 내리지 못하는 경우가 있다. 한 소녀는 간호사가 되고 싶어 했지만, 부모는 딸이 그러한 직업을 선택한다면 온갖 끔찍한 질병에 시달리게 될 것이라 생각했다. 그래서 딸을 의사에게 데려가 딸의 건강이 염려스럽다며 딸의 상태를 무척 상세히 설명한다. 의사는 딸에게 간호사가 되기에는 몸이 약하다고 말함으로써 부모의 게임에 동참한다. 원하는 직업을 가질 수 없다는 것에 실망한 딸은 인생의 목표를 제공하고 건강에 필수적인 추진력을 잃고 만다. 딸은 여러 가지 질병에 시달리며 실패를 거듭하다가, 결국엔 간호사가 되는 것보다 훨씬 더 어려운 생활을 한다. 자기 스스로는 약하다고 주장하지만 건강 진단 결과 뛰어난 체력을 타고났다고 판명받는 '거짓 약골'들이 많다. 그들이 아픈 이유는 자신의 힘을 사용하지 않아서였다. 아무리 건강하다고 자부하는 사람이라도 길 가다가 만난 친구가 "너 좀 아파 보인다"라고 말하면 즉시 몸이 좋지 않다고 느낄 것이다. 어떤 사람들은 다른 사람들을 동정해서 자신이 친절하다고 생각하려는 무의식적 충동이 있기 때문에, 사람들을 만나면 항상 아파 보인다고 말한다.

여기서 진정한 약함과 약한 반응의 차이를 되짚어 보기로 하자. 우리 의사들도 이 둘을 자주 혼동한다. 한 감정적인 환자가 아무리 적응하려고 노력해도 심각한 기능성 장애와 같은 결과를 얻는다고 해서 노력을 포기하라고 충고하는 것은 시기상조다. 그런 충고로 학업을 중도에 포기하거나 열심히 다니던 직장을 그만둔 사람은 마음으로 자신이 겁쟁이였다고 생각하게 되고, 이러한 생각 때문에 약한 반응에 방어하기 더 어려워진다. 또한 이들은 의사가 한 말을 마음에서 떨쳐 버리지 못하고, 결국 자신의 능력을 스스로 믿지 못하게 된다. 내 환자 중에는 엄청나게 많은 일을 하는 사람이 있었다. 그녀는 새벽 4시면 일어나서 많은 빨래를 한 후에, 특별히 할 필요가 없는데도 걸레를 들고 이 방 저 방을 다니며 가구들을 닦곤 했다. 왜냐하면 그녀는 한 의사가 "당신이 인생에서 이룰 수 있는 성과는 절대 50퍼센트를 넘지 못할 것입니다"라고 단정 지은 말을 기억에서 떨쳐 낼 수 없었기 때문이다. 분명 그 여성이 그토록 지나치게 일에 매달린 것은 의사의 말이 잘못된 것이었음을 증명해 보이려는 본능적 욕구에서 나왔겠지만, 이미 받은 암시는 그녀의 마음속에서 영영 떠나지 않았다.

소아과 의사인 한 친구는 이와 관련해 상당히 흥미로운 견해를 밝혔다. 아이들의 식습관에는 생리적 적응을 위해 아이가 반드시 해야 할 노력들을 회피하려는 경향이 있다고 한다. 아이는 특정 음식이 먹기 어려우면, 그 음식은 먹지 않는다. 대신에 소화하기 쉽게 조리된 유아용 음식을 섭취하는데 그러면 위는 소화를 위해 반드시 해야 할 노력을 할 필요가 없게 된다. 이것은 아이들의 신체 건강뿐 아니라 정신 건강에도 동일하게 적용되는 원리다. 하지만 아동기는 적응 능력이 가장 큰 시기기 때문에 이 시기를 이용하여 아이들이 신체적·도덕적으로 인내하도록 훈련시켜야 한다. 아이들이 자라면, 그 적응 능력이 한계에 달해 더 이상 뻗어 나갈 수 없다. 결국, 소화기관의 과민성은 혈기가 왕성하지 않은 약함이기보다는 유기체의 활력을 나타내는 표지로서, 사람이 새로운 자극에 얼마나 활발하게 반응하는가를 보여 준다.

아르노 창크^Arnault Tzanck는 질병의 종류를 새롭게 분류하여 흥미를 끌었다.[9] 그는 질병을 세 가지 항목으로 분류하였다. 첫째, 해로운 병원체가 유발시키는 장애에 유기체가 수동적으로 시달리는 흥분형, 둘째, 흥분형과 반대로 유기체가 활발한 방어 반응을 보이는 과민형, 마지막으로 영양 실조형이다. 그는 의사들이 본능적으로 첫 번째 유형에는 'itis', 두 번째 유형에는 'osis', 마지막 세 번째 유형에는 'oma'로 끝나는 이름을 붙인다는 점을 지적한다. 그는 이런 세 가지 유형이 혈액학, 피부과학, 심장병학, 비뇨기학 등 의학의 모든 영역에서 발견된다는 사실을 훌륭하게 증명했다. 정신 의학에도 장애에서 기인하는 소극적 질병, 정서적 충격이나 갈등과 같은 정신적 자극에 대해 신경계 또는 전 유기체에 강한 반응이 나타나는 적극적 질병, 그리고 영양 실조가 있다.

창크는 두 번째 유형의 질병들은 대체로 인격 의학과 연관된 것이라고 말한다. 알레르기 피부 질환이건 신경증이건 국부적인 장애는 모두 부차적인 것이고, 정신과 신체와 영혼이 통합된 전인이 반응을 보인다. 반응이 지나쳐서 혼란스러울 수도 있지만, 필요한 것은 사람을 외부적인 자극에서 피하게 해주는 것이 아니라 제대로 반응하도록 돕는 것이다. 간단히 말해, 그것은 내적으로는 상당히 강력한 반응이지만, 외부적으로는 약한 반응으로 표현된다.

약하다고 분류된 사람들을 보면, 과민성 반응^anaphylaxy, 과도

한 신진대사, 기능성 장애, 감정적 성격, 강박증 등 생리적·정신적 과민성과 연관된 모든 증상이 나타난다. 이것은 분명히 중요한 문제다. 이들이 늘 아프거나 증세가 매우 심각하고 흔치 않은 질병을 가졌거나 질병의 원인과 맞지 않는 증세를 보인다는 이유로, 이들을 약하다고 말하거나 그 질병들에서 벗어나게 하려고 원인이 되었던 모든 것—즉 먹기 힘든 음식이나 사회생활의 어려움 등—을 회피하게 하면 오히려 이들은 악순환에 빠진다. 이들의 고통은 계속되어 더 약한 자극에도 고통을 느끼고 식습관을 조금 다르게 하거나 논쟁을 지극히 부드럽게 진행해도 상심한다. 이렇게 해서 이들의 생활은 점점 더 각박해지고 자신의 나약함을 굳게 확신하게 된다.

물론 이러한 환자들의 치료는 쉽지 않다. 단순히 약을 한 병 처방하는 것으로는 소용이 없다. 그들의 반응이 아무리 고통스러워도, 어려움에 맞서 살아갈 수 있고 그것을 견뎌 낼 수 있다는 끊임없는 격려가 필요하다. 비록 그 반응이 절대 단번에 사라지지는 않는다는 것을 인식해야 하겠지만, 노력한 대가로 반응은 감소할 것이다. 우리는 그들에게 자신의 반응을 두려워하지 말고, 그 두려움에 굴복해선 안 된다고 가르쳐야 한다.

다시 소아과 의사의 예로 돌아가자. 특정 음식을 먹지 못하는 예민한 아이를 치료할 때, 의사는 부모와도 힘든 싸움을 벌여야 한다. 세상의 모든 부모는 본능적으로 자녀를 고통과 어려움과 장애에서 구하고 싶어 한다. 이들은 자녀에게 해로운 음식과 그들을 망치는 책과 좋지 않은 영향을 미칠 수 있는 친구들에게서 자녀를 떨어뜨려 놓고 싶어 한다. 그러나 이것은 전염성 강한 두려움일 뿐이다. 아이들은 부모의 정확한 통찰에 두려움을 느끼고, 그 두려움은 아이들을 더 예민하게 만들고 감수성을 증가시킨다.

약자가 사로잡히는 또 다른 악순환은 소위 서투름 때문에 생긴다. 이들은 오랫동안 자신의 존재를 드러내지 않다가 갑자기 자신을 주장하고 싶어 한다. 하지만 잘못된 방법으로 시작한다. 약자들은 공격적인 방법을 택했다가 자신을 압도하는 반격을 당한다. 어떤 여성은 "책망을 해도 기분 나쁘지 않게 해야 하는데 저는 그걸 못하겠어요. 제 말은 늘 제 의도보다 기분 나쁘게 들리게 되요"라고 말한다. 그래서 약자는 자신을 다른 사람에게 이해시킬 수 없다는 감정에 사로잡힌다. 그러나 강자는 그런 노력을 기울일 필요가 없다. 강자는 다른 사람들이 자신의 말에 귀 기울여 주기를 기대하기 때문에 차분하고 확신에 차서 자기 의견을 표현할 수 있다. 한편 약자는 지나치게 자신을 표현하려고 애쓴 나머지, 자기 권위를 완전히 무너뜨리고 만다. 마치 딱딱한 빵을 칼로 썰다가 너무 세게 힘을 주어 자기 손가락을 자르게 되는 경우라 할 수 있다.

더욱이 가족들은 그들 사이에서 굳어 가는 힘의 균형에 익숙해진다. 한 예로, 언니는 부모에게 자신이 요구하는 모든 것을 받아 내지만 동생은 감히 요구하지 못한다. 어느 날 동생이 몇 가지 요구할 것들이 떠올라 조심스럽게 이야기하면, 그것은 가족 내에서의 기존 질서를 망가뜨리는 것이어서 모든 식구가 그녀를 이기적이라며 호되게 꾸짖을 것이다.

약자는 아무도 자기 말을 듣지 않을 것이라는 두려움에 빠져 자신의 주장을 어리석게 과장하기 때문에, 퉁명스럽게 "바보 같은 소리 마라"는 말을 듣는 것으로 대화가 끝나 버린다. 이들은 무슨 일을 하든 소동을 일으키며 그런 행동에서 벗어나지 못한다. 이때 이들은 자신의 행동을 부끄러워하게 되고 그에 따라 열등감은 더 커진다. 그리고 이들은 나쁜 의도 없이 단순히 어떤 행동을 해도 소동을 일으켰다는 이유로 비난을 받는다. 또 버릇없는 사람이 아닌데도 문제아라는 낙인이 찍힌다.

약자는 자신의 어려움에 대해 상당히 많은 말을 하기 때문에 사람들은 그에게 양심의 가책 정도인 것을 심각한 실수로 생각하고, 실제로 정신적 고통에 시달릴 때는 공허한 양심의 가책 정도로 생각하고는 약자들을 내버려 둔다. 이들은 하도 실수를 많이 해서, 진실을 말하는 것이 절대 안전하지 않다는 결론을 내린다. 해서 좋은 말과 하지 않아야 할 말을 직관과 감정보다 스스로 책략을 세워 말하기 때문에 계속 실수를 저지른다.

약자는 모든 일에 항상 주저하기 때문에 실패도 많다. 그리고 그 실패를 생각할 때마다 고통스러워한다. 어떤 청년은 여성들과 사귀기 위해 심각한 강박감을 극복해야 했고, 그러기를 간절히 바랐다. 드디어 그 청년은 한 여성을 만나 함께 산책을 하게 되는데, 우연히 서로가 잘 알고 있는 친구를 만나 동행하게 된다. 그때부터 청년은 자신의 행동을 자제할 수가 없어서 무례하고 심술궂은 행동을 하여 여성의 신뢰를 잃고 말았다. 그 청년은 내게 그 일들을 고백하면서, 어린 시절의 기억을 떠올렸다. 공원에서 친구들과 놀고 있을 때 여자 친구들이 자신보다는 다른 남자 친구에게 더 관심을 보이는 것에 상처를 받았던 것이다. 그는 광대 같은 행동으로 관심은 얻어 냈지만 그것은 그가 원하던 존중과 애정은 아니었다.

이 모든 일은 약자를 실패에 빠뜨릴 뿐 아니라 부당하고 마음에 상처가 되는 비난까지 받게 하기 때문에, 이들은 자신감을 더 잃고 또 다른 약한 반응을 보이게 된다.

일곱 살 언니를 각별히 따르고 사랑했던 네 살배기 어린 소녀가 있었다. 그러나 어느 날 언니가 죽고 말았다. 언니가 죽은 지 며칠이 지나서 소녀가 어머니에게 죽은 언니 이야기를 꺼내자, 어머니는 슬퍼하며 고개를 돌리고 소녀를 두고 나가 버렸다. 이것을 본 소녀는 어머니의 슬픔이 얼마나 큰지를 알게 되었고, 다시는 언니 이야기를 하지 말아야겠다고 생각했다. 한편, 언니는 죽기 전 동생에게 자기가 하늘나라에 가면 편지를 쓰라고 당부하였고, 소녀는 그 약속을 지키려고 했지만 어떻게 편지를 써야 할지 알지 못했다. 소녀는 편지지와 연필을 들고 전할 내용을 입으로 중

얼거리면서 적어 내려갔다. 그러고는 우연히 어머니의 책상 위에서 집 주소가 적힌 편지 봉투를 발견하여 그 속에 편지를 집어넣고 우체통에 넣었다. 다음 날 아침 집배원 아저씨가 편지 봉투에 우표가 붙어 있지 않아 우편 요금을 받으려고 편지를 들고 찾아왔다. 소녀의 어머니는 편지 봉투를 뜯어 딸아이의 흘려 쓴 글씨를 보고 장난 편지를 쓴 것으로 생각하여 딸아이를 호되게 꾸짖었다. 어린 소녀는 말문이 막혀 감히 설명하지도 못하고, 그 비밀을 마음속에 꼭꼭 묻어 두었다.

어머니의 죽음과 아버지의 재혼으로 정서적 충격을 받은 한 여자아이는 고통에 대해 제멋대로 심술궂은 행동으로 반응해, 항상 선생님으로부터 엄격한 잔소리를 들어야 했다. 그것은 결국 그녀의 반항 심리만 부추겼을 뿐이다.

이처럼 불행한 영혼들은 항상 비난과 잔소리, 권고와 부당한 징계에 시달린다. 그들의 문제는 의지와 상관없는 정서적 문제인데도 사람들은 그들의 의지에 호소했다. 그들은 마음속으로 "나 자신이 싫다"는 말을 되뇌며 끊임없이 자신을 비난한다.

교사와 사회 전체로부터 심한 비난을 받는 행동은, 면밀히 검토해 보면 해결되지 않은 문제에 대한 약한 반응일 때가 대부분이다. 꾸중 들을 것이 두려워 거짓말을 습관처럼 하는 아이가 있는가 하면, 자기가 받지 못한 선물이나 어머니의 관심을 얻으려고 도둑질 하는 아이도 있다. 어떤 남성은 그동안 아내와 자신이 꿈꾸었던 진실하고 친밀한 관계를 갖지 못한 것에 대한 유감 때문에 아내에게 거짓말을 한다. 그리고 어떤 남성은 아내의 바가지에서 벗어나려다가 간통을 저지른다.

늘 우쭐해하는 태도 때문에 비난을 받았지만 사실 성적인 무능력에 시달리고 있었던 남성이 있는가 하면, 어떤 사람은 일종의 성도착에 시달리고 있었다. 그리고 어떤 여성은 어머니로부터 호된 꾸중을 듣고도 큰 빚을 지면서까지 화려한 모피 코트를 자꾸만 구입했는데, 이유는 자신의 외모에 자신이 없었기 때문이었다. 한 간호사는 지나친 낭비벽으로 동료들을 화나게 만들었지만, 실은 자신감이 부족한 여성이었다. 다른 사람의 관심을 끌려고 그렇게 한다며 동료들은 그녀를 비난했고, 그 간호사는 더욱 자신감을 잃었다. 결국 그녀는 과도한 소비로도 자신감을 회복할 수 없었다.

특히 성의 영역은 잘못된 판단이 상당히 많다. 나는 호색적인 사람들 또는 협잡꾼으로 알려져 있었지만 실제로는 심리-성적 억압에 희생되었던 사람들을 많이 알고 있다. 이들은 사실 그렇지 않은데도 항상 새로운 연인을 차지하려고 찾아다니는 것처럼 보였다. 이들은 충동적으로 이리저리 밀애를 나누는 생활 속에서 자신의 심리-성적 억압을 극복하려 한 것이지만, 진정한 사랑을 할 수 없기 때문에 그런 밀애를 하나씩 단념하였다.

천박한 모험에 무분별하게 빠졌다는 비난을 받고 있던 한 여성은 지적이고 정신적인 교제를 해야 한다는 강박적인 충동에 이끌렸는데, 이제까지 사귄 연인들 중 그 누구와도 그렇게 하지 못했다. 어떤 남성은 겉으로 보기에 부정한 연애를 단호히 그만 두려는 듯 보였다. 그러나 그가 연약할 때에 그를 유혹했던 여성이 그가 떠나면 스스로를 "자해하겠다"고 위협하며 그를 붙들고 있다.

진정으로 사랑했던 남자에게 자신을 주지 못한 것에 대한 굴욕감에서 충동적으로 추한 부정을 저지르게 된 여성이 있다. 또 어떤 남성은 간통을 저질러 가정이 파괴되었는데, 사실 청교도적 가정 환경에서 자라면서 그의 마음에 스며든 성을 경멸하는 태도 때문에 결혼 생활에서도 애정과 성적인 사랑을 결합할 수 없었다. 매우 힘든 시기에 자신이 경멸했던 남자의 유혹에 넘어간 교양 있는 한 여성도 있다. 자신에 대한 혐오감이 저항 능력을 약화시켜, 그 남자와의 관계를 허용하고 만 것이다. 이것은 사람들이 흔히 경험하는 현상으로, 순결을 가장 중요시하던 사람들이 이를 어기게 되었을 때는 지나칠 정도로 치욕스러워한다. 이들은 자신이 비난하던 타락한 모습을 실현해 보기라도 하겠다는 듯 화가 나서 부정을 저지른다. 한 남성은 수년 동안 정부와 계속해서 관계를 맺고 있었다. 이유는 그녀가 아내보다 더 자신을 격려해 주고, 방종하여 술 취하지 않도록 도와주는 등 자신에게 정신적 힘을 주었기 때문이었다.

한 젊은 여성은 늘 자신을 괴롭히고 죄의식을 느끼게 하는 생각들을 떨쳐 버릴 수 없었다. 왜냐하면 그 여성은 과거에 이보다 훨씬 더 심각한 실패를 경험했을 때 느꼈던 지독한 고독으로 되돌아가는 것이 두려웠기 때문이다.

우리가 이런 식으로 사람들 삶의 내막을 들여다보면, 응접실이나 카페에서 흔히 하는 대화 가운데 섣부르고 위선적인 판단이 얼마나 많은지 깨닫게 된다.

항상 부당한 판단을 받고 있다고 느끼는 약자의 감정은 그들을 파멸시키고 약한 반응의 고리에 묶어 둔다. 나는 그들이 죄를 짓지 않는다고 생각하지는 않는다. 물론 그들 속에도 나를 비롯한 모든 사람에게 있는 것과 마찬가지로 교만과 이기심, 증오와 부도덕, 까다로움이 존재한다. 그러나 중요한 것은 속사람은 모두가 같은 존재이지만, 강자는 자신의 결점을 걸러서 드러낼 줄 아는 반면 약자는 자신의 반응이 마음속 아픔과 달라서 은연중에 드러나 비난받는다는 것을 직관적으로 인식하고 있다는 사실이다.

약한 반응과 비판의 괴로운 악순환은 '신경전'이라는 형태를 취하는데, 이는 그들이 두려워하는 악을 자초하게 한다. 약자는 스스로 회복하고 이해받기를 원하지만 결국 이런 감정은 약한 반응을 유발하고 더 많은 오해를 일으킨다. 그리하여 결국엔 이러지도 저러지도 못하는 진퇴양난의 상태로 빠져든다. 이들은 '뺨 맞는 자' 콤플렉스에 시달리고 있다고도 말할 수 있을 것이다. 그리고 이들의 인생은 항상 재앙의 연속처럼 보인다.

의사는 객관성을 추구하면서도 이러한 삶을 깊이 공감하며

관찰해야 한다. 의사의 눈에는 이런 사람들의 행동이 숨어 있는 어떤 분명한 힘에 의한 것임이 보이기 때문이다. 이것을 자학증 또는 알랑디 박사의 용어로 내면의 정당성[inner justice10)]이라고 말한다. 이들 약자는 정당한 것일지라도 오랫동안 억압된 부모와 교사에 대한 열정과 반감 때문에 끝없이 자신을 학대하듯 불행을 자초하는 것처럼 보인다.

이때 의사들은 그들에게 강자의 방법을 택하라고 말하고 싶어진다. 강자의 방법이란, 약자들이 끊임없이 자신을 향해 사용하는 날카로운 무기를 다른 사람에게 사용하거나, 자신을 방어하거나 자신이 억누르고 있는 공격성 및 자학 속에 숨어 있는 가학성을 사용하는 것이다. 이 방법은 성공적일 때도 있지만, 때로 이렇게 예민한 사람들은 그런 충고를 따르기에는 너무 선한 마음을 가져서 그가 겨냥하는 대상보다 오히려 자신이 상처를 받는다.

그렇다면 다른 해결책이 필요하다. 이것은 바로 신앙이라는 훨씬 더 심오한 해결책이다.

최근의 연구 분석에서는 모든 약한 반응은 단지 절망을 뜻한다고 한다. 항상 "내가 왜 태어났을까?"를 외치는 어느 환자의 외침 속에는 그의 모든 고통이 담겨 있다. 절망이 더욱 깊어져 고통을 받는 사람은 더 이상 행복을 믿지 못하고 행복한 순간에는 어색하게 반응하여 행복을 떨쳐 버리고 만다. 에밀 쿠에[Emil Coué]는 사람이 행복하기 위해서는 행복이 있다는 것을 믿어야 한다고 말한 바 있다.[11] 불건전한 드라마 취향을 가진 약자는 모든 상황을 극화하고 심지어 진료를 받는 과정에서도 어리석은 표현으로 자기의 감정을 감춘다. 이들은 실제로 그렇게 할 생각이 아니었음에도 만일 내가 그들의 진짜 생각을 알지 못했다면 우리 사이의 신뢰는 깨질 수도 있었다. 이것은 그들의 잠재의식이 그들이 여전히 붙들고 있는 희망의 마지막 실타래를 끊으려는 것과 같다. 어떤 환자가 내게 이러한 글을 보냈다. "저는 인생의 모든 것을 잃었습니다. 그래서 절망적입니다." "선생님을 만나러 오는 것이 무슨 의미가 있을까요? 아무 소용도 없고 시간만 낭비할 뿐입니다." 이 말은 "저는 당신이 저에게 질려서 저를 포기할까 봐 겁이 납니다"라는 의미다. 그리고 "하나님에 대해 더 이상 말하지 말아요. 저는 그분이 싫어요"라는 말은 "그분 없이 제게는 더 이상 희망이 없습니다"라는 의미다.

사실, 이것이야말로 그들을 붙들고 있는 덫의 최종 결과다. 말하자면 신앙의 길이 진정한 해결책인데, 그 길이 지금 막혀 있는 것이다. 한 감정적인 여성이 내게 이렇게 말했다. "저는 더 이상 기도할 수가 없어요. 하나님의 주소를 잃어버렸거든요." 그녀는 나와 함께 수많은 대화를 나누고 나서야 하나님의 주소를 잃어버리게 된 상황을 털어놓았다. 하루는 그녀가 용기와 믿음을 가지고 하나님에 대한 자신의 신앙을 증거하고 싶었지만, 선배가 그것을 비난하는 말을 듣고 손을 떼고 말았다는 것이다. 그녀는 하나님이 자신을 낙망하게 하고 약한 반응을 보이도록 내버려

두셨다고 생각했다.

신경증을 앓고 있던 한 환자는 그 질병이 하나님으로부터 버림받았다는 증거이며, 하나님의 용서―내가 그녀에게 말했었고, 또 그녀의 약한 반응의 악순환을 끊을 수 있는―가 자신에게는 해당되지 않는다고 생각했다. 어떤 여성은 불륜의 관계를 정리할 용기가 없는 것이 부끄러워 자신에게는 더 이상 기도할 권리가 없다고 여기고 노력도 하지 않았다. 결국 그녀는 자신에게 필요한 힘을 줄 수 있는 영적 교제에서 스스로를 단절시키고 말았다.

또 이런 사람들은 삶에서 투쟁을 포기하고 냉소적인 이론, 운명 철학, 소위 유전 법칙이라고 하는 냉혹한 생물학 개념, 영혼의 윤회에 대한 믿음을 마지막 안식처로 삼아 자신들의 절망을 감춘다. 그리고 자신의 불신을 그들이 절망하게 된 또 하나의 이유라고 말한다. "하나님은 제게 아무런 도움도 주지 않아요. 제가 하나님을 믿지 않으니 하나님도 저를 도울 수 없겠죠."

그러나 두려움, 감성, 질명 등 이 모든 반응은 정서적 영역에 속한다. 감정은 우리가 인정하는 것보다 더 강한 힘이 있어서, 의지나 이성은 우리의 감정을 통제하지 못한다. 우리 아들이 시험에 떨어진 적이 있었다. 나는 그 사실을 진정으로 받아들였다고 생각했다. 그러나 아들의 졸업식 날, 악단과 행진 행렬이 창가를 지나가자 감정을 돋우는 음악이 나의 정서에 물리적 효과를 가해 눈물이 흘렀다. 나는 감정을 억눌렀을 뿐 극복하지는 못했던 것이다.

감정과 대립하는 것은 오직 감정뿐이다. 믿지 않는 동료들도 우리에게 필요한 감정이 자신감이라는 것에는 동의한다. 이 감정은 우리 자신이 사랑받고 있다고 느낄 때 새롭게 탄생하는데, 우리는 이것을 믿음이라고 부른다.

약자들은 자신감이 커져 갈 때, 자신을 점점 마비시키는 억압의 감정이 다시 나타나기 시작한다. "표현하지 않는 감정은 우울증을 만든다"는 한 영국인의 말이 기억난다. 사람들은 감정을 억제하고 배우자가 사망했을 때에도 울지 못하거나, 남모르는 실연을 당했을 때 그러한 감정을 마음에 담아 두면, 장애를 일으킨다는 것을 안다. 신경이 예민한 사람들은 자신의 예민한 성격을 부끄러워하며 이를 감추려다가 잘못된 반응으로 표현한다. 잘못된 반응의 표출로 일에 몰두하지만 이것은 자신의 예민함을 더 부끄러워하게 만들 뿐이다. 이렇게 악순환이 계속된다. 그들은 감정을 감추어야 한다고 배우며 성장했다. 그 때문에 지나치게 예민한 사람이 된다. 습진으로 고생한 한 여성이 나를 찾아온 적이 있다. 신앙 경험을 한 후 습진이 말끔히 사라졌는데 어느 날 갑자기 그것이 재발했다. 환자는 그 원인이 무엇인지 알았다는 편지를 보내 왔다. 그녀는 극심한 불의를 경험하였는데, 관대하게 보이려고 또는 나약하게 보이지 않으려고 분노를 억압했던 것이다. 그러나 그것은 진정한 자기희생이 아니라 억압이었고, 그렇게 스스로를 억압하여 내면의 갈등이 생기면서 습진이 재발했던 것이다.

억압된 감정이 잘못된 방법으로 표출되면, 화약통에 떨어진 불꽃처럼 종종 또 다른 강박증을 일으킨다. 사랑하는 아이들을 때린 것을 자책하던 한 어머니는 자신을 통제하려고 온갖 노력을 다했지만 그런 일이 다시 일어날지 모른다는 두려움에 항상 불안해했다. 만일 그녀가 전혀 다른 방식으로 분노를 해소할 출구를 찾지 못하면, 그녀는 아이들의 아주 작은 실수에도 다시 아이들을 때릴 수 있다.

약자는 자신이 저지른 실수나 계속 고집부렸던 것에 대해 비난받지 않는 상태로 자신을 괴롭게 하는 모든 짐에서 벗어나야 한다. 감수성이 예민한 한 여성이 "제 남편은 항상 저를 괴롭히기 때문에 이제 얼굴을 보는 것도 넌더리가 납니다"라고 말한다. 만일 우리가 남편을 사랑해야 한다고 말하면서 그녀를 꾸짖는다면 그녀는 자신이 오해받고 있다고 느낄 것이다. 그녀는 남편에게 자신의 사랑을 보여 주고 싶어 하기 때문이다. 그 여성이 남편에게 사랑을 표현하지 못하게 만들고 억압된 노여움을 표현하는 이유는 그 노여움에서 벗어나고 싶어서다. 지나치게 신경이 예민한 사람은 생각을 밝히기 위해서라기보다 자신의 감정을 발산하기 위해서 말을 한다. 그렇기 때문에 그들은 이미 말해서 더 이상 말할 필요가 없는 불평이나 노여움도 거듭 토로한다. 신경이 예민한 사람들은 자신의 감정이 모두 해결될 때까지 같은 일을 계속 반복한다는 사실을 이해할 필요가 있다. 말에는 두 가지 의미가 있다는 것을 깨달았을 때, 나는 그동안 실수를 많이 했던 이유를 알게 됐다. 누군가 자신의 의사를 표현하고자 할 때는 토론하는 것이 합당하다. 그가 제시한 의견에 대해 토론하지 않는 것은 그를 신중히 대하지 않는 것이기에 그렇다. 의견에 대해 토론하는 것은 효과적이며, 모든 관심사를 새롭게 조명해 준다. 그러나 감정을 표출하려고 말을 할 때는 토론이 아니라 경청이 필요하다. 감정을 표현하려고 할 때에 토론을 하게 되면 오해를 불러일으키게 되어, 감정을 표현하고 있는 사람은 아무도 자신을 이해하지 못한다는 느낌에 사로잡히게 되기 때문이다.

약자는 또 다른 이유로 마음속에 있는 것을 모두 털어놓아야 한다. 두려움은 이미 말한 대로, 끊임없는 고리처럼 연결되어 있다. 지나치게 예민한 사람은 가장 확실하게 의식하고 있는 두려움을 표현해야만 조금씩 마음 깊은 곳으로 들어가면서, 의식하지 않았던 훨씬 더 억압된 두려움을 발견하게 된다. 이들이 마음속 두려움을 표현할 용기를 얻기 위해서는 더 깊은 이해와 확신이 필요하다. 이들이 이런 방법으로 연결 고리를 거슬러 올라가다 보면, 자신의 삶에 두려움이 엄청나게 작용하고 있었음을 깨닫고 스스로 신앙의 문제로 들어서게 된다.

약자에게는 사랑이 필요하다. 이들은 사람들의 마음속에서 그리스도의 사랑과 그 증거들을 발견해야 한다. 그 순간 그동안 절망하고 있던 이들이 자신을 극복하는 승리를 얻고 절망의 속박에서 벗어나게 된다. 자명종 시계가 울리자마자 일어나거나 부모에게 자신의 속마음을 모두 털어놓을 용기를 갖게 되거나 자신이 미워한 사람에게 용서를 구하거나 배우자에게 몰래 졌던 빚에 대해 고백하는 등, 구체적인 첫 번째 승리는 헤아릴 수 없이 많은 결과물들을 가져온다. 이것은 전략적 상황이 바뀌어 교착 상태에 빠졌던 전쟁에서 다음 단계로 가는 문을 여는 것과 같다.

그러나 여기서 중요한 것은 그들에 대한 우리의 신앙과 사랑이 진실해야 한다는 것이다. 자신의 감정을 과장하거나 마음에서 우러나지 않은 말을 하거나 인위적인 친절을 보이는 것만큼 성공의 기회를 놓쳐 버리는 것도 없다. 친절이나 확신, 동정, 열정에는 두 가지 종류가 있다. 우선, 자발적으로 우러나는 것으로서 이것만이 효과가 있다. 이렇게 나온 행동은 우리가 영적으로 '잘 준비되어 있으면' 자연스럽게 꽃을 피운다. 두 번째는 사실은 그렇지 않으면서 그렇게 보이고 싶어서 꾸며 내는 경우다. 이는 마치 나무에서 꽃이 피는 것을 보게 될 것이라는 희망이 없어서 나무에 조화늘을 매달아 두는 것과 같다

4. 약한 반응

제5장

강한 반응

우리는 적극적인 반응을 강한 반응이라 불렀다. 이 현상은 심리적인 것뿐 아니라 신체와 감정과 상상력, 생각과 마음에 나타나는 전인적인 반응이다. 사람을 무기력하게 하고 생각을 굳어지게 하는 약한 반응과 달리, 강한 반응은 동기를 유발하고 상상력과 지성이라는 수문을 열어 마음속 상상과 흥미로운 생각, 적절한 논의의 물실을 엄청나게 내보낸다. 강자는 엽성 생활에서도 마음의 울림을 느낀다. 따라서 약자에게는 멀게만 느껴지고 도달할 수 없을 것 같은 사랑과 신앙이 강자에게는 쉽고 자연스러워 보인다.

강한 반응은 자동적이고 즉흥적이며 즉각적인 것으로, 모든 신체적·정신적 도전에 반응하는 타고난 기질이다. 세균, 유독성 음식, 과로로 신체에 적신호가 오면, 창크 박사가 생체방어 biophylaxis 표제에서 분류한 모든 기능[1]이 작동한다. 즉 생물학적 방어력이 증가하고 백혈구가 활동하며 혈관 운동 반응이 생기기 시작하고 신진대사가 더욱 활발해진다. 이와 유사하게, 다른 사람과의 갈등, 능력에 대한 시험, 막중한 책임 또는 누구나 경험하는 깊고 알 수 없는 불쾌감을 일으키는 생각의 연속(의식적이든 아니든)에 맞닥뜨리면, 강자의 정신적 방어력도 자극을 받는다. 그러면 안정시키는 생각이 떠오르면서 불안한 마음을 쫓아내고 용기가 두려움을 덮으면서 승리에 대한 자신감은 열정으로 바뀐다. 위기 상황을 타개해 나가는 데 필요한 말들이 입가에 맴돌며 자신을 해하려는 자에게 대항할 행동이 머릿속에 그려진다. 모든 태도에서 힘에 대한 의지가 두드러지게 나타난다.

사람의 인격은 다른 사람들과 부딪히면서 발달한다. 강자는 자신의 강한 반응으로 인해 다른 강자와 충돌하고 약자를 밀어내면서 수많은 갈등을 경험한다. 그러나 약한 반응이 순환하여 악화되는 것처럼, 강자의 분투와 모험은 자극제가 되어 강한 반응들을 더 증폭시킨다. 게다가 강자는 분투와 모험을 필요로 한다. 이들은 분투와 모험으로 얻게 되는 희열을 추구한다. 그리하여 약자만큼이나 내면에서 느끼는 강렬한 고통을 감춘다.

그러나 강한 반응은 저항 세력과 마주칠 때 간접적으로 갈등하기 때문에, 강한 반응을 단순한 호전성과 혼동하지 말아야 한다. 강자는 진정으로 평온을 원한다. 강자가 갈등하는 것은 자신의 잘못이 아니라 다른 사람들의 잘못이며, 강자가 원하는 것은 사람들과 원만한 관계를 맺는 것뿐이다. 그리고 누군가로부터 저항을 받지 않는 한, 모든 사람과 평화롭게 지낸다. 그들은 사람들과 싸우는 것이 아니라 사람들의 실수와 싸우는 것이라고 말한다. 이들은 상대편이 자신의 잘못을 인정하고 포기할 준비만 되어 있으면, 그에게 우정의 손을 내밀 만반의 준비를 하고 있다.

예를 들어, 며느리를 지독히 구박하면서도 사람들에게는 자기 며느리를 끔찍이 사랑하고 있다고 말하는 시어머니의 경우를 보자. 시어머니가 자신의 눈에 거슬리는 며느리의 행동을 심하게 나무라는 이유는 며느리와 아들을 사랑하고 또한 아들 내외가 행복해지기를 바라기 때문이다. "나는 내 아들을 잘 알고 있단다. 아들을 어떻게 대해야 하는지, 아들의 행복을 위해 무엇을 해야 하는지 잘 알고 있어. 그것이 너도 원하는 것 아니니? 그리고 너 역시 행복해질 수 있는 길이 아니겠니? 성장 과정에서 잘못 형성된 너의 이상하고 엉뚱한 습관을 남편에게 강요하지 말고, 내가 그를 대했던 것처럼 대하거라!"

강한 반응은 평화를 가져오기도 한다. 일에 대한 열정, 자제력, 미덕의 실천, 독창적인 상상력, 지성과 감성의 작용을 자극하기 때문이다. 그리고 이것들은 강자가 이제는 날 수 있는 날개를 잃어버렸다고 생각할 때 느끼는 불안을 잊을 수 있게 한다.

그렇기 때문에 정신 분석에서는 강자가 행하는 선하고 가치 있는 일, 고상한 행동, 관대한 노력들은 사실 약자를 지배하고 있는 것과 동일한 마음속 불안에 대한 보상 기제라고 말한다. 그러므로 이 행동들을 무시해서는 안 되며, 만일 자신과 다른 사람들을 이해하기 원한다면 이런 보상 기제를 아는 것은 유익한 일이다.

나는 이제야 학창 시절 나의 지적 활동은 무의식적인 열등감으로 인한 것임을 깨닫는다. 그때 당시 나는 인정하지 않았지만, 지독히도 외로웠고 사람들이 두려웠다. 그 당시 나는 생각을 정리하여 사람들 앞에서 또렷이 표현하고 방어하는 능력이 사회생활에 유리하게 작용할 수 있다는 것을 알았다. 그래서 다른 사람들에게 그토록 갈망하던 애정과 존경을 받았고 자신감이 생겼다. 나는 하루하루 최선을 다했다. 희곡을 쓰고 수학에 매달리고 법학을 공부하고 직접 장문의 연설을 해 보았으며 학생회 회장이 되기도 했고 적십자사와 교회를 위해 열심히 뛰었으며 의사 고시에도 당당히 합격했다.

그중 어느 것도 나만 알고 있는 열등감에서 벗어나게 하지는 못했지만, 그것을 감추는 데는 도움이 되었다. 마음속에서는 타협과 패배 의식이 계속 진행되고 있었지만, 어쨌든 조금이나마 그 열등감을 잊어버릴 수 있었다. 청년 시절의 열정이나 맹렬히 파고들었던 지적인 진리와 신앙의 진리를 이제 와 반박하지는 않겠다. 하지만 후에 영적 위기를 경험하면서, 내가 나의 실제 삶과 너무 유리되었던 교리들을 변호하는 데 쏟은 열정이 얼마나 인위적이었는지 느끼게 되었다. 그렇지만 이런 깨달음 때문에 확신이 흔들리지는 않았다. 오히려 그 확신들은 더 강하고 새로워졌고, 이론과 실제를 좀더 일치시킬 수 있게 해주었다.

하루는 한 여성이 나를 찾아왔는데, 그녀는 그때까지 스스로 매우 지적이라고 생각했고, 대학에서도 좋은 성적을 얻었다. 그녀는 인도 사상을 접하면서, 갑자기 내면의 삶에 완전히 새로운 빛을 밝혀 주는 종교적 경험을 하게 되었다. 이 빛을 통해 자신이 그동안 수많은 지식에 빠져들고 지적인 연구와 토론에 탐닉하면서 얻으려고 한 것이 결국은 자기 영혼이 갈구하던 종교적 향수에 대한 답이었음을 알게 되었다고 했다. 그것은 지적인 수준에서는 결코 찾아낼 수 없었던 해답이었다. 사실 그녀는 자신의 진정한 본성을 어떤 식으로든 거스르면서 차가운 지성인처럼 행동하는 것에 늘 불편한 감정을 느꼈다. 그러나 이제는 신앙 앞에 자신의 지성을 내려놓으면서, 진정한 마음의 평정을 얻었다고 덧붙였다.

우리가 하는 행동이 아무리 관대하고 유익한 것일지라도 그것이 열등감이나 억압된 문제에 대한 심리적인 보상 기제라면, 거기에는 항상 긴장과 비타협적인 태도와 과장이 침식해 들어온다. 그래서 나도 신학적 진리들을 알고자 하는 열정에 사로잡혔던 것이다. 나는 과거에 내가 택한 입장을 철저히 고수하면서 열정을 다해 논박했다. 그러나 어느 날 이 모든 것이 유익보다 갈등을 일으키고 그토록 열심을 낸 일이 실은 영적인 사역이 아니라 단지 종교 활동이었다는 사실을 깨달았다. 말하자면, 어느 정도 성공했다고 생각한 일들이 결국에는 모두 실패였음을 비로소 느낀 것이었다.

약한 반응에도 뭔가 유익한 점이 있을 수 있다는 사실을 염두에 두는 것과 마찬가지로, 여기에서 강한 반응을 매도할 의도는 없다. 다만 인간을 저해하는 강한 반응을 검토한 후에, 강한 반응을 하게 만드는 은밀한 동력을 밝히고자 한다.

첫째, 사람들에게는 '보상받고자 하는' 욕망이 있다. 집안의 말썽꾸러기들은 너무 엄격하게 양육 받은 것에 대해 보상을 요구하고 있는 것이다. 한 젊은 여성은 시도했던 모험이 환상으로 끝나 버리자, 이렇게 외쳤다. "저는 제 권리를 주장하는 것이라고 생각했지만, 사실 저는 제 환경에 저항하고 있었음을 깨달았습니다."

나는 종종 순종이라는 값비싼 행동을 한 뒤에, 그에 대한 일종의 보상으로 내가 생각하기에 별로 해롭지 않은 불순종에 빠져들곤 했다. 사춘기 시절, 어머니를 여읜 여성은 온갖 힘든 일을 마다하지 않고 동생들을 양육했지만, 정작 자기 자녀들에 대해서는 젊은 시절의 희생을 보상받으려고 양육에 거의 신경을 쓰지 않았다. 아내를 사랑하고 기꺼이 그녀가 원하지 않는 쾌락을 포기했던 한 남성은 이제 자신의 개성을 찾아가는 중이라고 하면서 다시 그것을 즐긴다. 하지만 미친 듯이 자신을 쾌락에 내던지는 그의 모습은 그것이 보복성 충동임을 여실히 드러낸다. 오랫동안 아버지의 지나친 간섭을 받고 자란 한 여성은 아버지의 의견이면 모두 받아들였지만, 이제는 기회만 있으면 아버지와 대립하며 앙갚음을 한다. 그리고 그녀는 다시 자신의 딸에게 자신의 생각을 강요한다. 마찬가지로, 어떤 연구를 해 보려는 강박에 사로잡혀 있는 한 남성은 과거 부모가 자신에게서 빼앗아 간 모든 것을 그 공부를 통해 보상받으려고 한다.

어떤 남성은 과거에 자신이 아내를 위해 희생했던 모든 일을 계속 상기시켜 아내를 끊임없이 괴롭히면서, 이제는 아내가 노예처럼 자신에게 순종하는 것으로 자신의 희생에 보답해 주기를 바란다. 이렇게 해서 우리는 두 번째 보상 심리, 이름하여 앙갚음이라는 것을 만나게 된다. 우리의 수많은 행동과 충동, 감정은 사실 우리가 인정하지 않았던 상처들에 대해 앙갚음하고 있는 것이다. 어떤 여성은 "저는 돈이라면 넌덜머리가 납니다. 그래서 전 돈에 맺힌 한을 풀려고 돈을 마구 써 버립니다"라고 말하는가 하면, 또 다른 여성은 "저는 모든 남자 앞에서 아버지와 오빠에게 복수라도 하는 것처럼 행동할 것입니다"라고 쓴 편지를 보내 왔다. 한 나약한 남편은 첫 남편에게서 받은 고통 때문에 자신에게도 바가지를 긁는 부인에게 시달렸다. 비슷한 예로, 어떤 부인은 그칠 줄 모르고 남편을 질투하고 의심하였는데, 실은 언젠가 연인으로부터 버림받은 기억 때문에 남편에게 앙갚음하고 있는 것이었다. 아무리 다짐을 해도 어머니와 갈등을 피할 수 없었던 한 남성은 이런 충동 이면에는, 과거에 어머니가 아버지에게 입힌 고통을 앙갚음하려는 욕구가 있음을 발견했다. 이런 병적인 충동들은 원한에 사무친 강박증이나 피해망상증으로 커질 수 있다. 하나님을 믿기를 거부하는 것도 많은 경우 하나님에 대한 분노를 나타내는데, 이들은 자신의 질병을 하나님 탓으로 돌리기도 한다.

이런 충동은 숭고한 투쟁처럼 보일 수 있다. 어머니를 여읜 한 소녀는 이후 아버지에게 집착했는데 아버지가 재혼하자 혹독한 고통에 시달려야 했다. 소녀는 아버지의 마음을 사로잡은 새어머니를 진심으로 용서했다고 믿었다. 그녀는 결코 천박한 질투심에 빠지지 않겠다고 말했다. 하지만 정의와 관련된 문제가 생겼을 때, 소녀의 아버지는 나약한 성품의 소유자여서 그녀가 새어머니에게 부당한 착취를 당하는 아버지를 구해 주어야 한다는 사명감을 느꼈다. 어떤 남자는 어린 시절, 독단적인 태도로 자신을 키웠던 아버지에 대한 앙갚음으로 관용과 양심의 자유를 부르짖는 사도가 되었다. 하지만 그 자신도 정통 교리에 대항해 자유주의를 지키는 방식에 있어서는 관용을 베풀지 못했다. 특이한 행동과 신랄한 표현으로 위선적 인습주의를 공격하던 어떤 사람은 이를 통해 자신이 성장한 억압적 환경에 앙갚음을 하고 있는 것이다. 그는 능수능란하게 율법을 반대하고 은혜를 주장했지만, 은혜를 알게 하는 율법을 정죄하는 것은 옳지 못하다. 그리고 그의 비판은 정당한 것이었을지 모르지만, 늘 상처를 입혔다. 어떤 남성은 공중도덕을 지켜야 한다고 열렬히 주장했다. 그는 젊은이들이 나쁜 길로 빠지지 못하게 막는 캠페인을 벌였는데,

이는 과거에 저질렀던 도덕적 타락이 수치스러워 스스로를 벌하기 위해 하는 것이었다.

여기서 우리는 공중도덕을 위반하는 행위를 가장 신랄하게 비판하는 사람들 안에는 깨끗하지 못한 양심이 숨어 있다고 밝혔던 바뤽 박사의 날카로운 지적[2]을 되짚어 보게 된다. 그는 억압 기제가 사회 정의 수호자에게 주는 역동적 에너지를 강조한다.

강한 반응의 가장 흔한 형태는 비판이다. 바뤽 박사의 책을 읽은 이후로 아무리 정당하다 해도 비판하는 마음이 들 때, 특히 다른 상황을 고려할 여지가 없을 정도로 비판하는 마음이 몰려올 때는 그 이유가 상처받은 자존심 때문이거나 비판하는 상대에 대한 나 자신의 깨끗하지 못한 양심을 감추기 위해서라는 것을 깨달았다. 피터 하워드Peter Howard가 어느 날 자신의 모든 생애를 바꾼 신앙 경험을 하게 되었던 것은 바로 이 사실을 깨달았을 때였다.[3] 그도 그때까지는 다른 기자들처럼 사람과 사회와 현 정부에 비판을 가했다. 그러나 어느 날, 함께 점심 식사를 하던 동료에게 자신의 비판 능력을 보여 주고 있을 때, 그 동료가 갑자기 끼어들었다. "아시다시피, 비판 그 자체는 좋은 것이 아닙니다. 바보라도 비판은 할 수 있는 것이고 대부분의 바보가 비판을 하지요." 그는 하워드에게 덧붙여 말했다. "저는 자신이 비판한 것을 고쳐 나갈 수 있는 사람이 진취적인 사람이라고 생각합니다. 모든 사람은 세상이 달라져야 한다고 말하지만 어떻게 해야 달라지는지 아는 사람은 소수에 불과합니다."

강한 반응 중에는 마음에 의심이 **있음에도 불구하고** 나약하게 보이는 것이 두려워, 어떻게 해서든 자신의 입장을 고수하려는 완고함, 고집, 냉혹한 다짐도 있다. '의심이 있음에도 불구하고'가 아니라 '의심이 있기 때문에'라고 말해야 할지도 모르겠다. 나는 저서 「현대 생활의 부조화」 *Désharmonie de la vie moderne* 에서, 마이데 박사가 제시한 반항 신경증 사례[4]를 인용한 적이 있다. 반항 신경증은 아버지와 교사, 교장, 심지어 의사인 마이데 박사에게까지 반항하는 청소년기 소년에게서 나타난 사례다. 그는 소년의 반항 이면에 숨기고 싶은 불안한 양심이 자리하고 있음을 밝힐 수 있었다. 나는 개인이나 국가에 대한 냉소적이고 반항적이며 극단적인 태도가 얼마나 많은 경우 이런 보상 기제로 인한 것인지 지적하였다. 내가 아는 한 남자는 지성과 교양을 겸비하고 감수성이 예민한 사람이었는데, 그가 지나칠 정도의 열정과 확신을 가지고 극단적으로 정치적 입장을 폈던 것은 매사에 주저하는 자신의 소심한 성격과 벗어나고 싶은 부르주아적 근성 때문이었다.

그러나 거친 혁명가들만 이런 보상 기제를 사용하는 것은 아니다. 굳이 표현하자면 식자층의 점잖은 토론장에서뿐만 아니라 비단옷을 차려입은 여성들이 모여 있는 거실에서도 이런 보상 기제가 작용한다. 과학자들은 자기 이론에 반박할 만한 것이 있다는 것을 잘 알면 알수록 그 이론을 더 확신에 차서 설명한다. 사교계의 여성은 자신의 문학적 소양이 부족하다고 느끼면 느낄수록, 책을 대충 읽었으면 읽었을수록 최신 서적에 대한 의견을 더욱 자신 있게 피력한다. 열등감으로 가득 차 있던 한 여성이 기억난다. 그 여성은 사교계에서 만난 친구들에게 할 말을 만들기 위해 책을 읽어야 했다고 털어놓았다. 사실 우리도 어느 정도는 그러고 있기 때문에 그것을 비웃어서는 안 된다. 우리는 모두 자신이 느끼는 대로 생각과 신념을 표현할 만큼 솔직하고 개방적으로 대화하는 것을 어려워한다. 그리고 우리의 모습이 있는 그대로 진지하게 받아들여지지 않거나, 충분한 권위가 없어 보이는 것도 두려워한다. 그렇기 때문에 대화에서 돋보이는 존재가 되기 위해 이 과학자, 저 작가의 말을 그대로 인용하거나, 대학이 제공하는 익명의 자료들, 신문 기사, 평소에 주워들은 이야기를 들먹이며 다른 사람들에게 의견을 호소한다. 우리가 이렇게 수박 겉 핥기 식의 지식을 과시하는 것은 우리의 문화 생활에 도움이 될 뿐 아니라, 다른 사람들에게 깊은 인상을 주기 위함이다. 우리 삶에 서광을 비추는 사건이나 중요한 인물을 만났던 때를 넌지시 언급하는 것도 우리의 어깨에 힘이 들어가게 한다.

이것은 매우 재빠르게 기만의 경계를 넘나드는 미끄러운 비탈길과 같으며, 한 번 들어서면 걷잡을 수 없을 정도로 점점 더 깊이 빠지게 되는 곳이다. 물론 최고의 기만은 우리가 기만하는 사람들의 감정을 해치지 않고 계속 공손한 태도를 보이면서도 지혜롭게 사회적 성공을 얻어 내는 것이다.

피터 하워드는 내가 인용한 책에서, 비버브룩 경 밑에서 기자 생활을 시작할 즈음에 상사에게서 받은 재미있는 충고를 전한다.[5] "피터, 사람들의 등에 아첨이라는 부드러운 오일을 바르게. 그러면 자네는 사람들이 아무리 그것을 싫다고 해도, 사실은 절대 지나치지 않다는 것을 알게 될 걸세." 상사가 알려 준 방법은 성공적이었다. 그는 양차 세계대전 사이에 모든 사람이 성공을 추구하고 있던 사회 전체의 모습을 생동감 있게 묘사했다. "저의 목표는 성공이었습니다. 저는 권력으로 그것을 얻고자 했습니다. 돈을 통해서도 성공을 얻으려고 했습니다.…저와 같은 젊은이 대부분이 자신과 가족과 나라를 위해 해야 할 첫 번째 임무는 바로 세상에서 출세하는 것이었습니다. 저는 늘 이기적인 욕심만 가지고 남을 위협하고 목 조르며 자기가 더 많이 갖겠다고 으르렁거리는 수백만의 사람들이 만들어 내는 나라는 과연 어떠한 모습일까 생각하였습니다."

강한 반응을 보이는 모든 자들은 성공을 절대적인 목적으로 삼는다. 그러므로 성공을 이루기 위해서는 자신이 신체적·정신적·지적으로 심지어 영적으로도 강하다는 것을 보여 주어야 한다. 현대인들이 스포츠와 신체적인 문화에 지나칠 정도로 몰두하거나 신체의 활기를 돋우는 데 열렬히 몰두하는 것은 어떤 점에서는 체력이 보장해 주는 성공을 목표로 삼기 때문이다. 여기에는 건강이 절대선이며 아플 때는 어떤 대가를 치러서라도 건강을 회복해야 한다는 오늘날 만연해 있는 사고가 깔려 있다. 여기에서 노예해방론자 집회^{Abolitionist Congress}에서 비오^{Biot} 박사가 제기한 통찰력 있는 표현을 적용하는 것이 타당하다. "건강보다 먼저 도덕성을."

허영으로 나타나는 모든 현상도 강한 반응이다. 여성뿐만 아니라 남성에게도 있는 멋부림 같은 것 말이다. 심리학자들은 이들 넥타이나 화려한 손수건을 선택하는 것, 머리 손질에 지나치게 신경을 쓰거나 유행이라면 사족을 못 쓰는 행동을 열등감에 대한 보상 행위로 본다. 물론 나는 모든 멋부림, 특히 여성에게 정당한 본능이라 할 수 있는 멋부림을 비난하려는 것은 아니다. 그러나 이런 관심이 강박적인 성격을 띠거나 그것의 노예가 되는 순간, 사람은 더 이상 자존감에서 나오는 행동을 하지 못하고 강한 반응에 빠진다.

이와 반대로, 격식에 맞지 않는 독특한 의복, 부주의하고 자유분방한 기질, 불순종의 태도, 외모나 청결함에 대한 무관심 등이 도덕적 우월감의 표지로 나타나기도 한다. 하지만 이것 역시 강한 반응의 보상 기제에 지나지 않는다.

허세를 부리는 것도 마찬가지다. 너무 오랫동안 약한 반응에 굴복했고, 그것으로 얻은 것은 불이익뿐이었다는 것을 이제야 깨달은 여성에게서 편지를 받은 적이 있다. "며칠 전 저는 어릴 적 친구와 함께 시간을 보냈습니다. 그 친구는 스포츠를 열렬히 즐기고 건전한 개인주의자며, 배우자가 아닌 남자와 관계를 가지는 것에도 매우 개방적입니다. 그녀는 모든 사람으로부터 비난을 받지만 사람들의 말에 거의 개의치 않더군요. 그 친구와 함께 있으면서 저는 이상하게 행복하다는 감정을 느꼈습니다. 그리고 문득 제가 다른 사람의 말에 신경 쓰지 않고 매사에 대담하며 편견에 구애받지 않고 일상에서 벗어나 뭔가 대단한 일을 할 수 있는 여성들을 좋아한다는 것을 깨달았습니다. 그리고 할 수만 있다면 저도 그들처럼 되고 싶었습니다. 사람들에게 제 의견을 고집하고 두려움 없이 다른 사람의 말을 거절하고 싶습니다"라는 내용이었다. 강한 반응과 약한 반응 사이의 차이를 좀더 명확하게 설명하기는 어렵다. 편지를 보낸 여인은 쉽게 약한 반응에 빠져들기 때문에 강한 반응을 열렬히 원하지만, 사실 그녀의 친구 역시 그녀의 생각과 별반 다르지 않았다. 다른 사람의 말에 신경 쓰지 않는 친구의 태도는 고통과 불안을 감추고 있는 가면에 불과한 것이기 때문이다.

강한 반응은 분노로 나타나기도 한다. 테이블 위에서 주먹을 불끈 쥐거나 문을 세게 닫는 행위, 시끄러운 감정 폭발, 상대방의 약점을 건드리려고 솔직하지 못한 말을 하는 것, 변덕스러운 행동, 히스테리의 발작 등이 여기에 포함된다. 어떤 환자는 아들이 잘못을 저질렀을 때, 아들이 자기 잘못을 시인하게 하려 했지만 아들이 완강하게 거부했던 일을 이야기했다. 그때 갑자기 아들은 테이블 위에 있던 꽃 몇 송이를 낚아채더니 그것들을 갈기갈기 찢었다고 한다. 강한 반응을 보인 것이다. 그의 어머니가 "왜 그러는 거니?"라고 묻자, 아들은 "꽃들이 저를 쳐다보고 있어서요"라고 대답했다.

물론, 이런 난폭한 반응은 무의식적인 요인에 의해 생길 때가 많다. 그러나 이처럼 신경증적 반응을 보이며 위협하는 것은 가족의 한 사람이 다른 구성원들에게 자신의 바람을 강요하는 수단이 될 수도 있다. 물론 이런 반응은 소리 없이 나타나기도 한다. 한 어머니는 딸에게 자신에게 상처를 주면 안 된다고 끔찍한 두려움을 심어 딸을 노예처럼 순종하도록 만들었다.

이때, 지독한 악순환이 빠르게 형성된다. 사람들은 평화를 위해 이들의 모든 변덕스런 행위에 굴복하면서 점점 이들이 보이는 반응의 노예가 되기 때문이다.

방금 언급한 내용에 대해 주의할 말을 덧붙여야겠다. 독자 중에 신경증적인 행위를 해서 다른 구성원을 힘들게 하는 사람을 마음으로 비난하면서 그 사람에게 은근한 승리의 태도를 보이는 사람이 있지 않을까 하는 노파심이 든다. 아픈 사람이 스스로를 통제할 수 있다고 생각해서는 안 될 것이다. 이웃을 판단하기에 앞서 자신의 문제를 살펴보아야 한다.

강한 반응에는 수다, 뛰어난 언변, 발랄함도 포함된다. 그리고 신중한 침묵이나 이해할 수 없는 신비스러운 태도를 보이는 것도 포함된다. 강한 반응은 유머와 재치 있는 행동으로도 나타나, 난처한 상황에 지혜롭게 대처할 수 있게 한다. 여기서 내가 지적하는 것은 선한 의미의 유머와 자연스럽게 나오는 재치가 아니라, 방어와 공격의 무기로 사용되는 냉소적이고 인위적인 재치를 말한다. 르네 라크루와^{René Lacroix} 박사는 「인간의 문화」^{Culture humaine}에 쓴 글[6]에서 '긍정적인' 웃음과 '부정적인' 웃음을 신중히 분석함으로써, 유머에 대해 예리한 분석을 하고 있다.

다른 모든 영역에서도 분명 이와 같은 구분을 할 수 있다. 우리의 특성은 신체적이든 정신적이든 숨은 동기 없는 즉각적 반응인 경우 긍정적인 형태로 나타나지만, 인생의 전투에서 이기기 위해 조금이라도 의식적으로 사용하는 도구가 될 때는 부정적인 형태를 취하게 된다. 우리의 도덕적 자질이나 신앙 간증 및 신앙 고백도 다른 사람들에게 좀더 영향력을 행사하려는 수단으로 사용될 수 있다.

진정한 권위는 권위주의와는 정반대다. 오늘 나는 삶에서 당면한 문제로 혼란스러워하는 어느 수줍음 많은 여성으로부터 어린 시절 이야기를 들었다. 그녀는 어린 시절 중학교 진학을 위해 시골에서 도시로 올라왔다. 배움에 굶주려 있던 그녀는 지식을 탐구하는 재미에 빠져 정신없이 책을 파고들었다. 첫 수업에서, 선생님이 지구는 두 가지 운동이 아니라 일곱 가지 운동을 한다고 말하자 맥박이 점점 빨라졌다. 어린 소녀는 과감하게 손을 들고 나머지 다섯 가지 운동이 무엇인지 물었다. 하지만 이 질문에 선생님은 당황했고, 다섯 가지를 기억해 내지 못해 학생들 앞에서 쩔쩔매는 모습을 보이고 말았다. 소녀는 수업 중 무례한 질문을 한 것에 대한 벌로 다음 토요일 오후에도 학교에 남아 있어야 했고, 집에 돌아와서는 학교에서 버릇없이 행동했다며 아버지로부터 또 한 번 꾸중을 들어야 했다.

이런 일은 사람들이 생각하는 것보다 훨씬 자주 일어나지만, 강한 반응을 그럴듯하게 감추어 단점을 들키지 않는 경우도 많다. 심지어는 가족들 앞에서도 가면을 쓴다. 우리는 스스로 만들었거나 다른 사람들이 만들어 낸 그럴듯해 보이는 외양을 그대로 유지하기 위해, 갖가지 방법으로 분투하며 우리가 하고 싶은 역할을 해 보려고 온갖 노력을 기울인다. 가면을 내리고 그 속에 감춘 약점을 인정하는 것은 너무 수치스러운 일이기 때문에 성령의 기적 없이는 누구도 그렇게 하지 못한다.

더욱이 우리는 숨바꼭질이라는 게임으로 서로를 돕기도 한다. 이것이 바로 사회생활이다. 우리는 다른 사람들이 자신의 가면을 벗길까 두려워 다른 이들의 가면도 신중하게 다룬다. 이는 한 조그마한 아이가 아주 가느다란 나무 줄기 뒤에 숨고 재밌어하고 있을 때, 우리도 그 아이를 못 본 체하고 어디에 있는지 모르는 것처럼 가장하며 게임을 하는 것과 같다. 베르그송Bergson이 말한 것처럼, "악은 매우 잘 가려져 있고 비밀은 누구나 간직하고 있기 때문에, 우리는 모든 사람에게 속게 된다. 그래서 우리는 아무리 다른 사람들을 엄격하게 판단한다 해도, 마음으로는 그들이 나보다 더 낫다고 생각한다."[7]

가족이나 단체, 회사나 나라에서 벌어지는 횡포를 가까이에서 살펴보면, 거기에는 반드시 복잡한 연관성이 있다는 사실을 알 수 있다. 의사들은 무수히 많은 가정의 일들을 보기 때문에 정치에서 일어나는 일에 대해서도 놀라지 않는다. 프랭크 부크만Frank Buchman 박사는 "당신의 가정이 민주적인지 독재적인지 자문해 보시오"[8]라고 말한다. 그는 대부분의 가정이 독재적인 분위기라는 사실과, 자유 민주주의 이상을 진심으로 존중하는 정치가도 가정에서는 독재자처럼 행동한다는 사실을 이미 관찰한 바 있다. 에밀 쿠에는 "두 사람이 함께 살면, 소위 상호 양보는 거의 늘 한 사람에게서 나타난다"고 말한다.

어떤 남편은 아내에게 자신의 부정을 눈감아 줄 뿐만 아니라, 정부를 집으로 데려오면 친절하게 맞아줄 것까지 은근히 기대함으로써 아내를 완전히 절망에 빠뜨렸다. 그는 내게 자기 아내가 자기 계획에 잘 따라 주기만 한다면 모든 것이 잘될 것이라고 털어놓았다. 그리고 아내가 바가지를 긁는 이유가 신경증 때문이라고 생각하고 내게 아내를 치료해 달라고 부탁하기까지 했다. 어떤 부인은 남편이 술집에서 꽤 많은 시간을 보내고 있다는 것에 매우 당황했다. 그런데 사실 아내는 남편에게 친정에서 함께 살 것과 친정 부모님과 한자리에서 식사하고 사업을 거들며, 심지어 일요일마다 그들의 산책에 동행할 것을 강요하고 있었다.

그러나 가장 위험한 것은 종교적 횡포다. 자기만 성령을 소유했다고 주장하는 어느 광신도 때문에 인생 전부를 망친 여인이 기억난다. 그 광신도는 자신은 의식하지 못했지만 다른 사람들을 자기 손아귀에 넣고 흔들고자 했다. 그는 하나님의 벌이 임할 것이라고 위협하며 그녀를 공포에 몰아넣었다. 그녀는 직관적으로 여기에서 피하는 것이 구원받을 수 있는 유일한 길이라고 느졌지만, 광신도는 압도적인 권위로 모든 것을 포기하고 자신과 함께 있는 것이 하나님의 뜻이라고 그녀를 안심시켰다.

이것은 누구나 빠질 수 있는 영적 도착증의 정도를 과장한 이야기일 뿐이다. 나는 거기에서 완전히 벗어날 수 있는 사람은 아무도 없다고 생각한다. 한 사람을 회심시키고자 하는 열정이 아무리 진실해도, 우리는 얼마든지 그의 삶에 예언자처럼 굴거나 그를 자기 마음대로 할 수 있다는 교활한 만족감에 빠질 수 있다. 한 사람이 다른 한 사람을 구원할 때, 둘 중 약한 사람은 우리가 생각하는 그런 사람이 아닐 수 있다. 그리고 의견의 차이가 있을 때, 하나님은 내 편이라고 말하고 싶은 유혹은 또 얼마나 대단한가? 스스로 하나님의 뜻을 해석하는 사람이라고 주장하면서 자기의 힘을 강화시키려는 것은 강한 반응의 일종이다. 이것은 또한 은닉 반응이라고도 할 수 있다. 하나님의 뜻이 무엇인지 분명하게 알 수 없거나, 진심으로 믿는다 하면서도 마음 깊은 곳으로 불신이 생길 때, 우리는 심한 영적 불안에 빠지게 된다. 그때 다른 사람들이 하나님의 말씀으로 다가오는 것은 우리에게 상당한 위안이 된다.

자칭 믿는다 하는 배우자나 부모는 자기 아내나 남편, 또는 자녀에게 신앙을 전하고 싶은 욕구가 상당히 강하다. 이들의 동기는 언제나 순수하고 거짓이 없다. 그럼에도 불구하고 이들이 반대에 부딪히는 것은 믿지 않는 사람들 편에서 일종의 방어 기제가 발동하기 때문이다. 자신이 믿겠다고 나서면 그들에게 완전히 굴복하게 될 것이라는 두려움을 느끼기 때문이다. 나는 이들로부터 솔직한 고백을 들을 수 있었다. "만일 제 남편이 회심했다면, 분명 제게 더 친절했을 거예요. 그리고 제 마음에 상처 주는 나쁜 습관도 버렸겠죠." 신앙에 관심이 있고 나름대로 신앙 고백을 한 남편들 중에는 친구들이나 영적 지도자들과는 신앙 문제를 나누지만, 신앙심 깊은 아내는 자신의 신앙생활을 간섭할 수 있기 때문에 가급적 그런 문제들을 나누지 않으려는 사람들이 종종 있다. 이는 부모가 그들의 기대나 신학적 입장에 더욱 순종하라고 강요할까 봐 두려워, 신앙생활을 회피하려는 청소년들에게서도 자주 나타난다.

이와 같이 사람들의 회심을 방해하는 것은 그들과 가까이 지내는 사람들로, 이미 회심을 경험한 신앙심 깊은 사람들인 경우가 있다. 어떤 종파에서는 한 사람이 주변의 모든 사람의 영적 양육을 전부 담당하면서 그 한 사람의 신앙을 전부 받아들이게 한다.

어느 날, 한 상냥한 여인이 사랑으로 돌보았지만 도덕적으로 전혀 감화시키지 못한 어린 고아 소녀를 내게 데리고 왔다. 소녀는 부모의 죽음과 여러 가지 불행을 겪으면서 매우 반항적인 성격이 되었고 모든 권위를 불신하고 방어적인 태도를 취하였다. 나 역시 많은 노력을 해 보았지만 소용이 없었다. 한 시간을 함께 보냈지만 소녀의 불만을 깨뜨릴 수 없었다. 아무리 질문을 해도 나오는 대답이라고는 간단한 단음절의 대답뿐이었다. 소녀에게는 나 역시 자신이 거부하던 또 하나의 도덕적 권위자에 불과했던 것이다. 그 후 2년 동안 그 소녀에 대한 소식을 전혀 듣지 못하다가, 어느 날 우연히 소녀를 다시 만나게 되었다. 이번에는 그 소녀가 먼저 예전에 고집스럽게 말하지 않았던 것을 사과하면서 마음을 열었고, 우리는 매우 유익한 대화를 많이 나누었다.

우리는 가끔 유용한 충고를 해줄 수는 있지만, 그 누구도 하나님의 은혜를 체험하도록 이끌지는 못한다. 나는 단 한 번 만난 적이 있는 여인을 기억한다. 진찰을 한 후에 그렇게 따뜻한 감사의 인사를 받는 것은 정말 흔치 않은 일이었다. 그 여인은 완전히 달라져서 돌아가게 되었다고 말했다. 하지만 그녀는 몇 개월 동안의 고심 끝에 나를 찾아오기로 한 것이어서, 그 결정이 이미 완전한 승리의 징표였다. 그녀가 나를 찾아오기 전부터 이미 마음속에서는 영적인 사건이 은밀히 진행되고 있었기 때문에, 사실 나는 그녀의 승리와 아무런 상관이 없다.

하나님이 인간의 마음에 감동을 주기 위해 사용하시는 수단과 사람을 인도하시는 통로, 인생에 개입하시는 순간은 누구도 예견할 수 없다. 이것은 가장 행복한 순간에 일어날 수도, 고통스러운 위기의 순간에 일어날 수도 있다. 열렬한 신앙 공동체 속에서 일어날 수도 있고, 혼자 외로이 있을 때에 일어날 수도 있다. 서서히 변해 가는 과정에서 일어날 수도 있고, 갑자기 예기치 않은 때에 일어날 수도 있다. 크레테에 주둔한 영국 공군에 복무했던 에드워드 하웰Edward Howell은 심한 부상을 당해 포로가 된 채 그리스로 이송되던 날 뜬눈으로 밤을 새우게 되었다. 그런데 그 누구도 그런 체험을 하리라고 예측할 수 없던 바로 그 순간, 하나님이 갑자기 자신의 절망 가운데로 들어오셨다고 고백했다.[9] 그는 문득 마음속에 아주 간단한 질문이 떠올랐다고 한다. "만일 하나님이 계시다면 어떻게 될까? 누가 나를 달라지게 할 수 있을까? 누가 나를 자유케 할 수 있을까? 누가 나를 집으로 데려갈 수 있을까? 아니면 누가 내게 집을 가져다줄 수 있을까? 그 순간 하나님이 내게 말씀하셨다.…그 후 나의 마음은 완전히 평안해졌고 안정을 되찾았다. 이제 나는 인생의 비밀을 알았다는 믿음으로 확신과 안정을 얻었다." 그때 그는 하나님이 주신 영감을 한 걸음씩 따르면서 기적적으로 탈출에 성공했다.

억압은 모든 영적인 삶을 부정한다. 우리는 우리의 체험과 확신을 이야기하며 다른 사람들을 도울 수 있다. 하지만 그뿐 아니라 우리의 실패와 의심에 대해서도 솔직하게 말할 수 있어야 한다. 무엇보다 우리는 다른 사람들도 우리와 동일한 방법으로 신앙생활을 해야 한다고 생각하게 만드는 자연적 경향을 주의해야 한다. 다른 이들에게 강압적인 방법을 사용하는 것은 그들에게 해를 끼친다. 억압은 결정을 강요하여 우리가 하나님의 자리를 대신 차지하는 일일 뿐 아니라, 반감을 불러일으켜 다른 이들의 믿음을 방해하는 것이다.

개종이라는 미묘하면서도 강한 반응 뒤에는 진리를 모르거나 여전히 죄 가운데 살고 있는 사람들을 경멸하는 일종의 우월감이 숨어 있다. 그래서 그들에게 어떤 신자들은 "저런!"이라고 말한다. 여기에서 우리는 다시 바룩 박사가 기술한 현상들[10]을 살펴보아야 한다. 믿지 않는 남편이 외도하지는 않을까 항상 의심의 눈초리로 쳐다보며 남편을 괴롭히던 한 여인이 있었다. 그러나 나는 사실 그녀가 외도하고 싶은 욕구에 사로잡혀 있다는 것을 알 수 있었다. 그녀는 그런 욕구를 느끼는 것이 너무 부끄러운 나머지, 욕구를 억누르고, 자신에게 아무 흠이 없는 것처럼 생각하기 위해 남편을 변덕스럽게 여기고 자기 죄책감을 오히려 남편에게 투사하고 있었다.

한 남성은 양심의 가책을 받아 이중 생활을 청산하고, 자신의 과거를 아내에게 털어놓기로 했다. 그의 고백은 부부의 결혼 생활을 회복하고 아내가 간절히 바라던 진정한 영적 연합을 시작할 수 있도록 하나님이 주신 기회였다. 하지만 아내는 점점 남편을 경멸하며 자신을 속인 남편과 함께 기도하기를 거부하고, 남편의 마음의 변화가 과연 신실한지를 의심하는 등 남편이 고백한 잘못들을 계속해서 들추면서 모욕했다.

이제 성경에서 말하는 소위 '의인'의 반응이라 하는 강한 반응을 살펴보자. 나는 전혀 거리낌 없이 "저는 절대로 거짓말을 해 본 적이 없어요", "저는 아무것도 두렵지 않아요", "하나님께 제 인생을 맡긴 후로 아무 문제가 없답니다", "우리 가족들은 비밀이

없어요. 항상 솔직하게 털어놓죠"라고 단호히 말하는 사람들을 많이 보았다. 어떤 그리스도인들도 다음과 같은 말들을 한다. "진정한 그리스도인은 더 이상 죄를 짓지 않습니다." "제가 사람들에게 저의 죄를 털어놓으면 '당신 같은 사람도 거짓말을 하나요? 못 믿겠군요'라고 하며 제 말을 전혀 믿으려 하지 않습니다."

물론 이들은 신실한 사람들이다. 그러나 진정한 인간적 만남은 불가능하다. 이들은 약자가 회심하고자 할 때 그들을 억압한다. 약자는 자신의 약점을 뼈저리게 의식하며, 자신이 약하기 때문에 완전하라는 요구가 마음 깊이 박힌다. 어떤 사람들은 이런 말을 하기도 한다. "저는 절대 그리스도인이 될 수 없어요. 저는 저 사람들처럼 죄짓지 않고는 못 사는 사람입니다." 이들을 가르치는 사람들보다 이들이 그리스도와 더 가깝다는 증거는 성경을 잠깐만 펼쳐 봐도 찾을 수 있다.

그러나 나는 그리스도인들이 자진해서 지키려고 하는 도덕적 금욕 속에 숭고함이 있다는 것을 부인하지 않는다. 이런 사람들은 술 마시고 담배 피우고 도박하고 극장에 가고 춤추는 것을 하지 않는다. 그리고 이들은 불행히도 나라면 절대 도달할 수 없는 종교적인 규율을 지키려고 한다. 사실 이 모든 것은 하나님에 대한 사랑 때문에 하는 것이므로 그들 눈에는 매우 중요한 일이다. 그렇기 때문에 내가 그들에게 돌을 던진다면, 나는 분명 바리새인이 되고 말 것이다.

사실 문제는 매우 복잡하다. 하지만 이 책에서는 심리학적 입장에서만 살펴보고자 한다. 도덕적 완전함은 엄격한 규율을 지키고 있다는 자부심으로 확신을 갖거나, 덕망 있는 사람이라는 명성으로 다른 사람들에게 강한 인상을 남기려는 수단이라는 점에서, 종종 강한 반응처럼 보인다.

그러나 한편 내게서 매일 발견하는 죄를 이 책에 다 고백해 놓는다면 독자들에게 신실하다는 인상을 남기고 싶은 내 욕구는 자연히 감추어질 것임을 잘 알고 있다.

아무리 그렇다 해도, 겉으로 보이기 위한 미덕은 위험하다. 이것은 인간을 자유롭게 해주기보다는 억압하고, 이로써 인간은 계속 명성이라는 감옥에 갇힌다. 우리는 가끔 아무 결점이 없는 천사라는 명성을 듣는 환자들을 만난다. 하지만 이들은 자신의 불안을 감추기 위해 성자의 갑옷을 입고 있는 자신을 저주스럽게 여긴다. 모든 사람이 이들을 떠받들고 강하다고 생각하지만, 나와의 깊은 만남을 통해 그들은 자신이 얼마나 나약하다고 느끼는지 눈물로 고백한다.

이것은 최고의 강한 반응이라 할 수 있는 용기 있다는 평판을 듣는 경우도 마찬가지다. 악순환은 여기에도 존재한다. 어느 대담한 남성이 있었는데, 아무도 그를 약한 사람이라고 생각하지 않았다. 모든 사람이 그를 의지하고 항상 앞에 나서도록 내몰았을 뿐 아니라, 자기들을 대신해 나가 싸우게 했다. 하지만 아무도 그 역시 패배할지 모른다는 두려움과 염려에 짓눌려 있다는 것을 받아들이지 않았다.

여기서 우리는 다시 일반화를 경계해야 한다. 우리의 현 교육 제도 안에서는 용기를 계발하기 어렵다. 모든 강한 반응을 비난하려는 것도 아니다. 사람은 강하게 반응하지 않으면 약하게 반응하기 마련이고, 그 둘 사이의 우열은 존재하지 않는다. 중요한 것은 우리가 누구의 노예도 되어서는 안 된다는 것이며 성령을 통해 자유함을 얻어야 한다는 것이다.

이것은 다른 모든 자질에서도 마찬가지다. 힘든 일에 열심을 내는 것은 매우 훌륭한 일이다. 하지만 어떤 소녀의 경우 학급에서 일등을 하겠다는 강한 결심은 자신의 성적 본능과 잦은 성적 타락으로 인한 비밀스러운 고통에 강하게 반응하는 것에 불과했다. 나중에 소녀는 가장 좋은 성적을 거두고 나서, 아무리 힘들게 노력을 기울여도 불안한 심정은 여전히 남아 있음을 알게 되었다고 말했다. 한 남성은 인생에서 성공하기 위해 모든 정열을 쏟았다. 오직 직장에서의 성공에만 몰두했던 그는 이런 혹독한 충동의 원인이 어릴 적 자신을 아무 쓸모없다고 생각한 가족들에게 자신을 새롭게 인식시키고 싶은 은밀한 욕망에 있었음을 인식하게 되었다. 그러나 어떤 사람은 수년 동안 자신의 유일한 야망이었던 중직을 맡게 되자, 곧 병이 들고 말았다. 어느 병약한 학생은 매우 성실히 공부하여 모든 상을 독차지하였지만, 각고의 노력은 사실 신체적 열등감에 대한 강한 반응이었다. 졸업 시험에 통과하자, 그는 일상생활조차 견디기 힘들었다고 고백했다. 비범한 업무 능력을 가지고 있어서 모든 이를 놀라게 했던 한 남성은 사실 성적 무능력을 보상하려는 것이었음을 털어놓았다.

이상주의도 마찬가지다. 마이데 박사는 "살아 있는 믿음은 사물을 현실적인 눈으로 보지만, 이상주의자는 자신을 속이기 쉽다"고 말한다. 사실 우리는 자주 공격적이고 단호한 이상주의를 경험한다. 이상주의는 하나의 강한 반응이자, 문제와 어려움을 겪을 때 현실을 먼발치에서 바라보게 하는 수단이다. 이런 이상주의는 직장이나 결혼 생활에 재난을 몰고 온다. 어떤 사람은 순진하게도 위험을 무릅쓰고 경제 활동에 뛰어들기도 한다. 그는 내재해 있던 위험을 인식하지 못하고, 빚더미에 오를수록 기적이 일어나 자신을 구해 줄 것이라고 쉽게 상상하고, 상황이 심각하다는 것을 인정하려고도 하지 않는다. 어떤 사람은 자신과 결혼한 여인이 이 세상에서 가장 완벽한 사람이라고 생각했지만, 그들 사이에 어려움이 발생하자 그것에 대해 미처 준비하지 못해 그 어려움들을 해결하지 못했다.

마지막으로, 이상주의적 동정심으로 알코올 중독자, 성적 콤플렉스가 있는 자, 빚에 시달리거나 의지력이 약한 남자를 구출하겠다고 결혼하는 여성들이 많다. 하지만 이런 여성들은 사랑으로 기적을 이룰 것이라고 단순하게 생각하면서 어려움들을 그다지 중요하게 여기지 않았기 때문에, 계속해서 밀려오는 난관에 부딪힌다.

친절도 마찬가지다. 값비싼 선물을 주거나 위험하고 부당한 대출을 받거나 지나치게 믿고 보증을 서 주고 과잉 친절을 베푸는 행위는 앞에서 밝힌 대로 약한 반응일 수 있다. 그러나 이러한 행위들은 돈을 통해 힘을 얻으려는 욕망이 자극을 받아 나타난 강한 반응일 수도 있다. 한 여성은 큰 어려움을 겪고 있는 친구에게 진심어린 동정심이 생겨서, 얼마 후 친구에게 과도하게 비싼 선물을 억지로 준 것이 좋지 않은 결과를 낳았다. 말하자면, 그 선물은 우정을 지키고 싶은 강박적인 욕구의 표현이었던 것이다. 이런 친절은 은혜를 받는 사람에게 죄책감을 느끼게 하고 그 죄책감은 은혜를 원수로 갚거나 적대감으로 나타나기도 한다.

이와 비슷한 충동으로, 강박적으로 자기를 희생하려는 경우도 이따금씩 있다. 예를 들어, 강한 여성은 게으른 남편이 진 빚을 갚기 위해 몸소 열심히 일한다. 그 행동이 영혼의 내적인 요구에 대한 자유로운 반응이라면 희생의 열매를 맺겠지만, 단지 심리적 반응일 때는 헛되고 파괴적일 수 있다.

따라서 우리는 심리적인 반응과 마음에서 우러난 진정한 반응을 구분해야 한다. 즉 하나님이 주신 감동으로 확신에서 나온 행위와, 단순히 강하거나 약한 반응을 구분해야 한다.

정신 분석에서는 합리화에 높은 비중을 둔다. 그것은 본능적으로 무의식에 자극을 받아 행한 행동에 대해 이상주의적 근거를 만들어 내는 것, 즉 자신이 그 이상에 충실하고 있다는 신념이다. 정신 분석자들은 본능을 합리화하는 입장을 취하지만, 사실 합리화는 우리의 나약함과 태만과 책임 회피라는 죄가 유발한 불안을 감추려는 것이다. 아마도 이것은 우리의 본능적인 '권력 의지'의 단면이라고 할 수 있다. 어떤 점에서 이것은 사실이다. 그러나 그런 해석은 너무 제한적인 것 같다. 여기서 말하는 불안은, 특히 그것이 도덕적인 불안인 죄책감의 문제일 때는 권력을 향한 본능 이상의 것이 있다. 사람들은 권력을 향한 본능을 다른 방법으로 우회하여 표현하기도 하고, 양심의 가책에 대한 심리적 보상으로 간주하기도 한다. 이것은 바뤽 박사가 해석한 것으로,[11] 그의 분석은 프로이트 학파의 해석보다 훨씬 더 심오하다. 그러나 우리가 이런저런 해석을 선택하는 것은 객관적인 이유 때문이 아니라, 인간의 본성에 대한 신념에 의한 것임을 분명히 하고자 함이다. 다른 분야가 그런 것처럼 과학은 도덕적 양심에 의한 불안과 권력에 대한 반응 사이에 상관성이 존재한다는 사실만 밝힐 뿐이다. 과학은 이 상관성에 대해 한 가지 해석만 하기 때문에 모든 것의 토대는 되지 못한다. 이와 달리, 프로이트 학파는 노딕직 양심을 권력에 대한 본능의 불만족이 투사된 것으로, 바뤽 박사는 권력에 대한 반응을 억압된 양심의 가책이 투사된 것으로 해석한다. 여기서 프로이트 학파의 맹점은 자신들의 해석이 사실상 형이상학에서 나왔음에도 과학에 토대를 두고 있다고 주장하는 것이다.

반면, 우리는 이런 해석들의 우열을 가리기보다, 어떤 기제든지 보상, 투사, 합리화와 진정한 도덕적·영적 반응을 구분하는 것, 즉 무의식적인 심리 반응과 성령의 역사로 인한 즉각적인 반응을 구분하는 것에 마음을 모아야 한다.

그러나 그 경계선을 긋기란 쉽지 않다. 다른 사람들에 대해 이런 선을 그으려 할 때, 비판이라는 자기 의에 빠질 위험이 크다. 따라서 먼저 각자가 자신의 행동 속에 있는 기제를 찾아야 한다. 우리가 얼마나 쉽게 자신을 기만할 수 있는지 알기 위해서만 그런 선을 그어야 한다.

나는 어떤 경우에도 심리적 반응은 제쳐 두고 유토피아적 삶의 이상만을 추구하려고 하지 않는다. 이런 종류의 성찰이 주는 유익은 '무엇을 깨달았는가'보다 '무엇인가를 깨달았다는 그 사실'이다. 거듭 인식하는 바지만, 우리는 상상 이상으로 파산한 상태며 이윤에 해당한다고 생각했던 것이 사실은 채무에 해당하는 것들이고, 심지어 강한 반응 속에 약함을 감추고 있다는 사실을 인식할 때, 가장 풍성해지는 것을 경험하게 된다. 그때 우리는 자신을 내면의 불안에서 구원하기 위해 감행했던 모든 무익한 시도, 즉 사회 투쟁에서 승리하거나 명성을 쌓아 위로를 받고 그 명성을 굳건히 하려던 모든 시도를 단념하게 된다. 그리고 마침내 인간의 고통에 대한 단 하나의 진실한 해답인 하나님께로 돌아서게 된다.

하나님께 기도하는 것이 우리의 삶에서 진정한 의지적 행동과 단순한 자동 반응을 구분하는 통찰력을 얻는 유일한 방법이다. 내가 전에 이에 대한 글을 여러 번 쓰자, 많은 독자들이 다음과 같은 편지를 보냈다. "물론, 그것이 정답이기는 하지만 그것을 어떻게 얻을 수 있죠?"

"그것을 어떻게 얻는가"는 피터 하워드의 저서[12]의 마지막 장들 가운데 한 장의 제목이기도 하다. 그와 마찬가지로 나 역시 내 개인적인 경험으로만 답할 수 있다. 우리가 어떻게 그것을 얻을 수 있을까? 바로 믿음을 가지고 나아가야 한다. 하나님 앞에서 조용한 묵상을 통해, 어떤 행동과 말이 하나님의 뜻에 어긋나고 그것이 비겁하게 도망하는 약한 반응인지 교만하게 허세 부리는 강한 반응인지, 각각의 경우 어느 반응이 우리를 불안한 양심에서 벗어나게 해주는지 알 수 있다.

이와 같이 하나님 앞에서 침묵할 때 점점 더 자신을 알게 된다. 우리의 약함과 죄는 무엇이고 그것들을 극복하기 위해 우리가 따라야 할 완전히 새로운 길은 무엇인지를 더 분명히 알게 된다. 그리고 사람들의 칭찬을 얻으려고 약함과 죄를 숨길 것이 아니라, 하나님의 용서를 얻기 위해 그것들을 고백해야 한다.

약한 반응이건 강한 반응이건, 기도를 한다고 해서 타고난 반응에서 벗어나는 것은 아니다. 하지만 기도를 통해 그것을 있는 그대로 인정하고 하나님의 은혜를 계속 경험하게 될 것이다.

제6장

상호 반응

"두려움, 공황, 정치"라는 통찰력 있는 연구에서 오스카 포렐^{Oscar Forel} 박사는 사람들이 자기 자녀들에게 '살아가는 기술, 즉 자기의 근원적 두려움은 숨기면서 다른 사람들의 두려움을 자기에게 유리하게 이용하는 기술'을 가르치고 있다고 주장한다.[1] 나는 사람은 누구나 항상 각자의 영감대로 자유롭게 행동할 수 있으며, 그것이 곧 진정한 삶의 기술이고 역사의 모든 움직임의 비옥한 밑거름이라고 믿는다. 그러나 이것은 매우 드물게 일어나는 일이며, 사회의 권력은 포렐 박사가 설명한 기제에 의해 포괄적으로 작용한다는 것에 동의한다. 두려움은 인간 사이의 강한 반응과 약한 반응의 조화를 조절하는 눈에 보이지 않는 요인이다. 그 조화는 때에 따라 더 조화로워지거나 그렇지 않기도 하다. 프랑크 아보지^{Frank Abauzit}는 "두려움은 우리가 처한 환경에 따라 우리 내면에 열등한 관용을 만들어 내거나, 가장 심한 대립을 만들어 낸다"[2]고 기록하고 있다. 그가 '열등한 관용'이라고 표현한 것이 이른바 약한 반응이다. 이 반응은 자기 주머니 속에서는 주먹을 불끈 쥐면서도 나약함에 굴복하고 확고한 신념 없이 복종하는 반응이다. 그가 '대립'이라고 부르는 것은 이른바 반박하기 좋아하는 정신으로서 강한 반응, 즉 다른 사람들이 그들의 생각을 자신에게 강요할 것이 두려워 자신의 생각을 그들에게 강요하는 마음의 완고함을 말한다.

이런 점에서 인간 사회는 원숭이 사회와 거의 다를 바가 없다. 주커만은 모든 원숭이 사이에 힘의 계급 구조, 혹은 독자가 이 말을 받아들인다면, 두려움의 계급 구조가 형성되는 순간 다소간의 평정이 이루어져 원숭이 무리의 삶을 통제한다고 설명한다.[3] 이런 계급 구조의 최고 정점에는 가장 강한 수컷이 존재하는데, 그 권위는 다른 모든 원숭이들의 두려움으로 결정된다. 이 사회에 새로운 원숭이가 들어오면, 얼마 동안은 불안과 날카로운 갈등의 시간이 있지만 그 시간이 지나면 새로운 힘의 균형이 형성된다.

이 두 가지 국면은 인간 사회에서도 나타난다. 가족, 회사, 조직체, 국제기구 등 무리가 모여 있는 곳에는 분노, 협박, 권력에 대한 의지, 전쟁, 도주, 공포, 당황 등 난폭한 형태로 힘의 상호 작용이 일어나는 불안의 시기가 있다. 그러나 힘의 상호 관계는 강한 반응과 약한 반응으로 구성된 명백한 평화 상태에서 결정되는 경향이 있다. 이때는 일종의 상호 묵인이 존재한다. 각 사람은 자신이 강한 존재로 받아들이는 사람들에게 복종하고 자기보다 약한 사람들은 이용하면서 자기 일을 한다. 모든 단계의 이면에는 연합, 동맹, 음모, 싸움이 진행되며, 그 속에서 고통받는 사람은 언제나 같은 사람이다.

약자와 강자는 첫눈에 구별할 수 있다. 의자에 앉는 방법을 예로 들면, 강자는 편안하게 기대지만 약자는 가장자리에 살짝 걸터앉는다. 강자는 자기를 드러내기 좋아하고 다른 사람의 관심을 끌며 쉽게 이야기를 꺼내고 자신의 약점을 어떻게 감추고 강점을 어떻게 강조해야 하는지 안다. 그리고 필요하면 그럴듯한 허세를 부리기도 한다. 하지만 강자는 학문적인 사항을 설명할 때도 다른 사람들 앞에서 규칙을 단정 짓고, 자기 위신을 세우는 것에 목적을 둔다는 것을 쉽게 발견할 수 있다. 한편 약자는 밝은 곳에는 설 자리가 없기라도 한 것처럼 뒤에 물러나 있으며 다른 사람을 부러워하고 자기 가치에 대해 불안해하면서 침묵하거나 스스로를 경시한다. 종종 나는 상점에 들어갔을 때 주인이 내게 다가와 무엇을 원하는지 묻지 않으면, 내 뒤에 들어온 손님을 먼저 맞도록 내버려 둔다. 작년에 해외에서 열린 한 회의에 참석했던 적이 있었는데 하루는 차가 움직이지 않았다. 고심 끝에 나는 차를 가진 친구에게 내 차가 움직일 수 있도록 견인을 해달라고 부탁하기로 마음먹었다. 그러나 그때 나는 마음속 강한 저항을 극복해야 했다. 친구가 하고 있던 일을 방해할지도 모른다는 생각에 심장 박동이 빨라졌다. 다음 날 경건의 시간을 가지면서, 나는 인생에서 필요한 도움들을 요구하지 못하고 오히려 그것을 왜곡하여 자유롭거나 솔직하지 못했으며 다른 사람을 혐오한 적이 많았고, 그렇게 한 주요 이유가 두려움과 교만이었다는 것을 깨달았다. 나는 곁에 있는 친구에게 이 모든 일을 고백하고 이런 두려움과 교만을 버리게 해 달라고 함께 하나님께 기도했다.

그렇기 때문에 약한 반응 역시, 강한 반응과 마찬가지로 교만에서 나왔다고 할 수 있다. 한 환자는 자신의 감정에 특징을 부여하며 풍자적으로 설명했다. 자신은 소란스럽고 난폭한 손님인 반항과 적대감과 의심, 과로하게 만드는 활동성, 다른 사람들이 이겨 낼 수 없을 것이라 생각하는 질병을 겨우 극복한 병자 신앙인이라고 했다. 또 자신에게는 수치심과 교만이라는 쌍둥이까지 있는데, 이 둘은 너무나 닮아서 서로 착각하기 쉽다고도 했다. 그리고 그녀는 "교만 양은 누구에게나 거절당하고 경멸을 받기 때문에 동생인 수치심 양과 같은 옷을 입고 속이려 합니다"라고 말했다.

그렇게 보면 우리는 모든 사회 구성원의 상호 반응이 만드는 이상한 조화를 이해할 수 있다. 누구나 마음으로 한 사람에 대해 한 순간에 두 가지 모순된 감정을 가진다. 열렬히 사랑하는 사람의 겉모습 속에 지배하고 소유하려는 공격성의 욕구가 숨어 있을 수 있다. 복종 또한 상대방에게 복종하여 자기가 싫어하는 상대방의 권위주의적 태도를 부추김으로써 분노를 돋우려는 일종의 올가미일 수 있다.

사람들이 서로를 대하는 행동에서 볼 수 있는 갑작스럽고 이해되지 않는 돌발 행동도 이런 맥락에서 이해할 수 있다. 어떤 사람은 자신의 부족한 부분을 보충하고 싶은 직관적 욕망 때문에 자신과 전혀 다른 여인을 선택한다. 그는 그녀가 가진 미지의 보물 때문에 그녀에게 매력을 느낀다. 이 여자만큼 발랄하고 부드러운 사람도 없을 것이다. 그래서 그 여자와 결혼한다. 하지만 이제는 남편으로서의 자존심 때문에 자신과 다르게 생각하고 행동하는 아내를 견디지 못한다. 아내의 활발한 성격 때문에 결혼했지만, 아내의 열정으로 손해 본 것이 이만저만이 아니어서 이제 그는 아내에게 싫증이 난다. 결국 열정적이던 남편은 까다롭고 독재적인 남편으로 변하고 만다.

파블로프 학파는 신경계에 있는 모든 자극의 초점이 그 주위에 억제 지대를 형성한다고 밝혔다. 이 점에서 사회는 하나의 유기체처럼 행동한다. 어떤 사람들이 강하게 반응하면 다른 사람들은 약하게 반응하고, 그 반대도 마찬가지다. 그러나 모든 유기체는 동일한 요인의 영향을 받아 동일한 결론에 이르는 경향이 있다. 만일 우리가 충분한 주도권을 가지고 용기를 얻으면 강한 반응을 수단으로 전략적인 행동을 하려 하지만, 사회적 유형이 바뀌면 약한 반응을 수단으로 동일한 목표를 달성하려고 한다.

강자와 약자 사이, 경찰과 도둑 사이에는 계속해서 호혜성의 원칙이 형성된다. 최근 생 징골프 지역에서 프랑스 세관 공무원들의 파업이 일어났을 때, 밀수업자들이 잠시 손을 놓기로 결정했다는 소식은 놀라울 정도다. 세관 공무원들이 존재하기 때문에 자신들의 존재가 정당해지는 밀수업자들은 적들이 사라지자 일을 멈춘 것이다. 약자는 강자를 필요로 한다. 만일 약자에게 그들을 지배하는 사람이 사라지면 곧 다른 강자가 나타나고, 약자들은 그가 자신의 개성을 표출하지 못하게 한다고 또 비난한다. 강자 역시 약자를 필요로 한다. 엄마의 지나친 간섭을 받으며 자라온 딸이 한 남자와 결혼하여 엄마의 간섭에서 벗어나면, 엄마는 이제 사위를 볼모로 삼아 그에게 독재를 행사하고 그에게 대항해 게임을 한다.

우리는 우리가 하는 반응을 생활력이 진짜 표현된 것이라고 여기는 데 익숙해져 있기 때문에, 삶에 환상을 부여하려고 방어기제를 더욱 발달시킬 필요를 느낀다. 실제 행동에 옮기는 일은 혼자 상상하는 것보다 더 많은 노력을 필요로 한다. 그래서 어떤 가정에서는 하나의 고정된 유형이 믿기지 않을 정도로 어김없이 재형성되기도 한다. 예를 들어, 남편은 아내가 식사를 제때 준비하지 않는다며 항상 똑같은 불평을 한다. 한편 아내는 칭찬받으려고 나름대로 노력하지만 버릇이 되어 시간을 맞추지 못한다. 그러면서 항상 똑같은 말로 남편이 게을러서 하지 못한 일들을 자기에게 맡긴다며 불평한다. 남편은 의식하지 못하는 사이 이미 시작된 상황에 익숙해져 있기는 하지만 아내의 불평에 대한 분노를 참지 못하고, 아내는 남편의 오해를 받는 자신이 불행한 사람이라고 주장하면서 집을 떠나겠다고 대꾸하는 약한 반응으로 도피한다. 그러면서 마치 녹음기에 기록해 놓기라도 한 것처럼 예전의 일들을 소소한 일까지 모두 들먹여 공격하고 비아냥거린다. 그리고 아직 발발하지 않은 전쟁에서 사용할 비밀 무기 같은 아내의 눈물이 이 싸움의 대단원을 장식할 것이다. 그러나 그 비밀 무기는 이들의 싸움에 항상 등장하고 이들 부부는 시작 직후부터 이런 식으로 논쟁이 끝날 것이라고 예상하기 때문에, 그 무기는 사실 그렇게 비밀스럽지도 않다. 오히려 승리의 무기인 것 같다.

수많은 가정과 사회 집단 속에서 이런 지배-순종 관계가 점점 굳어져 가는 것을 볼 수 있다. 그러나 어떤 새로운 요소가 개입되면, 한 번 더 불안한 상황을 맞이한다. 많은 역할들이 이런 원리로 형성된다. 즉, 각 구성원들이 나름대로 사회에서 습관적으로 정해진 관습적 역할을 감당하고 있을 때, 그 사회에 예상치 않은 사건이나 아무것도 모르는 사람이 들어와 기존의 질서를 완전히 망치면, 새롭게 각성된 각각의 사람들이 갑자기 본성을 드러낸다. 이때 진정한 인간 본성이 표면적인 사회 안정의 기저에 있던 모든 거짓과 함께 폭력과 비겁한 행동으로 드러난다. 계속되는 혼란 속에서, 공모자로 보였던 사람이 이제는 경쟁자가 된다.

우리는 삶 속에서 강자가 휘두르던 무기가 그에게서 등을 돌리는 것을 본다. 그 무기는 그동안 남편을 억압하는 데 이용하였지만 나이가 들거나 병들었을 때는 아무 소용이 없는 아내의 신경증적 반응일 수 있고, 남편이 말을 잘 듣게 하려고 사용하였지만 이제는 남편을 분노하게 만들어 자기의 패배를 재촉하는 비난만 얻는 아내의 불평일 수도 있다. 아버지의 권위가 아들이 어릴 때는 항상 버릇없는 행동을 억압하는 데 사용되지만, 아들이 청소년이 되었을 때는 반항을 불러일으키는 것도 그 예다.

이 문제를 곰곰이 생각하면, 강자는 시작부터 자신의 힘이 영원하지 않을 것임을 예감하며, 파멸의 순간까지 강한 반응으로 자신을 방어하면서 자신을 깊게 묻어 두는 것은 가능한 한 오랫동안 그 파멸을 연기하기 위해서임을 발견하게 된다. 이는 어디에서나 볼 수 있는 독재자의 경우가 그러하다. 더욱이 이런 사람들은 독재자들과 마찬가지로 자신의 의도가 진심으로 평화를 위하는 것이라고 주장한다. 그리고 실제로 그들은 주위 사람들에게서 반대받지 않는 한, 원숭이 사회에서 볼 수 있는 것처럼 평화를 장담하고, 무질서한 선동자가 나타나 자신들의 주권적 의지에 대항하지 않는다면 그 평화는 오래 유지될 것임을 확신에 차서 주장한다.

그러나 강자가 위협이라는 무기만을 사용하는 것은 아니다. 그들은 완전하다는 평판을 등에 업고 부러움을 불러일으켜 다른 사람들을 지배하기도 한다. 그러나 여기에도 동일한 사건이 연속적으로 나타날 수 있다. 그렇게 다른 사람들의 본이 되고 있다는 생각이 그들을 더욱 든든하게 해주는 것이다. 심지어 우리의 가장 멋진 신앙 경험도 주의하지 않으면 사람들을 지배하기 위한 무기로 사용될 수 있다. 우리의 허물과 우리를 향하신 하나님의 은혜를 이야기할 때조차 자신을 하나의 본보기로 으스대는 즐거움을 느낄 수 있다. 그러나 부러움이 동기가 된 복종은 메마르다. 그렇기 때문에 남편의 사랑과 존경을 받았던 아내가 결국 아내와 동등하지 못하다고 생각하는 남편으로부터 버림받는 경우를 많이 목격한다.

사람의 정신 구조는 정도에 따라 가장 단순한 것에서 가장 복잡한 것까지로 분류할 수 있다. 단순한 사람은 대개 강하고 복잡한 사람은 약하다. 예를 들어, 정신 구조가 단순하여 사물을 주로 흑백 논리로 보는 의사는 자신감으로 가득 차 있다. 그는 주저하지 않고 신속하게 진단 결과를 말해 주고 권위를 가지고 처방하며 처방의 성공 여부에 대해서도 의심하지 않는다. 그리고 자신이 잘못되었더라도 확신에 차서 이야기함으로써 환자에게 유익을 준다. 반면, 정신 구조기 복잡한 의사는 많은 부분을 의심하고 주저한다. 그리고 자신의 진단과 반대로 일어날 수 있는 모든 상황을 인식하고, 병의 진행 과정을 알아보기 위해 계속 결정을 미룬다. 그리고 "우리는 여러 가지 치료를 하겠지만, 좋은 결과가 나올지는 매우 불확실합니다"라고 조심스럽게 말한다. 이 의사는 이런 성실한 태도로 유익을 얻을 수도 있다. 사실 강자의 확신과 지지 때문에 병원을 찾는 환자들이 있는가 하면, 약자가 주는 위로와 이해 때문에 병원을 찾는 환자들도 있다.

영적인 문제에서도, 단순한 사람과 복잡한 사람이라는 두 가지 유형이 있다. 첫 번째 유형의 사람에게는 신비라는 것이 존재하지 않는다. 그는 확신을 가지고 하나님과 신학에 관한 모든 것을 설명하고, 유일한 한 가지 진리를 담담하게 증명한다. 그는 자기보다 복잡한 사람을 가르치기도 하고 그가 구원받도록 선한 의도를 가지고 자신의 사상과 신념을 받아들이게 한다. 그러나 두 번째 유형의 사람은 헤아릴 수 없는 하나님의 신비에 지나치게 민감하여 그것을 받아들이지 못하고 자신에게 믿음이 있는지도 의심한다.

사람들 간의 관계에서도 주로 약자는 더 약해지고 강자는 더 강해진다. 약자는 스스로 불쌍하고 불행한 사람이라고 느낄수록 다른 사람들에게 도움과 조언을 구하러 간다. 한편, 강자는 사람들에게 무엇이 옳은 일인지 말할 수 있다고 자부하며 누군가 찾아오면 언제라도 말할 준비가 되어 있다. 강자는 약자에게 자신감을 주는 낙관주의를 타고났다. 행복에 이르는 길을 이미 발견한 그들은 그 비밀을 다른 사람들에게도 쉽게 전한다. 그러나 의심의 기질을 타고난 약자는 그 방법을 적용하려고 하지만 실패한다. 실패로 약자는 더 의심하고 당황하며, 다른 사람들은 강한 부분에서 자신은 약하다는 감정은 더 강해진다. 피에르 뷔피에르[Pierre Buffiére] 박사가 포쉐[Pauchet] 박사와 모르슈[Morche] 박사에 대해 비판하는 것이 바로 이 부분이다. 그는 '강자들이 행복한 이유는 타고난 기질 때문인데, 그들은 그것이 자신이 옹호하는 철학 체계 덕분인 양 자랑스러워한다"[4])고 말한다.

이러한 이유로 건강하고 열정적인 의사가 신중하지 않다면, 환자들에게서 두 가지 반응을 불러올 수 있다. 즉 활력을 돋우는 불꽃 속에 살고 싶은 강렬한 욕망으로 지나치게 의존적이 되거나, 완전히 낙심하여 자기와 너무 대조적인 것에 압도되어 결국 방어적 적대감을 갖게 되는 것이다.

그러나 사람들 사이에서 얼마나 자주 열등감이 작용하는지 관찰하는 것은 흥미롭다. 언젠가 가까운 친구에게 그에 대한 나의 감정을 털어놓았는데, 그는 마구 웃더니 다음과 같이 말하는 것이었다. "나 역시 자네에게 얼마나 똑같은 감정을 느꼈는지 미리 알았다면 재미있었겠구만."

이러한 호혜성은 남편과 아내 사이에도 존재한다. 아내는 모든 것을 설명하고 증명하는 논리적인 남편 옆에서 스스로를 하찮은 존재로 여기고, 남편은 아내의 직관과 감수성을 부러워한다. 이렇게 해서 아내는 남편 스스로 너무 취약하다고 불안해하는 영적인 영역에서 고삐를 쥐고, 남편은 자신의 논리 체계라는 껍질 속으로 움츠러든다. 남편은 아내에게 너무 지나치게 일해서 자신을 소모시킨다며 약자의 경멸을 보내고, 아내는 남편이 은밀히 자기 감정대로 해 버리는 데서 오는 죄책감을 감추려고 금욕적인 철학을 고수한다는 것을 알아채지 못한다.

우리는 사람들 사이에서 소위 주식 시장에서 '약세'라 부르는 약한 반응의 상호 효과를 자주 본다. 어떤 부부는 둘 다 나약한 사람들인데, 약한 반응으로 상대방보다 더 우위에 있으려고 한다. 그러면서 상대방을 얕잡아 본다. 이들 부부는 상대방의 고통을 느낄수록 고통스러워하고, 상대방에게서 자신이 원하는 도움을 얻지 못한다고 불평한다. 이것은 마치 위험한 늪에 점점 깊이 빨려 들어가는 사람과도 같다.

그러나 앞에서 살펴보았듯, 강한 반응도 약함을 갑옷으로 숨기는 것이다. 그리고 약세 뒤에는 반드시 '강세'가 찾아온다. 분명히 이 둘은 반대되는 개념인데도, 거의 동일하기 때문에 서로를 구분해 내기 쉽지 않다. 남편과 아내는 각자가 가장 강하다고 느끼는 부분으로 상대방을 비난하면서 자기의 단점을 감춘다. 또한 이들은 상대방의 약점을 공격하여 상처를 주고, 상대방으로부터 같은 방법으로 앙갚음을 받는다. 비록 겉으로 드러나는 갈등은 없어도, 부부는 이렇게 해서 상호적인 고통을 상쇄시키려고 한다. 만일 아내가 부끄러워하는 태도를 보이면, 남편은 담대한 척한다. 그리고 남편이 자신의 두려움을 숨길수록, 아내의 두려움은 더 커진다. 남편이 아내에게 절약하라고 말하면 아내는 돈을 함부로 쓰고 싶은 욕구가 강렬해지고, 아내의 지출이 많아질수록 남편의 잔소리도 많아진다. 아내가 말이 많을수록 남편은 침묵을 지키고, 남편이 침묵을 지킬수록 아내는 끔찍한 침묵을 메우기 위해 더 수다스러워진다. 아내가 자신의 신앙을 크게 주장할수록 남편은 자기 신념을 숨기고, 남편이 자기 확신을 숨길수록 남편을 회심시키려는 아내의 욕구는 더 강렬해진다. 아내가 남편의 일을 돕고 싶은 열망이 강할수록 남편은 더 수치심을 느껴 자신이 해야 할 일을 미루고, 아내는 그 일이 잘못되지 않도록 자신이 떠맡는다. 각자는 자신의 안위를 위해 자기 소신에 옳은 대로 행동하고, 상대방의 태도에서 잘못된 부분을 비난한다. 이것은 상쇄 효과를 지속적으로 악화시키고, 각자의 태도를 바꿀 수 있는 기회는 줄어든다. 때로 아이의 죽음과 같은 비극적인 사건을 겪어야만 이런 악순환을 깨고 서로가 다시 하나가 될 수 있다. 아무리 서로를 사랑하는 남편과 아내 사이라 해도 이런 상황은 서로에게 정말 끔찍한 일이 벌어지게 할 수도 있다.

이처럼 서로 우위에 있으려는 경쟁 심리는 매우 다양하고 미묘한 형태로 나타난다. 경쟁 심리로 인해 강자는 갈등을 유발한다. 상대방보다 우위에 있으려는 태도에서 비롯된 경쟁은 개인의 과장된 이야기와 사소한 허세에서 강대국 간 무기 경쟁에 이르기까지 다양한 차원에서 발생한다.

우리가 지금까지 살펴본 바는 역사의 진행 과정에 대해 구체적인 통찰을 준다. 이제 주커만 교수가 말하는 원숭이 사회로 돌아가 보자. 그 사회에서 힘의 균형은 두려움으로 결정된다. 가장 강한 원숭이의 힘은 그 원숭이가 다른 원숭이들에게 불어넣는 두려움에 토대를 둔다. 두려움은 또한 집단을 응집시키므로, 각 원숭이는 가장 강한 원숭이가 불어넣는 응집력의 그늘 아래

서 보호받기 원한다. 우리는 인간 사회에서 두려움이 이와 동일한 이중적 기능을 하여, 사람들을 응집시키고 중앙 집권 하려는 경향을 강화하며 좀더 크고 강력한 형태의 집단을 구성하고 있음을 알게 된다. 하지만 이 집단은 점차 수적으로 줄어들고 결국 거대한 갈등은 불가피해진다.

중세 시대의 수많은 봉건귀족들은 점차 거대한 중앙 집권 국가에 복속되었다. 국가는 그 집단 최고 권력이 되려는 경향이 있기 때문에, 약한 개인은 그 날개 아래를 도피처로 삼는다. 나는 이것이 현대의 국가 통제주의라고 생각한다. 개인은 국가에 대해 불평을 늘어놓는 동시에, 국가 권력을 강화시키는 데 공헌하기도 한다. 개인은 국가 권력 안에서 두려움으로부터 보호받고자 하기 때문이다. 그러나 개인은 국가 권력의 경쟁이 파국으로 끝난다는 것을 직관적으로 느낀다. 그 과정은 점점 강해지면서 수적으로는 점차 줄어들어 권력 블록을 만들기 때문에, 그들 사이의 갈등은 불가피하다. 그런 움직임은 두려움에 의해 더욱 증대되고 촉진되어, 어떠한 영적 중재 요인이 발생하지 않는다면 인류는 두 개의 커다란 연합체로 나뉘어 서로 충돌하는 운명에 처할 것이다.

이러한 움직임은 역사 전체를 통해 산발적으로 나타났다. 내가 모든 경우의 결과를 예측할 능력은 없지만, 때로 이런 움직임은 거대한 로마 제국이 붕괴한 것처럼 권력의 붕괴를 가져올 것이다.

각 시대는 합리화라는 현상 때문에 무의식적 충동의 자극을 받아 경험한 것을 설명할 수 있는 철학 체계를 세우려고 한다.

군중의 행동은 개인의 행동과 마찬가지로, 이런 충동의 지배를 받는다. 두려움은 정치, 경제, 문화의 배후에서 작용하는 커다란 추진력으로 사회의 진화에도 개인의 진화와 동일한 역할을 한다. 그러나 사회와 역사는 끊임없이 물질과 객관적 실재에 의해 결정된다.

주요 철학자 니체가 언급하고, 나의 저서 「현대 생활의 부조화」에서도 다루고 있는 권력에 대한 현대의 신화는 우리가 여기서 살펴보고 있는 권력의 집중 과정을 철학적으로 표현한 것으로, 권력 집중의 정서적 기원은 두려움이다. 그러나 우리 시대는 그 원리를 공식화하여 권력이 최고의 가치라고 인류를 설득하며 권력으로 향하기를 부추긴다. 우리 시대는 진보와 힘의 사다리를 끊임없이 올라가면서, 인간 존중, 약자 보호, 은혜, 기독교 정신이 고백한 하나님의 구원에 대한 필요가 국가 숭배, 권력 추앙, 삶의 전투에서 약자에게 가하는 억압, 인간의 위대함에 대한 확신으로 대체되었다.

바로 그 때문에 오늘날 강자와 약자의 문제가 매우 심각해진 것이다. 우리는 지금 강자에게 아첨하고 약자를 무시하는 거짓 철학 속에 살고 있다. 즉 구원이 약자에 대한 강자의 승리에 달려 있는 것처럼 가장하고, 인간의 심각한 고통을 부인하며, 강자에게는 위험스러운 강한 반응을 부추기고, 약자에게는 치명적인 약한 반응에 더 빠져들게 하는 잘못된 철학 속에 살고 있는 것이다.

현대 사회는 약자에게는 살기 힘든 세상이다. 의사는 이를 관찰하기에 좋은 위치에 있지만, 불의하게 억압당하는 모습이 너무 흔하기 때문에 의사 역시 그것을 우리 시대의 비난거리로 보기보다는 냉혹한 사회적 법칙으로 본다. 결국 의사는 이러한 우리 시대의 죄악에 대해 격분하거나 이의를 제기하거나 약자를 보호하는 일을 단념하고, 약자에게 다음과 같은 말을 하면서 끝맺는다. "당신은 뭘 기대하십니까? 세상은 불공평합니다. 그러니 스스로 강해지세요. 그리고 다른 사람들을 뒤에서 공격하여 자신을 지키세요."

의사라는 직업의 본질은 약자를 지키는 것이다. 나는 최근 바젤의 아이히로트^{Eichrodt} 교수의 강의를 들으면서 의사라는 직업의 본질을 생각하게 되었다. 구약의 정치적·사회적 메시지에 관한 강의가 진행되는 동안, 그는 이스라엘 백성이 하나님의 영감을 받아 만든 율법의 기본 원리는 강자의 위협에 대항하여 약자를 보호하는 것이라고 했다. 소유에 관한 율법은 소수의 힘 있는 사람의 손에 재산이 집중되는 것을 막기 위함이었고, 희년의 제정과 기타 다른 것들도 다 그런 맥락이었다. 율법은 모든 인간의 정치, 경제, 사회 조직을 비롯하여 전통, 예의, 여론의 지배적 경향 등 최고 기능을 수행할 수 있다. 오늘날 우리는 이 이상으로부터 멀리 떠나 얼마나 헤매고 있는지 알 수 있을 것이다.

우리 진료실에는 현대 사회에 희생된 사람들이 찾아온다. 부유층, 예술가들, 감수성이 예민한 사람들, 너그러운 사람들, 풍부한 상상력을 가진 사람들이 좌절감에 빠져 우리에게 찾아온다. 조르주 리엔므^{Georges Liengme} 박사는 "신경증을 앓고 있는 사람들 가운데, 진정한 창조적 능력을 가진 사람들이 많다"고 말한다.[5] 하지만 사회는 이들의 약함을 비난하기 때문에, 이들은 자신의 약점을 부끄러워한다. 그리고 이들은 현재 기능성 장애가 만연한 상황에서, 기능성 장애는 약함의 표지라고 느끼기 때문에 병에 대해 수치심을 느끼고, 잘못된 수치심으로 상태는 더 악화된다. 의사는 "아무것도 아니에요. 단지 신경성일 뿐입니다"라고 말한다. 한 남자는 "나 역시 두통을 앓고 있지만, 쓸데없이 걱정하지는 않아요"라고 말한다. 때로 환자는 자신에게 뭔가 잘못된 것이 있다고 생각한다. 특히 지극히 평범한 성적 욕망인데도 남모르게 온갖 공상에 빠져든다는 사실을 누군가에게 털어놓기를 두려워하여 누구에게도 말을 하지 않기도 한다. 때로 매우 다양한 종류의 기능성 장애가 끊임없이 계속되기도 하는데, 이것은 모두 굴욕감, 자신감 부족, 엄청난 두려움의 원인이 된다. 반대로 약한 반응을 불러일으켜 그 반응을 촉진하기도 하는데, 이것이 바로 기능성 장애다.

이때 어린 시절 부당한 대우를 받았거나 질병에 시달려 삶에서 아무 기회도 얻지 못하고, 성공―사회가 인정하는 그런 성공―의 사다리에 발도 들여놓지 못했던 사람은 밝은 태양 아래

자기 한 몸 눕힐 만한 작은 보금자리로 향하는 모든 문이 굳게 잠겨 있음을 발견한다. 우리는 모두 작지만 한 자리씩 차지하고 자신을 방어하고 있는데 말이다. 에릭 드 몽몰렝Eric de Montmollin은 "우리 사회는 가난한 사람들에 대해서는 그다지 엄격하게 경멸하지 않지만, 정규 직업이 없거나 성공하지 못한 사람들에 대해서는 전혀 배려가 없다"고 말한다.[6]

이처럼 강자를 존경하고 약자를 경멸하는 것이 타당한 것인가? 순전히 현실적인 관점으로만 볼 때도 이런 태도는 사회에 유익한가? 인간의 가치는 삶을 헤쳐 나가고 어려움을 극복하거나 자신을 방어하면서 자신의 뜻을 다른 사람에게 강요하는 기질이나 힘에 의해 결정되는가? 이 질문들은 우리 마음속에서 늘 떠나지 않는다.

인간의 진정한 가치는 하나님을 닮았다는 것에 있다. 인간의 생각, 감정, 행동은 어느 정도는 하나님의 영감, 어느 정도는 하나님의 사고, 의지, 행동을 표현하기 때문에 가치를 갖는다. 때로는 인간의 용기나 말의 권위, 행동하게 하는 힘 속에서 하나님의 능력이 드러나기도 한다. 그러나 때로 약한 존재인 인간의 마음속에서 하나님의 인자하심을 보거나, 고통받는 영혼 속에서 하나님의 창조적 고통을 발견하기도 한다. 열정적인 행동가 엘리야가 광야에서 깨어지고 낙심해 있을 때, 하나님이 폭풍 속에서 오히려 고요하고 작은 목소리로 말하고 계신다는 것을 이해하게 되었던 경험을 상기해 보라.

인간의 모든 문명은 거짓된 가치 척도를 제시하여, 강한 사람에게는 긍정적인 가치를 주고 약자에게는 부정적인 가치를 준다. 그래서 나약하거나 감수성이 예민하거나 동정심이 깊고 애정이 넘치는 것은 수치스러운 것으로 여긴다.

바로 오늘 나는 어느 환자로부터 어디론가 달아나 자살하고 싶은 유혹과 날마다 마음속에서 싸워야 했던 가슴 아픈 이야기를 들었다. 비극적인 대화는 그녀 자신과 유혹자 사이에서 몇 번이고 거듭되었다. 유혹자가 그녀에게 질병 때문에 제한된 삶을 살아야 하는 것이 얼마나 공허하고 소용없는지를 지적하자, 그녀는 "네, 저는 그렇게 많은 힘은 없지만, 반면에 사랑이 많아요. 그 사랑을 주신 분은 바로 하나님이죠. 그래서 전 아무리 작은 일이라도 해야 할 일이 있어요"라고 말한다. 그러나 유혹자는 "참 어처구니없군. 오늘날 사회에서 감성은 더 이상 중요하지 않아. 중요한 것은 당신이 얼마나 많은 일을 하고, 얼마나 많은 힘을 가졌느냐는 것이지. 감정과 자비의 시대는 이미 지나갔어. 강해지고 권력을 휘두르고 강인해지는 것, 이것이 바로 인생이야. 약자는 더 이상 필요하지 않아. 세상은 약자가 사라지기를 원한다고"라고 대꾸한다.

내가 매우 존경했던 한 분이 기억난다. 감수성이 예민한 목사였던 그는 병적 충동에 사로잡혀 복잡하고 강력한 정신적 고통에 시달렸다. 그는 항상 이러한 증상들을 하나님이 자신을 거부하신다는 증거로 생각하게 되었다. 그는 절망에 빠지지 않으려고 성경의 약속을 굳게 잡고 끊임없이 그리스도께로만 시선을 향했다. 그가 병에 걸려 오랫동안 사역을 감당할 수 없게 되었다. 그동안 그를 치료했던 의사들 누구도 그를 치료하지 못하자, 그는 용기 내어 과감하게 다시 사역을 시작했다. 진정 그 어느 것도 자신에게 구원을 가져다줄 수 없고 어떤 위로도 해줄 수 없다는 것을 느끼는 것은 얼마나 괴로운 일인가? 그 목사에게는 나의 관심과 영적인 나눔, 예수 그리스도께서 고통받는 자들 가까이에 계신다는 확실한 믿음만 위로가 되었다.

그러나 모든 인간이 그렇듯이, 그의 위대함도 그 자신으로부터 출발한 것이 아니었다. 그의 위대함은 은밀한 고통을 가지고 있는 그가 자신에게 몰려드는 수많은 사람들에게 비길 수 없는 힘으로 은혜의 메시지를 전하고 있다는 것에 있었다. 그와 상담하는 과정에서 나는 그를 돕는 의사로서 실패한 것에는 실망했지만, 내가 준 것보다 훨씬 더 많은 것을 얻었다. 신체는 약하고 정신 구조는 무너지기 쉬운 인간 본연의 고통에 비해, 하나님이 주시는 영적 능력은 놀라울 정도로 강력하다. 더욱이 그가 겪은 신체적·정신적 건강의 시련과 자신을 공격하는 의심에 대항해 끝없이 싸웠던 것은 그의 믿음을 매일매일 정화시키는 불타는 도가니 같았다.

한번은 그가 한 동료에게 자신의 염려를 털어놓았다. 견고하면서도 단순한 신학을 가졌던 동료는 낙천적이고 복잡하지 않은 인성 때문에 그런 신학을 가지게 되었다. 그때 동료는 진정한 믿음은 흔들리지 않으며, 자신은 회심한 이후로 한 번도 의심하지 않았다고 대답했다. 이 말이 그에게 어떤 영향을 주었을지 누구나 상상할 수 있을 것이다. 동료의 대답으로 그의 마음속에는 성직에 대한 의심이 생겨났던 것이다. 그 후 폭풍우가 휩쓸고 지나간 것 같은 심리적 반응을 겪었지만, 그의 신앙은 견고히 서 있다.

진료실에 있다 보면, 신앙인들이란 반드시 보통 사람들이 생각하는 그런 사람들만은 아니라는 것을 알 수 있다. 자신의 의심을 털어놓는 사람들은 대부분 그들의 실수에도 불구하고 예수 그리스도께서 단단히 붙잡고 절대 놓지 않는 사람들이다. 강한 성격을 소유하고 모든 사람의 존경과 두려움의 대상이지만 남모르게 자신의 고통을 인정하는 사람들도 있고, 약한 성격을 소유하고 한 번의 불행에 무너질 것처럼 보이지만 비교할 수 없는 정신력을 가지고 있는 사람들도 있다.

그것이 바로 알프레드 드 뮈세^{Alfred de Musset}가 그의 시에서 내포하고 있는 말이다.

> 인간은 견습생, 고통은 그의 스승이니
> 고통받지 않은 한, 누구도 자신을 알지 못한다.
> 이것은 참기 어려운 법칙이지만, 최고의 법칙이다.
> 세상처럼 오래된 법칙인 것이다.

이 법칙은 우리가 불행의 세례를 받고,
슬픈 값을 다 치른 후에 사야 하는
운명이다.

강제 수용소에서 탈출한 후 건강이 나빠져 스위스로 망명했던 한 친구는 내게 질병과 불행의 유익에 관하여 매우 흥미로운 편지를 보내 왔다. 그는 편지에서 역사상 인류에 가장 큰 공헌을 한 사람들은 권력 있는 사람들이 아니라, 파스칼이나 성 프란체스코처럼 나약하고 아픈 사람들이었다고 회상했다.

우리 시대에 인류에게 필요한 것은—만일 그것이 우리 시대의 합리주의와 기술 문명으로 생긴 파국을 피하는 것이라면—친절, 양심, 감정, 감수성, 아름다움, 직관이라는 자질들이다. 이것들은 문명이 멸시하는 사람들의 마음속에 억압되어 깊숙이 잠자고 있는 것이다.

이것들은 실제적인 '동결된 자산'이다. 위급할 때 사용되기보다 상처받은 삶 속에 억압되어 '약하다'는 꼬리표가 붙어 버려진 것들이다. 사람들은 겉으로 드러나는 것으로만 판단하기 때문에 이들이 신뢰를 얻기만 하면 능력 있는 사람들이라는 것을 아무도 모른다. 이와 관련해 사르트르는 의미 있는 말을 던진다. "행동 없이는 사랑도 없다. 사랑이 행위로 드러나지 않으면 사랑의 가능성도 찾아볼 수 없다. 예술작품의 창조로 표현되지 않으면 천재성이란 없다. 라신의 천재성은 그의 비극 작품 그 자체다. 그

작품들을 떠나서는 아무것도 없는 것이다."[7]

아직 형태가 없고 신비에 싸여 있지만 우리가 창조할 수 있는 모든 것을 샘솟게 하는 내면의 실재를 더 이상 부정할 수는 없다. 무엇인가를 글로 쓰기 전에, 구체화될 수 없고 포착하기 어려운 꿈같은 우리 내면의 목소리를 듣게 된다. 인간의 내면세계에 격정을 몰고 오는 감정은 우리의 기력을 마비시키지만, 감정은 여전히 필요하다. 베르그송은 "창조란 무엇보다 감정을 의미한다"고 말한다.[8]

감정을 다스리고 잘 사용하려면 자신감이 필요하다. 그러나 이 자신감이야말로 우리가 감성적인 사람들을 향해 그들의 감정은 나약함의 표시라고 비난하면서 부정하는 것이다.

그리고 우리가 줄 수 있는 애정은 표현할 수 없는 사랑에 대한 강한 욕구를 넌지시 드러내는 것뿐이다. 나는 동료가 언젠가 내게 말했던 어조를 결코 잊지 못할 것 같다. "엄마에게 그토록 애정 표현을 하고 싶었지만, 결코 하지 못했어. 엄마와 함께 있을 때면 나는 늘 경직되었어. 그러다가 엄마와 작별할 때면 나 자신을 걷어차고 싶은 심정이었어. 그리고 그 일이 내게는 너무 고통스러워서 엄마를 보러 가는 것도 망설여졌어."

베르그송은 오늘날과 같은 합리주의 시대에, 직관은 지능의 가장 풍부한 형태라고 상기시킨다. 우리는 약한 자들이 이런 재능을 풍부하게 타고났음을 보게 된다. 그런데 두드러지게 나타나는 현상은 그들이 그런 재능을 자랑스러워하기보다 하나의 저

주로 여긴다는 것이며, 그것을 활용하기보다 오히려 부끄러워하고 억압한다는 것이다.

사실 직관성은 인간관계를 더욱 어렵게 만든다. 사람들은 직관을 통해 비록 무의식적인 것이라도 대화하는 상대방이 자신에게 하는 방어, 비판, 비꼼, 경멸 등 아주 사소한 움직임까지 인식한다. 그래서 신경증 치료는 진심으로 놀라운 훈련이다. 만일 내가 그런 사람을 조금도 참을 수 없다고 느끼면, 아무리 내가 의식적으로 그를 염려하여 감정을 순간적으로 억누른다 하더라도 그는 나의 감정을 알아채고 모든 것이 수포로 돌아간다. 그가 나에 대해 충분한 확신이 있다면, 그는 내 태도에서 자기에게 상처가 된 것을 말할 수 있다. 그리고 나 스스로를 정직하게 돌아보면, 그 비난은 받을 만한 것이라고 인정하게 될 것이다. 내 편에서 이것을 인정하면 우리 사이의 교제는 다시 회복되겠지만, 만일 잘못 걸렸다는 불쾌감에서 마음속 짜증을 부인하며 나를 옹호하려 한다면, 눈에 보이지는 않는다 해도 모든 일이 위태로워질 것이다.

이것은 직관적인 사람들의 모든 사회적 관계에 적용된다. 그러나 세상은 이렇게 고루한 통찰로부터 스스로를 지키며, 직관적인 사람들은 까다롭고 비판적이며 의심을 잘한다는 비난을 받는다. 우리는 우리 자신을 지키려고 그들을 공격하고, 가족들은 "그건 저 아이가 상상한 거야"라고 말한다. 이들에게는 누구도 알지 못하는 감수성이 있음에도 이들은 매우 까다롭다는 비난을 받는다. 그가 한 일이 옳은 것이어도 주위 사람들은 그가 실수를 저지른 것에 짜증이 나서 그에게 더 불평한다.

때로 직관이 실수할 때도 있다. 문제는 이들이 분석이나 논리적인 증명을 제시하지 못한다는 것이다. 종종 불명확하기도 해서, 우리는 환자들의 마음속에서 무엇인가 중요한 일이 진행되고 있다고 느끼면서도 말로는 표현하지 못해 괴로워하는 것을 본다. 그들은 이 일로 스스로를 더욱 비하하면서 자신감을 잃고 괴로움에 빠진다. 그리고 자신의 직관을 숨기게 되고 그것을 사용할 수 없는 것 때문에 더 고통스러워한다. 한번은 한 젊은 여성이 내게 이런 말을 했다. "만일 제가 대학 교수라면, 학문과 상관없이 제 직관으로 하는 말에도 사람들은 귀를 기울일 것입니다. 그러나 제가 그저 병든 여인이라면, 제 말에 아무도 귀 기울이지 않겠죠."

우리의 문명은 합리주의적이기 때문에, 직관적인 사람들은 계속해서 한편에 자기 직관을 두고 다른 사람들과 같은 논리에 따라 행동하려고 하지만 실패한다. 이런 사람은 선천적으로 방향 감각을 타고나서, 자신의 본능을 신뢰하면서 어느 방향이 옳은지 묻지 않고도 가야 할 길을 쉽게 찾는 여행자와 같다. 하지만 이런 여행자가 지도와 나침반을 사용하려고 하면 오히려 길을 잃고 만다. 실용적인 성격의 사람이라면 완전히 성공하겠지만 말이다.

직관은 오직 상징으로만 자신을 표현할 수 있다. 직관을 천부적으로 타고난 사람들에 대해, 괴테는 이렇게 말했다. "발생하는 모든 일이 하나의 상징일 뿐이다." 이런 사람들은 어찌됐건 그 점을 잘 활용할 수 있다. 직관적인 사람들이 대개 뛰어난 예술 감각을 가지는 이유도 바로 여기에 있다. 다른 사람들은 가끔씩 하는 기분 전환에 불과한 예술이 그들에게는 영혼 깊은 곳까지 스며든다. 어느 날 나는 이 사실을 음악가였던 어느 환자와의 대화를 통해 분명히 이해하게 되었다. 그는 이야기를 나누고 있는 동안 줄곧, 마음에서 멜로디 하나가 흘러나오고 있다고 고백했다. 그래서 다른 사람들, 심지어 아름다움에 민감한 사람들조차 예술이 의미하는 바를 모르기 때문에 자신이 오해받고 있다고 느끼는 것이다.

또한 이들에게는 엄청나게 생생한 상상력이 있다. 상상력이 무척 활발하여 가공의 예술 세계가 그들에게는 현실처럼 실제적인 것이 된다. 아무도 유령을 때려눕히지 못하는 것과 마찬가지로, 상상 속의 문제를 풀 수 없기 이유 때문에 상상력은 그 사람이 풀 수 없는 무수한 문제를 제공한다. 그러한 이유로 여성들 중에는 자신을 사랑하고 있다는 생각이 드는 남성에게 어떤 태도를 취해야 할지 걱정하는 사람들이 있지만, 정작 그 남성은 전혀 그렇게 생각하지 않는 경우도 있다.

세상에 대한 총체적 개념이 아무리 과학적이라도 최종 결정은 우리의 감각과 직관이라는 주관성에 근거한다. 따라서 우리에게는 실재에 대한 최종적 증거가 없다. 그러면 상상력이 풍부한 사람들에게 실재는 전부 희미하고 불분명하기 때문에, 그들이 살면서 끊임없이 부딪히는 의심 또한 얼마나 클지 가늠할 수 있다. 그들은 자신이 두려워하는 것과 원하는 것을 믿는다. 그들은 자신이 믿는 바를 말하기 때문에, 거짓말한다는 비난을 받고 고통은 더 심해진다.

그들은 사회적 관계에서 조금이라도 억압을 받으면, 내면의 평정을 잃고 만다. 한 여인은 이렇게 말한다. "만일 제가 바람 한 점에도 반응하는 정확한 저울과 같다면, 그것은 제 잘못이 아니에요." 정밀한 저울은 사용 방법을 아는 사람들에게는 매우 유용하다. 내가 여기서 보여 주고자 하는 것은, 충돌 세력들의 치열한 전투장인 우리 문명이 감수성이 예민한 사람들을 내몰아 그들이 가진 귀중한 재능을 자신과 사회에 쓸모없는 고통과 절망을 주는 원천으로 보게 한다는 점이다.

알렉시스 카렐^{Alexis Carrel} 박사는 다음과 같이 기록한다. "서양인들에게는 이성이 직관보다 우월해 보인다. 우리 대부분은 감정보다 지성을 선호하고, 종교의 빛은 희미한 반면 과학의 빛은 밝게 빛난다. 우리는 데카르트는 따르지만, 파스칼은 거부한다."

"또한 우리는 무엇보다 우리 안에 지성을 발달시키려고 한다. 도덕적 감각이나 미적 감각, 무엇보다 성스러움에 대한 감각 같은 정신의 비지성적 행위들은 거의 무시해 버린다."[9]

합리주의와 현실적인 문명에서 기준으로 작용하는 잘못된 가치 척도는 강자에게는 위험하지 않다. 강자는 언제나 강한 존재로 남기 위해 자신의 인간적 본성에 선천적으로 존재하는 약함, 즉 애정에 대한 욕구, 형이상학적 고통, 예술가적 감수성, 양심의 가책, 하나님에 대한 그리움을 무심코 드러낼 수 있는 모든 것을 억누른다. 한 젊은 여성은 "저는 제가 너무 약하기 때문에 저의 약함을 혐오합니다"라고 말한다.

강자는 삶의 경주에서 이기기 위해 어떻게 손을 써야 하는지 알고 있지만, 곧 그 경주의 포로가 되어 버린다.

강해지려면 삶을 방해하는 복잡성에는 눈을 감고 삶을 단순화시켜야 한다. 이처럼 강자는 곧 자신을 메마르게 하고, 진실한 생활에서 멀어지게 하는 마음의 습관과 단순한 철학의 포로가 되어 버린다.

그들은 거듭되는 성공으로 자기가 다른 사람들보다 더 훌륭하다고 믿는다. 무엇보다 자신이 하나님께로부터 버림받았다고 생각하는 약자보다 더 훌륭하다고 생각한다. 이들은 설령 부당하게 성공했다 해도 그 성공을 하나님의 축복의 표시로 쉽게 받아들인다. 하지만 이것은 이 세상에서 그들이 할 수 있는 가장 풍성한 경험, 즉 회개를 통해서만 도달할 수 있는 하나님의 은혜를 경험할 수 있는 기회를 빼앗는다.

나는 여기서 행복과 성공의 나날을 보내고서도, 고통을 통해 살아 있는 믿음을 발견했을 때를 감사하며 사는 사람들이 상당히 많다는 사실을 이야기하고 싶다. 어떤 환자는 모든 것이 순조롭게 진행된다고 생각할 때보다 자기 삶이 엉망이라고 느꼈을 때, 구원을 매우 가까이에서 느꼈다는 편지를 보내 왔다. 어떤 환자는 결혼 초기 행복감에 사로잡혀 하나님을 잊고 살았음을 깨달았다. 그녀의 남편이 하나님 자리를 대신 차지하면서 부부 사이에는 고통스러운 갈등이 벌어졌고, 그때 비로소 하나님께로 돌아오게 되었다.

또 다른 흥미로운 경우가 있다. 친구들에게 항상 모범이 되었던 어느 마음 착한 어린 소녀는 자신에게 주어진 일을 척척 잘 해냈다. 대학에 갔을 때도 소녀는 다양한 과목 중에서 선택을 해야 한다는 것이 매우 어려웠지만 무엇이든 잘 해냈다. 그러나 이제 소녀는 자신에 대해 의심하기 시작한다. 자신의 진정한 본성은 무엇인가? 자신의 소질은 무엇이며, 삶의 목표는 무엇인가? 그녀는 전혀 알 수 없었다. 그동안 어떤 장애도 극복해 본 적이 없었기 때문에, 자신을 알 수 없었던 것이다.

모든 일이 순조롭게 되어 갈 때, 우리는 얼마나 성급히 자신에 대한 환영에 도취되는가? 그것은 19세기에 발생한 현상이다. 과학과 기술 진보라는 편리한 시대의 행복 속에서 인류에게 낙관론이라는 순풍이 불었다. 사람들은 스스로 더 풍요롭고 더 많이 알고 더 탁월해졌다고 믿었기에, 저속한 야만적 관습에서도 안전하다고 믿었다. 하지만 우리의 자만은 보기 좋게 짓밟히고 말았다. 사회의 유익한 규제가 사라진 상황에서는 그만큼 저지를 수 있는 범죄도 많다는 사실은 충격적이었다. 그러나 우리는 얼마나 쉽게 그것을 망각하고 인간의 불의와 우리 자신의 부당함에 대해 눈감아 버렸는가? 우리가 강할 때 받는 존경이 선한 양심의 자리를 대신하게 되었다.

―

다른 사람들로부터 존경을 얻는 물리적 강함이 그 자체만으로 무슨 가치가 있는가? 이것은 르네 길루앵$^{René\ Gillouin}$이 지금 이 시대에도 충분히 적용될 수 있다고 회상하는 아르키메데스를 죽인 병사의 이야기에서도 나타난다.[10] 그러나 정신적·지적인 힘, 심지어 도덕적 힘까지도 우리의 진정한 운명적 관점에서 보면 그 이상의 가치가 있는 것일까?

나는 이 글이 역설과 과장으로 치우치지 않기를 바란다. 비록 약자를 회복시키려고 노력하고 있지만 강자를 비방하고 싶지도 않다. 사실, 강자는 자신을 지키는 데 내 도움이 거의 필요하지 않다. 그러나 강함은 선과 정의를 지키기 위해 특정한 사람들에게 허락된 선물이기도 하다. 그들이 가진 신체의 활력, 지성과 상상력, 도덕적 권위와 자제력은 약자의 직관과 감수성처럼 하나님의 인도를 받을 때 굉장한 가치를 가진다. 내가 여기서 주장하고자 하는 바는 인간의 고귀함이 그들 자신의 강함이나 약함에서 비롯되는 것이 아니라, 하나님을 섬기기 위해 그것을 사용하는 데서 비롯된다는 것과, 강함과 약함은 단지 자연적 현상이기 때문에 모든 자연적 현상과 같이 중립적이라는 것이다. 하지만 여기에는 역시 각각의 위험 요소와 특권, 선 또는 악에 대한 잠재력까지 포함된다.

문제는 이런 자연적 차이가 사람들을 구분하고 그들 사이를 갈라놓는 원인이 된다는 점이다. 우리는 일반적으로 어떤 사람에게는 강하고 어떤 사람에게는 약하다. 그리고 그 차이는 그들의 관계도 바꾸어 버린다. 공동체에서 가장 강한 사람은 가장 큰 위험을 무릅쓰지만, 그의 강함은 그를 모든 것에서 떼어 내어 지독한 외톨이로 만들기도 한다.

나는 모든 사람으로부터 추앙받고 명예와 존경에 둘러싸인 사람들이 눈물을 흘리며 진료실에 찾아와, 모든 사람의 존경이 오히려 자신을 정신적 고독으로 몰아넣었다고 말하는 것을 많이 보아 왔다. 강함과 약함은 사람을 위장시키고 교제를 막는 갑옷으로, 강자와 약자가 안고 있는 커다란 문제의 슬픈 단면이다. 어떤 사람은 비난뿐 아니라 존경을 받아도 고립되고, 자신이 느끼는 두려움뿐 아니라 자신이 불어넣는 두려움에 의해서도 고립된다. 귀스타브 티봉Gustave Thibon은 "한편으로는 질투, 한편으로는 두려움이 모든 인간관계를 메마르게 한다"고 말한다.[11] 그리고 장 드 루주몽은 "사람은 자기도 모르게 자기에게서 도망가는 동료를 찾으면서, 자기를 찾는 사람으로부터 도망친다"[12]고 말한다.

사람들이 서로를 약하거나 강하다고 보는 한, 진정한 교제는 불가능하다. 상대방에게 맹목적으로 복종할 때, 거짓되지만 그럴듯해 보이는 우정 관계가 성립할 수도 있다. 그러나 이 잘못된 교제는 약자를 억압하는 대가를 치르기 때문에 곧 두 사람에게 재앙을 가져온다.

인간은 모두 평등하다는 개념 없이 어떠한 교제도 성립될 수 없다. 모든 사람이 동일한 것은 사실이지만, 그 사실은 우리의 강한 반응과 약한 반응 뒤에 숨겨져 있다. 그렇기 때문에 우리가 사는 현대 사회에서 교제의 문을 다시 열기 위해서는, 인간을 강하거나 약한 외양에 따라 판단하는 이 시대의 커다란 오류를 반박해야 한다.

무척 어려운 일이기는 하지만, 우리는 강자가 약자를 이해하도록 도와야 한다. 국가들 간에도 권력 위에 세워진 관계는 공격과 방어의 태세를 갖추게 하고 서로를 이해하는 데 심각한 장애가 된다. 인간을 알기 위해서는 외양이라는 커텐 뒤에 있는 그의 참모습을 발견해야 한다. 사람들은 상대를 향한 갈망과 저항 사이에서 끊임없이 분열되어 강하지도 약하지도 않거나, 동시에 강하고 약하다는 사실을 발견해야 한다.

여기에 대해서는 장 드 루주몽이 잘 표현하고 있다. "내 이웃이 나보다 강하면, 나는 그를 두려워할 것입니다. 그러나 그 사람이 나보다 약하면, 나는 그를 무시할 것입니다. 그리고 만일 서로 동등하다면, 속임수를 쓰겠죠. 나는 과연 어떤 동기로 그에게 순종하고, 어떤 이유로 그를 사랑할 수 있는 걸까요?"[13]

인격 의학, 인격 교육, 인격 정치, 이 모두는 외양을 초월한 인간과 인간 사이의 진정한 관계 회복을 가져온다. 그 때문에 환자를 상대해야 하는 의사, 학생들을 상대해야 하는 교사, 대중을 상대해야 하는 지도자들은 모두 자신이 상대해야 할 사람들과 자신을 분리시키는 어떤 힘에 둘러싸인다. 그들은 이것을 기꺼이 받아들이며 자신의 약점을 감추는 데 이용한다. 그래서 그들의 처방, 가르침, 정치는 일방통행 같고, 그들은 권위라는 커튼 뒤에 안전하게 몸을 숨긴다. 그러나 그들은 기능적인 역할만 할 뿐 인간적이지는 않기 때문에 기술적인 서비스는 줄 수 있어도 사람의 마음을 끌어들이지는 못한다.

예민하고 병약한 '아이들'과 소위 국가라는 큰 아이들은 그들에게 찾아와 권위를 가지고 있지만 그들보다 약하다고 고백하는 겸손한 사람들을 찾는다. 마이데 박사는 "환자가 솔직하게 말하지 못하는 것은 비난받을지 모른다는 두려움"[14]이라고 말한다.

물론 우리는 과학적인 지식으로 환자들을 도울 수 있다. 그렇지만 아픈 사람뿐 아니라 건강한 사람들과 진술한 관계를 맺고 의사인 우리도 자신의 약점을 고백할 때, 그들을 도울 수 있는 순간이 생긴다. 나는 꽤 잘 알려진 증세로 괴로워하는 한 환자를 기억한다. 그는 목구멍이 수축해서 마치 덩어리 하나가 목구멍을 올라갔다 내려갔다 하는 것 같다고 설명했다. 하루는 그가 내 진료실을 찾아와서는 이렇게 말했다. "어제 선생님이 선생님의 어려움에 대해 이야기해 주셔서 감사했습니다. 바로 그 순간 종기가 갑자기 사라졌습니다." 우리 사이에는 진정한 관계가 이루어졌으며, 이것은 모든 효과적 심리 요법의 토대다.

이렇게 자신을 드러내는 것이 당연한 절차가 되어서는 안 된다. 우리가 그 방법을 하나의 당연한 절차로 사용하면, 그것은 또 하나의 자기 과시가 되고, 상대는 자신감을 얻기보다 낙담하기 더 쉽다. 이것은 삶의 문제이기 때문이다. 즉 이것은 인간의 관계에서 강한 반응과 약한 반응으로 쉽게 덮어 버리는 **자유로운 삶의 문제**다.

홧김에 자기의 기도 노트를 태운 것이 수치스럽다고 고통스러워하며 말하는 환자에게 나도 반항심이 치밀어 노트를 찢은 적이 있다고 털어놓았다. 그리고 나는 그 환자에게 모세 역시, 십계명을 던졌을 때 우리와 똑같은 일을 저지른 것이라고 상기시켰다.

마이데 박사는, "의사가 한 인간으로서 환자의 치료에 집중할 때, 그는 단지 하나의 '사례'를 관찰하는 것이 아니라, 의학 분야에서 심오한 변혁을 가져오는 새로운 시도를 하는 것이다"라고 말한다. 그것은 바로 오늘날 인간관계의 모든 영역에서 회복되어야 할 인격적 태도다.

여기에서 우리는 어떤 오류도 범해서는 안 된다. 이 새로운 태도는 하나님의 은혜 없이는 나타날 수 없다. 우리는 하나님 앞에서만 우리가 얼마나 불쌍한 존재인지 깨달을 수 있고, 우리 자신이 모든 사람과 진정한 형제라는 사실을 이해할 수 있다. 그럴 때 우리는 날마다 하나님의 은혜를 간구해야 하므로, 다른 사람들이 가장 필요로 하는 도움을 줄 수 있다. 만일 내게 하나님의 은혜가 없었다면 약한 반응으로 약함에 굴복하거나 약함을 강한 반응 속에 감춰 두었을 것이다. 그러나 두 가지 경우 모두 진실한 삶을 살게 하지 못한다. 삶이란 행동하는 것이지, 반응하는 것이 아니기 때문이다. 그리고 확고한 신념에서 자유롭게 행동해야지, 복종이나 반항하는 마음으로 반응해서는 안 된다.

강자의 낙관주의는 약자의 비관주의만큼 집요하다. 그러나 이 두 가지 다 거짓된 것이다. 환자 중에 인생에서 부딪혀야 하는 어려움에 짓눌려, 매사에 불신이 가득한 여인이 있었다. 나는 그 환자에게 이 세상에는 하얀 돌과 검은 돌이 있는 것처럼, 선과 악이 존재한다고 일러 주었다. "당신이 검은 돌을 볼 때는 그것을 진짜라고 여기겠지만, 하얀 돌을 볼 때는 하얗게 칠해진 검은 돌이라고 생각하겠죠." 이와 마찬가지로, 강한 사람은 하얀 돌을 진짜라고 생각하고, 검은 돌은 하얀 돌에 검은 칠을 한 것이라고 여길 것이다.

영적인 관점은 낙관적이지도 비관적이지도 않다. 이 관점에서 사람은 돌을 검든 하얗든 둘 중의 하나로 보지 않는다. 세상을 있는 그대로 보고, 사람이 강하긴 약하건 흑백이 동시에 칠해져 있는 것으로 본다. 약자의 내면 깊숙이 잠자고 있는 은밀한 강점을 통해 그가 자신감을 회복하도록 도와주는 것이 어려운 만큼, 강자에게 자신의 약점을 볼 수 있게 하는 것 또한 어려운 일이다. 은혜에 관해 주목할 만한 사실은 은혜를 통해 이렇게 전혀 다른 두 가지 움직임이 나타난다는 것이다.

그리고 우리는 갑자기 강해지거나 약해지기도 하고 강함과 약함이 동시에 나타나기도 하기 때문에, 은혜 역시 갑자기 그리고 동시에 우리의 사악함을 일깨워 주고 우리를 절망에서 구해 준다. 다시 말해 하나님의 은혜는 우리를 파괴하기도 하고 다시 회복시키기도 한다.

이와 같이 약한 반응과 강한 반응은 정반대의 것으로 보이지만, 그럼에도 불구하고 그 두 반응은 자연스러운 기제란 점에서 모두 동일하다. 이것과 전혀 다른 것은 우리를 그 기제에서 해방시켜 주는 신앙 경험이다. 피터 하워드는 "답은 마음의 변화에 있다"[15]고 말한다.

사실 우리는 모두 나약하고 비참한 존재며 넘어지고 버림받은 자들이다. 우리가 낙천적이든 비관적이든, 직관적이든 이성적이든, 자신이 있든 좌절에 빠졌든, 겉모습이 아닌 그 마음속을 들여다보면 모두 똑같다. 이것이야말로 성경의 메시지다. 또한 이것이야말로 과도한 열등감에 시달리는 사람들을 치료할 수 있는 메시지다.

우리는 누구 할 것 없이 동일하게 죄와 도덕적 비참함에 빠져 있다. 관습은 사람을 사회적 겉모습으로 판단하지만, 성경은 사람의 마음속을 들여다본다. 겉모습에 기초한 잘못된 판단은 자신의 은밀한 약점을 감추어 자신과 다른 사람들에게 강하게 보이고 싶은 사람들이 조장하고 활성화시킨 것이다. 우리는 성공담과 여러 가지 경험에 자부심을 느끼고, 사회적 성공을 뽐내며, 우리의 철학적·신학적·사회적 체계가 완전하다고 외치면서 다른 사람들에게 행복과 미덕의 비결을 가르치겠다고 주장할 수 있다. 우리는 이 모든 일을 자신을 위로하기 위해서 한다. 사람이 드러내기 좋아하는 견고한 체계는 인간이 추구하는 안전한 안식처와 같다.

그러나 우리는 우리의 성공과 더불어 실패도 잘 알고 있으며, 어떤 교리나 체험도 그 실패에서 우리를 보호하지 못했다는 것을 이미 잘 알고 있다. 그리고 우리가 그리스도인다운 삶을 살기 위해 애쓰면 애쓸수록, 우리는 자신의 죄를 더 인식하게 된다. 그것은 마치 저울의 한쪽 접시에만 계속해서 추를 더하는 것과 같다. 그리고 추를 놓을 일이 생길 때마다 다시 평형을 이루기 위해, 저울의 다른 쪽 접시를 채울 하나님의 은혜가 더 필요하게 된다. 그러나 그 평형은 항상 불안정하기 때문에 아무리 가벼운 추라도 평형 상태는 깨진다. 낙심과 의심은 언제나 우리 가까이에 있다. 우리가 패배를 향해 눈을 가리고 강한 반응으로 약점을 감추던 이전 방식으로 돌아가고 싶은 유혹에 빠질 때가 바로 이때다. 우리가 영적인 삶의 길을 따라 나아가려고 할수록, 유혹은 더 커진다. 그 유혹에 빠지면, 동시에 마음의 평정을 회복할 수 있는 유일한 길인 은혜도 사라진다.

따라서 세상이 생각하는 것처럼 한편에는 약자가, 다른 한편에는 강자가 있는 것이 아니다. 단지 한편에는 자신의 약점을 인식하고 심리적 보상은 모두 무익하다는 사실을 알며 그래서 하나님의 은혜만 의지하는 약자가 있고, 다른 한편에는 자신의 강한 믿음과 이론, 성공과 미덕을 믿는 약자가 있을 뿐이다.

제3부

심리학과 신앙

제7장

정당한 방어

이제 당신은 다음과 같은 중요한 질문을 제기할 것이다. 강한 반응뿐 아니라 약한 반응에 대해, 즉 증오, 공격, 앙갚음뿐 아니라 자기희생, 자제, 용서에 대해 내가 한 것처럼 기독교적 입장을 취하는 것이 정당한가 하는 질문이다. 무저항의 논리를 말하는 기독교 정신은 약한 반응을 옹호하는 것이 아닌가? 생활 현장에서 사람들 사이의 갈등은 불가피한 것이기에, 한방 얻어맞으면 다시 상대방에게 한방 먹이거나 그냥 그대로 두들겨 맞아야 한다. 우리는 우리를 부당하게 대하는 사람들에게 공정한 대우를 요구할 수도 있고 굴복할 수도 있다. 자신의 뜻을 강요하는 사람들에게 저항할 수도 있지만 그들에게 복종할 수도 있다. 이것이야말로 강한 반응이나 약한 반응이 아닌가? 예수 그리스도께서는 우리에게 항상 약한 반응을 선택하라고 말씀하신 것은 아닐까?

산상수훈이 이 점을 아주 명백하게 입증해 주고 있지 않은

가? "너희에게 이르노니 악한 자를 대적하지 말라. 누구든지 네 오른편 뺨을 치거든 왼편도 돌려 대며 또 너를 송사하여 속옷을 가지고자 하는 자에게 겉옷까지도 가지게 하며 또 누구든지 너로 억지로 오 리를 가게 하거든 그 사람과 십 리를 동행하고"(마 5:39-41).

우리는 이 중대한 질문들을 회피할 수 없다. 이 질문들은 프로이트 학파의 정신 분석학자와 그리스도인을 구분하는 근본적인 논쟁점이다. 프로이트 학파는 공격성 원리를 공식화하여 그것을 기독교 정신에 대립하는 것으로 세웠다. 그들은 신경증 환자들이 보이는 모든 증상, 즉 우리가 약한 반응이라고 부르는 것은 인간의 자연적인 공격성, 삶에 대한 의지, 확장을 향한 개인적 욕구, 리비도를 억압한 데서 기인했다고 믿는다. 더욱이 그런 억압에 대한 책임은 사회의 제약과 전통적 도덕, 특히 교회의 억압에 있다고 말한다.

당신은 내가 1장에서 두 딸을 함부로 대하는 한 어머니의 예를 기억할 것이다. 언니는 순종적인 그리스도인이었지만, 동생은 고집이 세고 그리스도인이 아니었다. 언니는 신앙 안에서 자신의 행동이 옳다는 것을 깨닫고 자신의 고통에 대해 위로를 얻으면서 신앙을 고백하지만, 동생은 엄마에게 거친 행동을 해서 느끼는 양심의 가책을 누그러뜨리고자 기독교와 기독교의 도덕성을 격렬하게 공격한다.

정신 분석가들은 신경증 환자의 상당수가 기독교 가정에서 성장했다는 것을 발견했다. 이것은 사실이다. 이들은 신앙심 깊은 사람들에게 경직되고 엄격한 도덕적 분위기에서 양육 받았거나, 어릴 때부터 조용히 하고 말을 잘 들으며 부당한 일에 대해서도 불평하지 말고 참으며 자신의 욕구와 질문을 억제하고 대가를 바라지 말고 봉사하라고 배웠거나, 눈물과 웃음과 애정에 대한 욕구를 참고 염려와 두려움을 감추며 관습에 따르고 모든 일에서 부모의 기호와 야망과 의견을 받아들여야 한다고 배우며 성장했다. 그리고 이들의 부모는 맹목적인 복종을 얻어 내기 위해 자녀에게 계속해서 기독교적 신앙을 요구하며 호소한다. 그리고 자녀들을 지옥 불로 위협하거나 자녀들이 불순종할 때 하나님 앞에 엎드려 용서를 구하라고 강요한다. 나중에 자녀들이 사춘기가 되어 자기 스스로 직업을 택하거나 사회적 지위가 다른 이성 친구를 사귀면, 부모들은 그들을 엄하게 꾸짖어 달라고 목사님께 부탁한다. 자녀가 어릴 때 순진하게도 아기가 어떻게 세상에 나오는지 물으면, 부모들은 상당히 언짢아하며 믿는 아이들은 그런 사악한 질문을 하는 게 아니라고 답한다.

나중에 그렇게 자란 희생자들은 신경증에 빠진다. 이들은 불안, 강박증, 양심의 가책, 억제, 성도착, 열등감에 희생되어 환자의 모습으로 정신 분석가들을 찾아온다. 그러니 정신 분석가가 그들에게 전혀 다른 태도를 취해야 한다고 하는 것을 과연 비판할 수 있을까? 정신 분석가는 "자기를 방어하는 법을 배우고, 마음속에 억누르고 있는 불만을 표현하세요. 당당히 자신을 주장하고 스스로 독립하세요. 눈을 크게 뜨고 부모님을 한번 바라보세요. 부모님은 당신에게 자기를 부인하라고 하면서 정작 자신들은 그렇게 하지 않아요. 당신의 부모는 까다롭고 권위주의적이며 복수심이 가득하고 자기중심적인 사람들입니다. 당신 부모가 당신에게 가르치는 종교는 당신을 겁주고 억압하려고 사용하는 한낱 발명품이거나 지배 도구, 당신을 괴롭히기 위한 수단에 불과하죠. 모든 사람은 자기의 삶을 살아갈 권리를 지키기 위해 공격적 본능을 타고났습니다. 당신이 자신감이 부족하다면 그것은 당신이 그 본능을 억압했기 때문입니다. 하지만 본능에 따라 자유롭게 살면 당신은 다시 삶을 즐길 수 있을 것입니다. 당신의 부모가 당신을 위협한 하나님의 저주가 사실 헛된 신화에 불과하다는 것을 깨닫게 될 거예요. 그래서 곧 행복해질 것입니다. 당신은 공격성과 아울러, 성적 본능도 억압해 왔습니다. 당신은 성적 본능을 자랑스럽게 여기기보다 오히려 사악하고 부끄러운 것으로 믿었던 거죠"라고 말한다.

사람들이 모든 신경증이 종교적 가정에서 기인한다고 말하지는 않는다. 이 논쟁에서는 솔직해져야 한다. 그리고 정신 분석가들이 교회와 상관없는 범주에서도 방금 같은 양육 방식이 사용되며, 그것은 교회가 사회에 주입한 사상에 어느 정도 뿌리내리고 있다고 주장하는 것이 틀리지 않음을 인정해야 한다. 정신 분석가들과 마찬가지로 나 역시 그런 경우를 본 적 있다. 신앙 있는 환자들이 상담을 받으러 많이 찾아왔기 때문이다. 특히 신앙 있는 부모들은 기꺼이 자녀들을 보내 주었는데, 그중에는 방금 언급한 사제나 목사들처럼 반항하는 자녀를 진정시켜 달라고 나에게 호소하는 부모들도 있었다. 부모들은 그리스도인 의사가 자녀들 편에서 그들의 불만에 기꺼이 귀 기울이고 자기 자신을 주장하고 자기가 좋아하는 것과 의견을 표현하라고 권유하는 것에 놀라고 분개하기도 했다.

그런 주장은 진지한 것이다. 대부분의 그리스도인은 타협해서 이 문제를 회피하려고 한다. 그들은 교회에서 배운 무저항이 가장 이상적이지만, 현실에 적용할 수는 없다고 생각한다. 그래서 가능한 한 관대하고 정직하고 사심 없이 친절하려고 노력하면서 모든 일에 적당히 타협하며 행동한다. 필요하면 그들은 자신을 지키며, 사회생활을 하는 데 어쩔 수 없이 필요한 거짓말을 하기도 한다. 그리스도인이냐는 질문을 받으면, 그들의 양심은 "예"라고 말하기보다 "그렇게 되려고 노력하죠"라고 말한다. 그들은 신앙생활을 열심히 하지도 않으면서 믿음 있는 척한다는 비난을 듣는 것이 두려워서 열심히 교회에 나가는 것도 꺼린다.

이처럼 타협은 어떠한 해결책도 제공할 수 없다. 불안이 그대로 남아 있기 때문이다. 정신 분석가들이 제기한 주장은 중대한 것이어서 그 문제를 피할 수 없다. 또한 분명히 그것은 의학과 신경증 환자들의 특정 문제를 넘어 적용되는데, 우리의 모든 일상적 태도와 관계된다. 그것은 성경에 충실하고 일관성 있으며 분명한 사회적 윤리를 촉발하는 답변을 요구한다.

이것이야말로 내가 여기서 기독교적 도덕성과 약한 반응을 혼동하는 위험한 실수를 거부함으로써 도전하고자 하는 바다. 이것은 그리스도인과 비그리스도인 모두가 끊임없이 혼동하는 부분이다.

성경에서는 우리가 방금 인용했듯, 무저항을 요구한다. 그러나 성경에는 사람이 회피해서는 안 되는 사람에 대한 인격주의 교리도 포함되어 있다. 우리는 성경 어디에서나 하나님의 내적인 부르심으로 강해져 자신을 담대히 주장하고 믿음을 지킨 사람들을 만난다. 그리스도도 채찍을 사용하신 적이 있다. 그리고 그리스도께서 겟세마네 동산에서 십자가를 지신 것은 자신을 담대히 지키지 못해서가 아니라 그것이 하나님의 뜻이었기 때문이다.

여기에는 분명한 차이가 있다. 겟세마네 동산에서의 승리는 사람에 대한 복종이 아니라 하나님에 대한 순종이었으며, 약한 반응이 아니라 용기 있는 행동이었다.

예수 그리스도는 앙갚음의 법칙에 빠져 있는 세상을 향해 산상수훈을 말씀하셨다. 한 대 맞은 것에 대해 똑같은 앙갚음을 할 수 있는 강자에게, 그렇게 할 기회를 포기한다고는 전혀 상상할 수 없는 세상을 향해 말씀하셨던 것이다. 예수 그리스도께서 그런 사람에게 요구한 무저항은 자신의 능력에 대한 승리이지, 비겁한 행위가 아니다. 자신을 지킬 수 있으면서도 그리스도를 따르고 하나님께 순종하기 위해 그 힘을 단념하는 강한 사람과, 담대히 자신을 지키지 못하고 두려움에 빠져 나약하게 굴복하고 마는 사람 사이에는 상당한 차이가 있다. 전자는 영적으로 승리한 경우지만, 후자는 정신적으로 실패한 경우다.

그러므로 내가 여기서 분명히 정의 내리려는 윤리는 저항과 무저항 사이의 타협이 아니다. 즉 편의주의적으로 이것 아니면 저것을 선택하거나, 자신이 안전할 때는 지키지만 그렇지 못할 때는 굴복하는 행위와는 관계가 없다. 내가 말하려는 윤리는 행동 아래 동기들을 분별하는 것으로, 우리가 하나님께 순종하여 행하는 것인지, 그저 무서워서 행하는 것인지 자신에게 묻는 것이다.

사람들은 이 문제에 있어서 자신을 속이는 때가 자주 있다. 자기 생각을 주장하기 두려우면, 침묵이 기독교적인 자기희생의 결과라고 스스로를 설득한다. 하지만 그 문제를 놓고 하나님께 솔직히 기도하면, 우리가 보이는 관대함이 승리인지 패배인지 깨닫게 된다. 동일한 성경의 계시를 살펴보아도, 자신을 지킬 수 있고 또 그런 준비가 된 사람은 하나님이 자신에게 용서를 요구하신다는 것을 깨닫지만, 비겁함에 무너지려는 사람은 굳게 서라는 말씀을 듣는다.

이와 같이 영적인 삶은 생물학적 차원의 반응을 넘어선다. 그것은 강자의 힘은 깨뜨리고 약자는 강하게 한다. 그리고 영적인 삶은 항상 풍성하다. 패배적인 관대함(이것은 잘못된 관대함이다)은 정복자만큼 피정복자에게도 해롭다. 이와 반대로, 승리하는 관대함은 포기한 사람의 능력을 더욱 증대시키고 불공평한 승리를 얻은 사람으로부터 존경을 얻게 한다.

교회는 기독교적 도덕성과 약한 반응을 너무 자주 동일시하는 바람에, 기독교 정신을 두 가지가 희석된 이미지로 전했다. 이 두 가지를 혼동함으로써 오늘날 교회에서 편안함을 느끼는 약한 사람들이 많다. '하나님의 더 큰 영광'을 위한 것이라고 말할 수 없는 현상이다. 이들이 겸손하게 자기를 감추고 너그러운 태도를 보이는 것은 신앙이라기보다 심리적 약함에서 나온 것이다. 이들의 신앙은 자신의 정신 구조에 대한 승리이기보다 약한 행동에 대한 변명이라고 할 수 있다. 우리는 이들이 슬프고 불안하고 억압된 상태에 있음을 발견한다. 그리고 이들에게는 이렇게 치명적인 혼동을 퍼뜨린 데에 대한 책임이 있다. 에릭 드 몽몰렝은 "치열한 인생의 분투에 맞설 만큼 자신이 강하지 않다고 느끼는 사람들은 소위 말하는 유혹이 그렇게 강하지 않은 사회인 교회에 틀어박히게 된다"고 말한다.[1] 나는 수도원에 들어가려는 욕구에 사로잡혀 불안에 떨던 환자를 기억한다. 그는 그 공동체를 폭풍우와 같은 삶에서 벗어나 안식처를 찾을 수 있는 항구로 여겼다. 그러나 자신이 정말 하나님께 그런 부르심을 받았는지 의심스러워 마지막 한 발을 떼지 못하고 주저했는데, 거기에는 그럴 만한 이유가 있었다. 그는 공동체에 들어가려는 갈망이 진정한 소명보다 어디론가 도망쳐 버리고 싶은 유혹과 더 관계가 깊다는 것을 깨달았다. 우리는 가톨릭 형제들이 수도사가 되려고 하는 사람들의 마음속에 일어나는 이런 유類의 혼란을 얼마나 조심스럽게 여기며 경계하는지 잘 알고 있다.

이 모든 것은 정신 분석가들이 설명한 것처럼 공격성의 문제를 드러낸다. 그들이 우리에게 보여 준 것에는 어느 정도 진실이 담겨 있다. 인간을 억압하는 것, 곧 신경증에서 볼 수 있는 것처럼 인간을 무기력하게 하고 황폐화하게 만드는 약한 반응의 악순환은 일종의 질병이며, 하나님의 뜻에 따르는 정상적인 상태가 아니다.

공격성이라는 말 속에는 완전히 잘못된 철학이라는 의미가 내포되어 있어, 그 용어는 피하는 것이 좋다. 그보다는 성경의 계시를 토대로, 사람에게는 정당한 방어 기제가 있으며 그것을 억압하는 것은 하나님께 불순종하고 기독교적 무저항을 따르지 않는 것이라고 말하는 것이 낫다.

성경에 비추어 볼 때 우리 인생은 하나님이 주신 선물이다. 그 인생은 하나님이 우리에게 맡기신 비교할 수 없는 보물이며, 우리가 잘 사용하고 보호하여 열매 맺어야 하는 달란트다. 우리 자신을 억압하고, 하나님이 우리 마음속에 두신 포부가 질식하도록 내버려 두며, 확신을 억누르고, 개성을 포기하며, 우리의 기호와 의지와 생각 대신 다른 사람의 기호와 의지와 생각에 의존하는 것은 비유에 나오는 종처럼 우리의 달란트를 땅에 묻어 두는 것일 수 있다. 그런 행위는 인간을 두려워한 나머지 하나님께 불순종하는 것이다. 그리고 하나님의 질서를 해친 것을 필연적으로 드러내는 증거인 질병은 우리로 하여금 이런 생각을 하게 한다.

우리는 억압의 심리학적 원리를 철저히 받아들일 수도 있다. 그리고 분석 기술을 통해 새로운 삶 대신 질병을 가져오는 잘못된 자기희생을 밝혀낼 수 있다. 마이데 박사는 "표현되지 못하고 억압된 다른 사람에 대한 증오의 감정은 무의식적으로 자기 자신을 파괴하는 증오심으로 바뀔 수 있다. 그는 어떤 체면 의식 때문에 상대방을 비난하지 못하고 대신 자기 삶을 증오하게 된다"[2]고 말한다.

우리는 이런 기제가 우리 심리 속에 작용하는 것을 볼 수 있다. 심리의 저변에서는 외부의 모든 약한 반응이 내면의 강한 반응에 의해 보상을 받는다. 그동안 억눌렸던 것이 반격하며 되돌아온다. 억압과 영적인 청산은 완전히 다르다. 마이데 박사는 치료 과정에서, 환자가 자신의 증오를 해소한 듯 보였지만 사실 그것을 억압하고 있었고 자기희생이라는 강박관념에 사로잡혀 있다고 밝혔다. 진정한 영적 청산은 우리를 해방시키지만, 억압은 질병의 원인이 된다.

이처럼 보복할 줄 모르고 자신이 학대받는 것을 당연하게 여기는 것 같은 약자가 우리를 찾아와 마음 문을 열었을 때, 우리는 그들의 마음속에 그들을 방해하고 약화시키는 불만이 상당히 축적되어 있다는 것을 발견한다. 이들이 자신의 불만을 털어놓기까지는 상당한 어려움이 따른다. 이들은 자신이 괴로워하며 마음에 담아 두었던 모든 비밀스러운 상처, 모욕, 금지 사항에 대해 우리 역시 자신을 비난할 것이라고 두려워한다. 그리고 이들은 우리가 자신을 이기적이고 변명만 늘어놓는 사람이라고 여기지 않을까 두려워하고, 부모나 남편, 아내에 대해 지나치게 비판적이라고 생각할까 봐 두려워한다.

사실 이들은 여느 사람보다 보복적이지 않다. 이들이 한 것이라고는 사람이 상처받을 때 작동하는 지극히 정상적이고 자연스러운 방어를 억압한 것뿐이다. 어떤 생명체든 지배를 받으면 갑작스럽게 자신을 지키려는 정당한 방어 기제가 일어난다. 여기에 하나님의 은혜가 더해지면 그는 용서할 수 있게 되기도 한다. 그러나 늘 어렵고 기적적이며 좋은 결과를 내는 진정한 용서는 처음의 정당한 방어 기제를 너무 빨리 억누르는 것과는 전혀 다르다. 참다운 용서는 모든 분노하는 마음을 자유롭게 하는 영적 승리지만, 억압은 아무것도 없애지 않고 마음속에 맹렬한 분노를 비축해 두는 약한 반응일 뿐이다. 마이데 박사는 "심한 증오는 아무것도 해결해 주지 않으며 문제만 더 악화시킬 뿐이다"라고 말한다.

우리는 진정으로 용서할 때만 이렇게 비교할 수 없는 자유를 누릴 수 있다는 자세로, 약자로 하여금 감히 말하지 못했던 모든 불만을 덜어 버릴 수 있게 도와야 한다. 그렇지 않고 용서는 일어나지 않는다. 그들이 부모, 남편 혹은 아내를 더 사랑할 수 있게 하기 위해서는 먼저 잘못된 수치심을 가지지 말고 사람들을 향해 은밀하게 키워 갔던 적대감을 표현해야 한다. 그렇지 않으면 그들은 항상 약한 반응의 악순환에 갇혀 있을 것이다. 강자가 뒤에서 공격하는 것은 자신의 불만을 해소하는 방책일 뿐만 아니라, 다른 사람으로부터 존경을 얻고 더 심한 공격에서 자신을 지키는 방법이다. 그러나 약자는 수동적인 태도 때문에 또 다른 모욕과 억압을 자기에게로 끌어들인다. 그는 자기 마음속 격렬한 열정과 달리 겉으로는 강자에게 복종하면서, 더 약한 반응으로 응한다. 그리고 그의 외적인 태도와 내적인 태도 사이의 긴장 때문에 하나님의 은혜를 경험할 수 있는 길도 차단된다.

약자는 사악하게 보일 것이 두려워 자신의 정당한 방어 기제를 억압하고, 그 후에는 자신에게 상처를 준 사람들에 대해 그렇게 심한 분노를 가진 자신을 비난한다. 그는 자신이 다른 사람들보다 더 악하다고 생각하기 시작하며, 자신의 악함을 감추기 위해 자신을 더욱 억압한다. 억압은 곧 우울증을 야기하고, 이 질병은 상처를 떨쳐 버리지 못하는 자신의 악함에 대한 벌이라고까지 생각하게 만든다.

남편의 외도에도 아랑곳하지 않고 너그러운 태도를 보인 한 여성이 기억난다. 나는 그렇게 관대한 용서를 할 수 있었던 그녀를 칭찬하면서 분명히 축복을 받을 것이라고 말해 주었다. 그러나 그로부터 상당한 기간이 지난 후, 그녀는 나를 만난 이 후에 고통이 더 심해졌고 거기에서 벗어나려고 정기적인 정신 분석 치료를 받았다고 털어놓았다. 그러고 나서야 그녀는 남편과 새로운 교제를 경험하게 되었다. 이전에 했던 그녀의 미성숙한 용서가 오히려 그들 사이를 방해했던 것이다.

지독한 강박관념에 시달렸던 한 환자가 나를 찾아왔다. 나는 그녀가 주위 사람들을 위해 항상 자신을 희생하고, 가족 앞에서도 자신을 의미 없는 존재로 만들었다는 사실을 알게 되었다. 그녀는 자원하는 마음으로 그렇게 했던 것이라고 믿었고, 남편이 사업에서 옳지 못한 행동을 하고 있다고 직관적으로 느꼈을 때조차(그 직관은 옳았다), 연약한 여자가 그런 문제에 쓸데없이 참견해서는 안 된다고 생각하여 남편에게 그 사실을 말하지 않았다. 그러나 그녀는 이런 식으로 자신의 인격을 억압한 대가로 심각한 내면의 갈등을 겪게 되었고 그 증거로 질병에 걸렸다. 내면의 갈등이란 자기 삶의 목적을 배신했다는 감정, 자신에게 위임된 직관과 건전한 판단력이라는 보물을 땅에 묻어 버렸다는 무의식적 감정이었다.

깊은 우울증으로 고통을 겪고 있던 매우 지적인 여성이 나를 만나러 왔다. 그녀는 앞서 말한 부정적인 양육을 받으며 성장했고, 약한 반응을 하게 되었다. 결과적으로 그녀는 직장에서 악한 음모와 중상모략에 희생되었을 때에도 자신의 정당한 방어 반응을 억누르고, 한 마디도 항의하지 못한 채 직장을 떠나고 말았다. 설상가상으로 약한 반응의 악순환이 더 굳어져, 객관적인 생각도 하지 못하게 되었다. 우울증에 걸린 그녀는 자신을 그렇게 부당하게 대한 사람이 오히려 옳았다고 말할 정도까지 이르렀다. 자신은 어리석고 쓸모없으며, 지금 맡은 중요한 업무에 적합하지 않다며 스스로를 비난했다. 그러나 이러한 자기 부정의 가면 뒤에는 정당한 분노가 숨어 있었다. 우리는 그녀의 갈등 상황을 자세히 살펴서, 그녀로 하여금 상황을 객관적으로 바라보고 자신의 삶을 망친 불미스러운 사실들을 정확히 설명할 수 있게 했다. 그때부터 그녀는 자신감을 회복하고 얼마 안 있어 자신을 해고한 직장보다 더 좋은 직장에 들어갔다. 그 후 진정한 신앙의 경험도 하게 되었다. 어느 날 그녀는 기도하는 중에 강렬한 평화가 마음속에 스며드는 것을 느꼈다. 모든 분노가 사라지자 자신에게 잘못한 사람들을 진정으로 용서할 수 있었다. 동시에 엄격한 가정환경에서도 결코 해결하지 못한 성격적 단점을 극복할 힘도 생겼다. 이런 승리를 통해 그녀의 건강은 회복되었다.

자기희생이라는 강박감은 현실을 왜곡한다. 이 강박감에 시달리는 사람들은 다른 사람들이 자신보다 낫다고 여기면서도 은근히 그들을 비난하고, 자기를 그들보다 못한 존재라고 생각하면서도 남모르게 교만을 키운다. 앞쪽 10센티미터 눈금이 잘려 나간 자로 잰 모든 치수는 10센티미터를 더해 계산해야 하듯이, 그 역시 자신의 모든 생각과 판단을 고쳐야 한다.

이런 심리 기제는 자연적 반응일 뿐이며, 초자연적 경험이나 기독교적 무저항과 혼동해서는 안 된다. 이런 심리 기제는 아무것도 해결하지 못하고 아무것도 세우지 못하며 아무것도 창조하지 못한다. 이것은 인간성과 교제를 파괴하고, 우리가 방금 살펴본 것처럼 우울증과 강박관념을 일으키기도 하며, 가득히 쌓인 억압된 분노를 조절하는 안전밸브처럼 작동하다가 격렬한 폭발을 일으키기도 하며, 냉담한 무관심을 일으키기도 한다. 한 남성이 내게 이렇게 말했다. "저는 더 이상 제 아내를 사랑하지 않아요. 그리고 이젠 아내를 미워하지도 않죠. 이제 아내는 제게 아무 의미가 없다는 말입니다. 그 누구도 명령하는 것을 좋아할 수는 없으니까요." 그는 오랫동안 아내의 태도에서 느끼는 분노를 말없이 억압해 왔으며, 지금 아내에게 무관심한 척하는 것은 마음속에 억압되어 있는 감정을 더 강하게 하려고 마음의 문을 잠가 버린 것이다.

강한 반응과 약한 반응은 영혼의 자유로운 감동을 차단하고, 사람을 심리 기제의 맹목적 결정론으로 강하게 끌어들여 붕괴시키는 경향이 있다. 그러므로 이 장의 처음 부분에서 제기한 질문에 대한 우리의 대답은 성령의 인도하심에 따라 사는 삶에 대한 소망이다. 이것이야말로 반응이 강하건 약하건, 사람을 부추기건 억압하건, 자동적 심리 기제에 대항하는 것이다.

이런 고찰을 국제 관계에 적용하는 것은 그리 어려운 일이 아니며, 오늘날 그리스도인들을 당혹스럽게 하는 국방 문제를 잘 조명하기도 한다. 군국주의라는 강한 반응을 보이는 국가는 무기 경쟁에 돌입하여 재난을 피하려고 하지만, 두려워하던 그 재난에 의해 무너지고 만다. 경쟁 국가의 지배를 받을지 모른다는 두려움을 느끼는 국가는 그 두려움에서 벗어나고자 무기 준비에 열심이다. "평화를 원하면 전쟁 준비를 하라"는 유익하지는 않지만 꽤 알려진 격언을 적용하여 전쟁을 피할 수 있을 것이라고 생각하지만, 그런 국가는 그 자극적인 태도로 인해 결국 전쟁을 일으킨다.

그러나 어떠한 대가를 치르더라도 무저항과 무장 해제라는 체계적 원칙을 고수하는 것도 여론에 대한 약한 반응, 즉 도피주의 정책일 뿐이다. 이 반응 역시 국가가 외면한 바로 그 재난을 야기한다. 나의 의도는 체제에 순응적인 비평가들보다 더 큰 도덕적 용기를 보여 주는 성실한 반대자를 비난하려는 것이 아니기 때문에, '원칙'이라는 말을 고심 끝에 사용한다.

그리스도께서 말씀하신 관대함과 용서를 숨 막히는 도덕주의와 자기희생이라는 엄격하고 영혼을 파괴하는 체계로 바꾼 왜곡된 기독교 정신에 맞서, 그리고 처음에는 개인을 희생하고 이어 성령을 억압하여 영혼을 파괴하고 마는 공격성의 원리에 맞서, 우리는 제3의 태도를 지향한다. 그것은 어떠한 윤리나 체계가 아니고, 불변의 행동 방침으로 제한을 하는 것도 아니며, 서로 다른 두 체계 사이에서 배회하는 타협도 아니다. 이것은 이론과 원리가 아니라 항상 살아 계신 하나님의 인도를 바라는 인간의 태도다. 인간은 성경에서 자기를 희생하고 용서하라는 하나님의 부르심을 발견할 뿐 아니라, 담대하고 낙망하지 말며 자신의 확신 속에서 견고히 서라는 부르심도 발견한다. 그리고 하나님 앞에서 묵상하면서, 자신이 넋을 잃을 정도로 몰두한 열정이 사실 강한 반응에 불과하기에 극복하는 것이 하나님의 뜻인지, 아니면 마음의 포기가 약한 반응에 불과하기에 극복하는 것이 하나님의 뜻인지 분별할 수 있게 된다. 그가 진정으로 용서한 것인지 아닌지, 싸우려는 마음이 정당한 것인지 아닌지 구분할 수 있게 된다. 이것은 거짓된 희생의 도덕도 아니고, 희생이 빠진 도덕도 아니다.

나는 매우 신실했던 어느 환자를 기억한다. 그녀는 항상 자신을 희생하여 다른 사람들을 도와주었다. 하지만 우울증에 시달리자 자기를 비난했다. 간호사가 그녀에게 이렇게 말했다. "당신이 자기 자신에 대해서 좀 덜 생각하고 다른 사람들을 더 생각했더라면, 결코 아프지 않았을 거예요."

그러나 나는 그녀에게 말했다. "저는 당신에게 자기애를 가지라고 말씀드리고 싶습니다. 기독교적 자기애 말이에요. 하나님은 우리가 그분의 형상대로 지으신 우리 자신을 사랑하기 원하십니다. 우리 자신은 세심하게 보살핌 받고 잘 자라도록 보호받을 가치가 있습니다. 그리고 파괴하기 위해서가 아니라 열매를 맺기 위해서는 가지도 쳐 줘야 합니다."

그래서 사람은 하나님이 요구하신 일을 이루기 위해 그분이 의도하신 정당한 방어를 할 수 있다. 철학자 프랑크 아보지는 그의 스승 샤를 스크레탕Charles Secrétan의 말을 인용하여, 개인individual과 인간person, 곧 자연인과 성령에 의해 거듭난 사람으로 분류하여 설명한다.[3] "회심이란 개인이 도덕적 인간으로 방향을 전환한다는 것이며, 이것은 곧 근본적인 변화다.…[그럼에도 불구하고 사실] 개인과 도덕적 인간은 하나다. 처음에 개인이었던 우리는 우리가 도덕적 인간임을 깨닫기 위해 개인으로 존재해야 하며, 자기중심적이어야 한다고 말하고 싶다."

그러므로 도덕적 인간은 개인에게 접붙인 가지에 비유할 수 있다. 줄기를 파괴하면 생명력을 보존할 수 없다. 줄기가 부러져 마르면, 체계적으로 자기 부인否認에 대해 설교하기보다 '사람이라는 나무를 돌보는 (선한) 정원사'[4]처럼 줄기에 영양분을 공급해야 한다. 하나님이 창조하신 것이기 때문에, 하나님이 친히 그것을 살아 성장하게 하실 것이다.

나는 수많은 억압을 받아 유아기적 태도에 사로잡혀 있던 환자가 생명과 성장에 다시 눈을 뜰 수 있도록 노력했던 적이 있다. 어느 날 그녀는 매우 괴로워하며 이렇게 말했다. "저는 이기적이고 질투심이 많아요. 한 친구에게서 아이를 출산할 것이라는 편지를 받고는 울어 버렸죠. 전 그렇게까지 나쁜 생각을 해 본 적이 전혀 없어요. 언니들이나 친구들이 결혼하거나 아이를 가졌을 때, 항상 진심으로 기뻐했는데 말이에요." 나는 이렇게 대답했다. "그것이 바로 진짜 나아질 징조입니다. 과거 당신이 12세 어린 소녀일 때, 큰 언니의 결혼이 진심으로 기뻤던 것은 언니와 비교할 나이에 이르지 않아서였을 것입니다. 그러나 당신은 이제 더 이상 어린아이가 아닙니다. 그리고 질투의 기미를 느끼지 않는다면 당신이 그것을 억압하고 있다는 뜻입니다. 왜냐하면 당신에게는 자신감과 자신도 결혼할 수 있을 것이라는 확신이 부족하기 때문이죠. 미혼 여성들은 정상적이라면 누구나 자기 친구가 결혼하거나 엄마가 되었을 때, 약간의 고통스러운 질투를 느낍니다. 모든 여성이 질투를 해야 한다는 말은 아닙니다. 질투의 감정을 인정하고 그것을 하나님께 아뢰어 마음속에 있는 이기심과 싸워 이기는 것과, 그 싸움에서 도피하여 질투심을 감추고 자신은 질투를 느끼지 않는다고 생각하며 그 감정을 무의식적으로 억압하고 무시하지만 그로 인해 우리 마음속에 파괴적인 결과가 일어나게 하는 것은 전혀 다른 문제입니다."

그렇다면 이제 인간의 정당한 방어라는 개념을 살펴보자. 여기서는 어떤 궤변도 옹호하지 않을 것이다. 이미 말한 것처럼, 어떤 사람이 하나님의 인도를 간절히 바랄 때, 자신이 양보해야 하고 굳게 서야 하는 상황을 바라보면서 점점 나아진다. 분명히 그는 가끔 실수도 할 것이다. 그렇기에 그 과정에서 혼자 있어서는 안 된다. 하나님의 이름으로 말하는 것을 소명으로 받은 사역자라면, 자기를 찾아오는 신실한 사람들을 위해 양심의 지시, 즉 행동 지침을 알려 주어야 한다. 그러나 '영혼의 치유'를 할수록, 나와 같은 의사(대개는 평신도)가 목회자의 자리를 차지하는 것을 경계해야 함을 확신하게 된다. 질문을 통해 자신을 찾아온 이가

하나님의 음성에 귀 기울이도록 도와주어야 하며, 그 음성이 말하는 것을 무시하라고 요구해서는 안 된다. 많은 사람들이 내가 하나님의 뜻의 중재자로 행동하기를 기대하고 찾아온다. 대개 나는 그들에게 문제 해결에 도움이 되는 몇 가지 성경 구절을 알려 줄 수 있을 때를 제외하고, 그들의 기대를 만족시키는 일은 피한다. 충고를 하기보다, 자신이 이미 해야 한다는 것을 알고 있는 그 일을 할 수 있도록 용기를 내도록 도와준다.

한 유부남에게 집착하는 어떤 여성의 경우를 들어 보자. 이 여성이 유부남과 불륜 관계를 맺은 것은 그녀의 신앙 경험과는 상반되는 것이었다. 뿐만 아니라, 그 남성은 그녀가 존경하는 사람도 이상적인 인물도 아니었다. 그녀는 내게 물었다. "전 어떻게 해야 하나요? 관계를 끊어야 하나요?" 대답할 필요도 없었다. 필요한 것이라고는 또 다른 질문을 던지는 것이었다. "당신 자신은 어떻게 생각하시나요?" 대부분의 경우 진짜 중요한 것은 하나님의 뜻이 무엇인가를 아는 것이 아니라 단지 그 뜻에 순종하는 것이다.

그럼에도 불구하고 의사는 치료 과정에서 환자와 교제하고 환자를 위해 하나님께 기도함은 물론, 전문적인 지식을 가지고도 도울 수 있다. 인간의 정당한 방어 기제를 침해하면 억압하는 것이기에 계속 심리적 장애를 일으킬 수 있다. 그러므로 의사들은 환자가 잘못된 길로 가거나 자기가 자선하는 마음으로 행동하고 있다고 생각할 때, 실은 그가 약한 반응에 굴복한 것임을 보도록 그의 심리 기제들을 추적하여 드러내야 한다.

이것은 이미 살펴본 것처럼, 아이의 경우 특히 그러하다. 권위주의적인 아버지나 어머니로부터 지독한 간섭을 받고 자라, 자신의 의지와 개인적인 취향을 완전히 포기하는 상황까지 이른 청소년이 여기에 해당한다.

또한 약혼자의 질투 때문에 모든 친구 관계를 포기해야 했던 젊은 여성도 그렇다. 아울러 그 여성은 삶을 풍요롭게 해주었던 스포츠, 예술, 지적 추구 등 모든 여가 활동도 그만두어야 했다. 왜냐하면 약혼자가 열등감을 가지고 있어서, 그런 활동을 참지 못했기 때문이다. 나는 그런 경우를 많이 보았다. 그리고 약혼이 파기되면, 여자는 이중으로 괴로워한다. 버림을 받았기 때문만이 아니라, 자신의 삶을 완전히 차지하고 자기가 비굴할 정도로 집착했던 대상이 사라져 버려 커다란 공허감이 남기 때문이다.

이것은 신경증을 앓고 있는 남편의 횡포에 시달린 나머지, 자신이 귀중히 여기던 모든 것을 조금씩 버리면서 남편을 달래 보려고 생각하는 아내도 마찬가지다. 이 모든 행동이 잘못되었음을 입증할 수 있는 것은 그들이 원하는 바가 이루어지지 않았다는 사실이다. 부모 사이에서 희생양이 된 아이는 점점 더 권위주의자가 되는 아버지나 어머니로부터 학대받는다. 한편 질투심 많은 남성은 약혼녀의 모든 개성을 파괴해 버리고 이내 그녀에게 싫증을 느껴 떠나버린다. 그리고 약한 아내는 남편의 신경증을 악화시킬 뿐이다.

이는 특별히 예술 계통의 직업에 소명이 있다고 느끼면서도 아버지의 압력 때문에 그것을 단념해야 하는 청소년도 마찬가지다. 왜냐하면 아버지는 아들이 가문의 유업을 잇는 것이 마땅하다고 생각하거나, 아들을 사무직에 종사하게 하는 것이 그의 물질적 안정을 보장하는 길이라고 생각하기 때문이다. 예를 들어, 아들이 설교하는 모습을 보고 싶어 하는 감상적인 열망을 지닌 어머니 때문에 신학 공부를 선택한 남성이 있다.

그러나 '남이 뭐라고 할까 봐' 두려워 개인적인 신념이나 정당한 욕구를 단념하는 경우도 있다. 무용을 포기하는 소녀가 있는가 하면, 불우한 환경에 있는 친한 친구를 포기하는 소녀도 있다. 또 어떤 소녀는 주말여행이 유익한데도 항상 조용히 집으로 돌아온다. 이들 모두는 다른 사람들의 편견에 굴복하는 것이다.

오직 자녀만을 위해 자녀를 사랑하는 부모가 매우 적다는 것은 생각해 볼 만한 문제다. 대개 부모는 자녀가 자신과 전혀 다른 취향을 가지고 있다는 것을 알게 되면 무시당하고 있다고 생각하며, 그것이 마치 버릇없는 행동이라도 되는 것처럼 자녀를 비난한다.

그러나 사람의 정당한 방어를 가장 심각하게 침해하는 것은 도덕적 또는 종교적 억압이다. 부모님이나 목사님께 양심적으로 자신은 견신례를 받지 않겠다고 하면서도, 결국 자신의 의지와는 상관없이 받은 사람이 그렇다. 또한 영적 멘토가 하나님의 저주로 자신을 위협할 일이 두려워서 거절하지 못하고 자기와는 다른 신념을 가진 종파에 강제로 들어간 사람도 마찬가지다. 그리고 남편을 지키기 위해 그의 정부를 집으로 데려와도 좋다고 허락한 여성이나, 성도착증이 있는 남편의 비정상적인 행위에 자신을 허락하는 여성도 그러하다. 또한 학식이 많은 심리학자임에도 불구하고 '남편에 대한 사랑 때문에' 자신은 원하지 않았지만 남편이 원하는 이혼에 동의하고, 나중에는 자신의 원칙들을 지키지 않았다는 뼈아픈 감정으로 심각한 신경 쇠약에 시달리는 여성도 그렇다. 부모님의 총애를 얻기 위해 지은 적이 없는 죄에 대해 부모님의 용서를 구했지만, 결국 부모님의 사랑은 얻지 못했다고 고백한 여성도 마찬가지다.

가톨릭 신자인 어느 여성은 개신교 신자인 약혼자로부터 성당에서 가톨릭 방식으로 예식을 올리려는 생각을 포기하라는 요구를 받았다. 그 여성은 나와 대화를 하는 가운데, 약혼자의 종교적인 신념은 존중해야 하지만 자신의 종교를 부인하면서까지 가정을 이루고 싶지는 않다고 했다.

그러므로 모든 사람에게는 가족이나 남편, 아내, 국가, 교회의 억압에 굴복하는 것은 자기 내면의 조화와 건강에 필요한 활력을 해칠 것이라는 신념이 있다. 일단 이런 식의 타협이 이루어지면, 불가피하게 다른 타협도 하기 마련이다. 한 남성은 자신의 일을 차례차례 포기한 결과, 신념까지도 포기하게 되었다. 무슨 질문을 받든지 그는 "아마 그럴 거예요"라고만 답한다. 그는 다른 사람들의 의견을 듣는 경우가 다반사이기 때문에 이제는 자신의 견해가 무엇인지도 알지 못한다. 일단 미끄러운 비탈길 위에 올라서면, 자신의 개성을 발전시키기보다 더 병약해진다.

사람은 정당한 자기 방어의 권리를 포기할 때, 자존감도 무너진다. 이때 사람들은 자신을 부정하고 성격은 더 어두워진다. 때로 타락하고 싶은 욕구에 압도당할 만큼 이끌리기라도 하는 것처럼 악에 빠져들기도 한다. 그리고 자신을 싫어하고, 다른 사람이 자신에게 했다면 이의를 제기할 만한 거칠고 공격적인 말을 스스로에게 한다.

이러한 자기 비하의 습관에서 벗어나기란 쉽지 않다. 자기 비하에 사로잡힌 사람들은 자신을 돌보고, 자신에게 돈을 쓰고, 혹은 다른 사람들의 시간을 잡아먹거나 자신을 변호하는 것을 부끄러워한다.

그들은 이렇게 말한다. "저보다 더 흥미 있고 선생님의 관심을 끌 만한 환자들에게 시간을 쓰세요." 만일 우리가 그들의 말에 귀 기울인다면, 그들이 가장 열망하는 순간에 상담은 멈추게 될 것이다. 만일 그들의 자존감(이것이 있어야만 자신을 지킬 수 있다)을 회복시키고자 한다면, 우리에게는 대단한 인내가 필요하다.

그리고 사실 인간에게 귀중한 가치를 부여하는 인간에 대한 성경적 개념과, 하나님이 십자가의 죽음을 통해 그분의 변함없는 사랑을 확증하심으로 모든 인간을 공평하게 사랑하신다는 확신보다 더 효과적인 것은 없다.

이때, 약자는 강한 반응의 자동적인 힘과는 전혀 다른 힘으로 강해진다. 그것은 기계적이거나 자연적인 힘이 아니다. 약자는 그런 선천적인 힘을 부여받지 않았다. 그 힘은 우리가 하나님과 교제를 나눌 때, 하나님이 우리 속에 강한 확신을 일깨우시고 그분께 충실하면서 그 확신을 지켜 가라고 부르실 때 만들어지는 초자연적인 힘, 즉 고요한 자기 확신이다.

정신 분석가들은 이미 알려진 대로 성적 본능과 그들이 말하는 공격성이라 부르는 것 사이에 밀접한 관계가 있다고 주장한다. 프로이트 학파는 공격성을 단순히 성적 본능의 투사로 생각한다. 융에 따르면 성적 본능은 삶에 대한 본능이며 자신을 확장하고자 하는 본능인 리비도의 특별한 표현이다. 어쨌든 내가 앞서 정의한 세 가지 태도 역시 성적 행동의 세 가지 서로 다른 개념을 포함하고 있다는 것을 쉽게 이해할 수 있을 것이다. 먼저, 체계적 자기 비난 이론은 성에 대해 부정적이고 경멸적이며 억압적 입장을 취한다. 다음으로, 정신 분석학자들의 공격성 이론은 개인에게는 자신의 성을 마음대로 사용할 권리가 있다고 주장한다. 마지막으로, 기독교적인 태도는 성생활을 하나님의 인도하심을 받는 것으로 본다. 성경의 하나님은 그분이 손수 성을 창조하시고 인류에게 주셨기 때문에 성을 비난하지 않으신다. 다만 사람들에게 그것을 어떻게 사용해야 하는지 밝히신다.

마이데 박사는 "성적 본능에 대한 편파적인 싸움 이면에는 그 반대의 반응이 있다. 우리는 이제 현명한 절제라 할 수 있는 중간 입장을 지향해야 한다"[5]고 말한다.

7. 정당한 방어

어머니에 대한 건강하지 못한 심리적 의존성으로 괴로워하는 남자에게 성적 경험은—심지어 혼외 경험조차—그에게는 유익을 주는 자유로움의 발현일 수 있다. 하지만 이것은 진정한 자유가 아니라, 하나의 반응에 불과하다. 그것은 약한 반응을 대신하는 강한 반응이며 어느 정도는 좀더 정상적인 삶을 향한 치료 행위다.

그러나 진정한 자유는 심리적인 반응에서 발견되지 않는다. 진정한 자유는 하나님께 순종할 때 찾을 수 있다. 즉 사람이 하나님의 뜻을 알기를 원하고 하나님의 뜻에 따라 자신의 행동을 다스리면서 기도할 때 찾게 된다. 이때 단순한 생물학적 반응의 결정론은 깨지고, 창조적이고 독립적인 태도가 나타난다. 윌리엄 펜William Pen은 "사람은 하나님의 지배를 받아야 한다. 그렇지 않으면 폭군의 지배를 받을 것이다"라고 말한다.

사람이 자유롭기 위해서는 하나님만 의지해야 한다. 자유는 우리가 싫어하는 사람에 대해 일부러 반대 입장을 취하거나, 유명하고 존경받을 만한 사람을 모방한다고 해서 얻어지는 것이 아니다.

남편을 사모하고 시어머니를 존경하던 젊은 부인은 이미 살림에 익숙해 있는 시어머니가 자신을 아주 친절하게 대해도, 시어머니를 즐겁게 해야 할 때가 되면 불안해졌다. 그녀는 시어머니가 살림을 못한다고 자신을 비난할 것 같았다. 하루는 시어머니가 저녁거리로 토끼 고기를 사 왔을 때, 며느리는 불안이 더 심해져 앓아눕고 말았다. 그래서 남편이 함께 가자고 한 콘서트에도 따라가지 못했다. 그녀는 시어머니가 요즘 며느리들은 요리하는 것보다는 콘서트에 가는 것을 더 좋아한다고 생각하지 않을까 두려웠던 것이다.

그때 나는 그녀에게 토끼 고기 요리는 시어머니가 솜씨를 발휘하도록 맡기고, 그녀는 하나님이 주신 재능을 계발하라고 조언했다. "분명 남편은 당신의 예술적 감각을 인정했기 때문에 당신을 선택한 것입니다. 남편은 당신이 불쌍한 토끼를 보고 눈물 흘리고 있는 것보다는 콘서트에 함께 가는 것을 더 기뻐할 것입니다."

신앙심 깊은 어느 젊은 청년은 영적 지도자에게 지나치게 의존하는 이유로 나를 찾아왔다. 그는 자신이 끊임없이 그를 모방하려 하고 그의 인정을 받고 싶어 한다고 생각했기 때문에 그런 잘못된 태도를 버릴 수 있도록 함께 기도하고자 온 것이다.

그러나 다른 사람의 영향에서 자기를 방어한다고 자유로워지는 것은 아니다. 한 여성은 지나치게 나에게 집착하고 있지는 않은가 하는 두려움 때문에 오랫동안 치료받는 것이 어려웠다고 털어놓았다. 그녀가 치유된다고 하더라도, 나의 관심을 잃을 것이라는 두려움은 막지 못한다. 이 모든 문제에 대해 솔직하게 대화를 나누는 것이 그녀가 불안해하며 경계하는 것보다 그녀를 훨씬 더 자유롭게 하는 것이었다.

인격이 무시당하는 것이 두려워, 자신이 가장 존경하는 사람들에 대항해 자기를 끊임없이 지키려는 사람들이 있다. 그리고 이렇게 집요한 방어적 태도는 인격의 자유로운 성장을 막는다. 결과적으로 그들은 더 이상 자기 자신이 되지 못한 채 모든 관계를 깨끗이 끊어 버린다.

우리가 누군가로부터 속임을 당하거나 비난이나 판단을 받는 것을 두려워할 때도 같은 일이 발생한다. 어떤 젊은 여성은 자신에게 맞지 않는 직장을 다니고 있다는 것을 깨달았지만 부모님에게 감히 말할 수 없었다. 왜냐하면 부모는 그녀가 항상 자신이 하고 싶은 일을 제대로 결정하지 못하고 변덕스럽다고 비난했기 때문이었다. 하지만 정확히 말해 그녀가 좌절한 이유는 부모의 비난이었고, 성숙한 결정을 내리는 데 반드시 필요한 마음의 안정을 누리지 못했다. 어떤 여성은 직장에서 여자가 자신뿐이어서, 남자 동료들이 천박한 희롱을 할까 봐 항상 두려워했다. 그리고 그런 두려움 때문에 정서적으로 불안정해지자 남자 동료들은 그녀를 더 심하게 희롱했다. '남들이 뭐라고 할까 봐'에 대한 두려움을 강조하는 것이 아니다. 그런 두려움은 수많은 사람을 포로로 만들어, 그들로 하여금 노예처럼 순응하게 하거나 냉소하며 순응하지 않게 만든다. 알랭[Alain]은 "현학자는 자기 방식대로 행동하면서 생각은 다른 사람들과 동일하게 한다. 그러나 현명한 사람은 다른 사람들과 동일하게 행동하지만, 생각은 자기 방식대로 한다"고 말한다. 그리고 창크 박사는 "자기 방식대로의 생각을 하는 것이 진정으로 생각하는 것이다"[b]라고 덧붙인다.

의존적인 태도는 점점 제2의 천성이 되어 간다. 그래서 사람들은 자신의 본래 천성과 신념이 무엇인지 모르게 된다. 우리가 제시한 것처럼 강한 반응과 약한 반응이 그렇게 다르지 않다는 것은, 자크 드 몰리에르$^{Maître\ Jacques\ de\ Moliére}$가 두 가지 복장을 서로 바꿔 입곤 하는 것과 마찬가지로, 우리도 자주 한 반응에서 다른 반응으로 옮겨 간다는 사실에서 알 수 있다. 동일한 게임이지만 한 번은 이 방식으로, 또 한 번은 다른 방식으로 진행되는 것과 같다.

어떤 여성은 어릴 적에 두 가지 특이한 놀이를 했다고 말했다. 그런 척하는 놀이였는데, 아이들이 놀 때 흔히 그렇듯 두 가지를 번갈아 가며 했다. 하나는 '양심 게임'이었고, 다른 하나는 '아무렇게나 게임'이었다. 그녀가 첫 번째 게임을 선택했을 때는 남들이 하라는 것을 빠짐없이 하면서 지독히 착하고 순종적이어야 했다. 그러나 귀찮기만 한 완벽주의에 싫증이 나면, '아무렇게나 게임'을 하기로 했는데, 이 게임에서는 가능한 한 다루기 힘든 아이처럼 행동했다. 그녀는 어릴 적 하던 이 게임이 성인이 되어서도 상당 부분 이어졌다고 말했다. 그녀는 지금도 여전히 지나치게 양심적이다가도 제멋대로 잘못을 저지르는 등 어릴 때 하던 두 가지 역할을 번갈아 가며 하고 있었다. 그러므로 우리는 약한 반응에서 강한 반응으로 자주 옮겨 가며 또 그 반대로도 옮겨 가면서, 배우처럼 계속 연극을 하는 것이다.

우리가 심리적 반응에서 벗어나기란 쉽지 않다. 물론 가장 먼저 필요한 것은 반응 자체를 인정하는 것이다. 그러나 그것만으로는 충분하지 않다. 반응의 힘은 매우 강하기 때문이다. 3장에서 밝힌 것처럼, 심리적 반응은 우리 마음속에 축적되어 있는 과거의 실패, 후회, 쓰라린 고통, 우리가 알고 있는 내면의 약함으로 이루어진다. 따라서 진정한 자유는 우리가 죄를 고백하고 하나님의 용서를 경험할 때만 누릴 수 있다.

용서의 경험을 통해 헌신, 곧 어떤 상황에서도 하나님의 뜻을 따르겠다는 결단을 할 수 있게 된다. 자유의 철학자인 샤를 스크레탕은 "자유의 행동은 동기는 개입되지 않고 순전히 의지에만 달려 있는 것이 아니라, 한 개인으로서 이전의 내·외적 경험들에 구애받지 않으면서 여러 동기 중 어떤 선택을 하느냐에 달려 있다"[7]고 말한다.

그리스도께 속한 사람은 어떤 인간 집단이 그 입장을 주장하든지, 그리스도의 뜻에 합치된다고 여겨지면 자유롭게 협력할 수 있다. 그러나 그는 다시 그 집단에 예외적인 충성을 하는 일은 없을 것이다.

이렇게 자유함을 얻은 사람에게는 새로운 힘이 나온다. 그 힘은 생물학적인 힘과는 전혀 다른 진정한 확신에서 오는 힘이다. 나는 고아원의 횡포에 시달린 고아 소녀를 기억한다. 삶에 아무런 목적이 없다고 말하던 소녀가 하루는 나를 찾아와서 그 말은 사실이 아니라고 털어놓았다. 소녀는 "저는 기억이 시작되는 나이 때부터 간호사가 되고 싶었습니다. 하지만 제가 이 사실을 깨닫게 된 것은 최근의 일이에요"라고 말했다. 그 후부터 소녀는 자기 나름대로 모든 장애를 극복하겠다는 굳건한 각오를 하고 간호사 공부에 필요한 돈을 조금씩 모으기 시작했다.

나는 어린 시절 가난과 경멸 속에서 좌절을 맛본 또 다른 젊은 여성을 기억한다. 그녀는 신앙을 경험한 후 자기만의 개성을 발전시키기 시작했을 때 꾸었던 꿈을 내게 말했다. 꿈에 그녀는 어느 방에 있었다. 그때 그녀의 발꿈치 부근에서 잠을 자고 있던 사자가 위엄 있게 일어나더니 기지개를 켰다. 사자는 공포감을 주기는 했지만 **매우 우호적이었다**. 위엄을 뽐내면서 세상으로 나오는 사자를 보며, 그녀는 사람들이 그 사자를 보고 놀랄 것이라고 두려워하면서도 전혀 해롭지 않을 것이라고 생각했다. 사자는 바로 자신이었다. 아니 그보다 앞으로 그녀에게서 실현될 것이라고 느끼는 잠재력, 곧 장엄하지만 온화한 힘이었다.

이것은 게임이 아니라 자아를 헌신하게 하는 영적인 힘이다. 사르트르는 "겁쟁이는 자신을 겁쟁이로 만들고, 영웅은 자신을 영웅으로 만든다. 그리고 겁쟁이는 더 이상 겁을 먹지 않고, 영웅은 영웅이 되는 것을 포기할 가능성은 언제나 있다. 중요한 것은 완전한 헌신이다"[30]라고 말한다.

우리는 자신의 신념을 확고히 할 때, 인생을 책임질 수 있다.

어떤 어린 소녀는 마음속으로 내린 결심들을 제대로 이행하지 못하면 내가 비난할까 봐 두려워, 내게 자신의 결심을 알리고 싶지 않다고 했다. 물론 소녀는 자신의 결심을 지키지 못했다. 그러나 호랑이를 잡으려면 호랑이 굴로 들어가야만 한다. 우리 역시 그 소녀와 같은 마음을 가질 때가 많다. 그리고 이런 타산적인 생각은 오히려 불성실을 낳는다.

약자는 자신의 새로운 힘을 발견하면서, 거짓된 주장도 하지 않게 된다. 약자가 자신의 약함에 대한 핑계로 항상 다른 사람들에 대해 불평하는 경우는 얼마든지 찾아볼 수 있다. 이들은 자신이 단호하지 못한 이유를 부모가 자신을 이해하지 못한 탓으로 돌린다. 그러나 부모가 죽고 없을 때도 자기 의견을 단호히 주장하지 못한다. 이제 이들은 남편이나 아내, 직장 상사, 사회 전체까지 비난한다. 이들의 불평이 당연한 듯 보이게 하는 근거가 얼마나 많은지 이미 아주 분명하게 밝혔다. 하지만 약자가 신앙의 경험 후 강해졌을 때, 다음과 같이 말하는 것을 주목해야 한다. "저는 부모님께 당당히 맞서는 것보다 불평하는 것이 더 쉬웠습니다. 저는 늘 오해받고 있다는 생각에서 벗어나게 되어 얼마나 흐뭇한지 모릅니다. 제가 마땅히 해야 할 일을 왜 하지 않았는지 이제는 그 이유를 충분히 알았으니까요."

이와 같이 어떤 남성은 나에게 찾아와 자신이 계속해서 어머니에게 성내고 대들면서 어머니가 자신을 억압했던 것을 비난한 이유는 삶에 대한 두려움과 어머니의 품 안에 머물고 싶은 마음 때문이었다고 말했다. 그리고 어떤 여인은 자신이 나이 든 아버지를 끊임없이 비난했던 것은 아버지에 비해 자신이 너무 나약하다고 느끼는 불쾌감 때문에 자기 스스로를 변명하는 방편이었다는 것을 깨달았다. 그녀는 더 이상 아버지와 못 살겠다고 말했지만, 마음속에 변화가 일어난다면 아버지와 함께 살 수 있을 것이다.

어떤 소녀는 부모의 재정적인 여건 때문에 바라던 학과 과정을 다 이수하지 못해 괴로워했다. 그러나 내가 그 소녀의 어려움을 해결하는 데 도움이 되는 방법을 찾았을 때는 이미 공부하려는 생각마저 포기한 상태였다. 어떤 남편은 아내가 질투심이 너무 많아 저녁에는 절대 혼자 외출할 수가 없다고 불평한다. 그래서 나는 남편이 원하는 대로 서로 자유로울 수 있도록 가끔씩 떨어져 있는 것이 좋다고 아내를 설득했다. 바로 그날 저녁 아내가 어느 강연을 들으러 가고 싶어 하여, 남편은 자유 시간을 얻었다. 남편은 강연장 입구까지 아내를 데려다준 후, 목적 없이 배회하면서 몇몇 극장 근처를 지나갔다. 그러나 감히 극장에 들어갈 생각은 못한 채 집으로 돌아왔다. 아내가 집에 돌아와 보니 여느 때와 다름없이 남편은 안락의자에 앉아 있었다!

라 브뤼예르 La Bruyére 는 시간이 늘 부족하다고 불평하는 사람들이 바로 시간을 낭비하는 사람들이라고 말한다. 어느 병원 간호사는 아무도 산더미 같은 일을 도와주지 않는다고 불평한다. 그러나 누군가가 찾아와 도움의 손길을 뻗으면, 기분이 언짢아진다. 또 어떤 남편은 아내의 도움이 필요할 때 아내가 여행을 떠나 버린 것에 화가 나 있다. "왜 부인에게 가지 말라고 요구하지 않으셨나요?"라고 물으면, 그가 원하는 것을 아내가 알아서 해주길 바랐기 때문이라고 답한다. 그러나 사실 아내에 대한 남편의 강한 분노에는 그의 소심함에서 생긴 증오심이 숨어 있다.

강하면서도 소심한 한 여인은 남편이 사업상 일은 자기에게 맡겨 두고, 자기를 속이고 혼자 즐기려 한다고 불평했다. 그러나 사실 그 여인의 불평 이면에는 그동안 남편을 억압하여 도망 외에는 선택의 여지를 주지 않았던 일에 대한 자기 비난이 숨어 있었다. 어떤 남편은 아내의 단점에 대해 불평을 늘어놓았다. 하지만 그 문제에 대해 함께 심각하게 이야기하면서, 남편은 그것에 대한 책임이 자신에게 있다고 고백했다. 사실 그는 아내에게 비난받을 만한 자신의 약점을 보여 줌으로써 아내를 더욱 자극했던 것이다. 또 어떤 남편은 아내의 불감증을 불평하지만, 진짜 이유는 자신의 정력이 부족한 데 있다는 것을 알았다. 그는 이 사실을 덕망 있는 겉모습 속에 감추고 있었다. 그리고 며칠 후 그는 그들 부부가 결혼 생활의 행복을 다시 발견했다는 내용의 근사한 편지를 보내 왔다.

독자들이 내게 가끔 불평하는 것처럼, 약자를 위한 변명을 기술하는 것이 이 책의 의도는 아니다. 나는 우리의 게으름, 소심함, 무기력 때문에 생긴 불행은 상당 부분 우리 자신에게 책임이 있다는 것을 알고 있다. 다만 영적인 삶이 자연적 반응 기능인 약한 반응 및 강한 반응과 얼마나 다른 것인지 말하고 싶을 뿐이다. 그리고 우리의 약한 반응과 그리스도인의 자기 부인을 혼동하여 일어나는 실수들도 언급했다. 또한 내게는 영적인 힘과 심리적인 힘의 차이를 검토해야 할 과제가 남아 있다.

신앙은 구체적이고 실제적인 힘이다. 그리스도인의 삶은 금욕이 아니다. 진정한 회심은 사람을 무기력하게 하는 것이 아니라, 오히려 역동적으로 만든다. 한 젊은이가 하나님께 헌신하는 기도를 드리고 나서, 열정적으로 한 말을 나는 아직도 잊지 못한다. "이제 저는 삶이 하나의 투쟁이라는 사실을 받아들였습니다."

그러나 과연 그 투쟁이란 무엇이며, 우리는 어떤 힘으로 투쟁해야 하는가? 그것은 더 이상 강자와 약자 사이의 투쟁이 아니다. 또한 강자가 받은 유전적 힘이나 삶의 환경을 통해 기른 힘으로 싸우는 것도 아니다.

제8장

심리적인 힘과 영적인 힘

이제 우리는 지금껏 살펴본 사항들을 통해 인간의 행동을 두 가지 관점에서 구분할 수 있다. 하나는 자연적인 것이고 다른 하나는 초자연적인 것인데, 바로 생물학적·심리적 관점과 영적인 관점이다. 이 관점들은 서로 뒤섞여 있는 것도, 서로 상반되는 것도 아니다. 영적인 힘은 늘 승리와 성공을 가져온다거나, 허탈과 좌절에 빠졌을 때만 분명히 드러난다고 할 수 없다. 신약성경은 성령의 역사하심으로 약한 자가 강해지는 예를 보여 준다. 신약성경에는 병자가 나음을 입고, 삶 속에서 상처받은 자가 용기를 되찾으며, 소심하고 겁 많은 사람들이 능력을 얻어 굴하지 않는 자가 되는 이야기가 많이 나온다. 그러나 십자가도 존재한다. 십자가의 죽음 앞에서 두려워하며 하나님께 버림받았다고 느낄 정도로 패배한 것 같았던 예수 그리스도가 계시며, 자신의 약함을 고백한 그분의 위대한 제자도 있다.

따라서 자연적인 힘과 초자연적인 힘, 자연적인 약함과 초자연적인 약함은 구분할 필요가 있다. 이것은 죄, 곧 하나님과의 분리와 관련되는 것으로, 복잡하고 미묘한 문제다. 초자연적인 삶은 자연적인 삶 속에 이미 존재하고 있으며, 인간의 행동에도 분명히 나타난다. 그러나 자연적인 삶이 과학의 연구 분야에 속하는 것이라면, 초자연적인 삶은 과학의 범주를 넘어선다. 인간의 마음은 형이상학적 관점과 과학적 관점을 동시에 포용하기에는 너무나 작으며, 더구나 이 둘을 비교한다는 것은 더더욱 적합하지 않다. 그러므로 자연적인 힘과 영적인 힘 사이의 경계선을 추상적·포괄적·지적으로 구분하는 것은 불가능한 일이다. 다만 많은 실례를 인용하고 사례마다 각기 다른 진단을 내리면서 그 경계를 구분하는 정도는 가능하다.

앞 장에서 말한 잘못된 자기희생은 다음과 같은 명제로 표현될 수 있다. 즉 자연적인 약함이라고 해서 항상 미덕으로 여겨지는 것은 아니고 자연적인 강함 역시 항상 죄로 여겨지는 것은 아니다. 이것은 기독교 정신과 잘못된 금욕주의를 동일시한 사람들의 실수다. 잘못된 금욕주의는 그 자체로 가치가 있는 듯 자기희생과 자기 부인을 조직적으로 떠받든다. 그래서 성화^{sanctification}를 삶과 신체와 성에 대해 부정적인 태도를 갖는 것과 동일하게 여긴다. 나는 기독교적 삶에 대해 이렇게 왜곡된 개념을 가지고 있는 경우를 정말 많이 접한다. 많은 사람들이 자신이 무엇인가를 간절히 바랄 때 하나님은 분명 자신을 비난하실 것이라고 생각한다.

약한 사람들은 이런 전제를 자신의 약함을 정당화하는 데 사용한다. 이들은 자연적인 경향을 따르는 것에 만족하면서, 인생에서 성공하려고 분투하는 사람들보다 자신이 도덕적으로 우월하다고 자부한다.

그러나 현실에서는 정반대인 경우가 매우 흔하며, 정신적인 나약함이 영적인 생활에 방해가 된다. 예를 들면, 결혼 전에는 절대 누구와도 성관계를 맺지 않겠다고 결심한 젊은 남자가 있었다. 물론 그것은 매우 적절한 결심이다. 그러나 그는 지금 그 결심이 신앙심보다 심리적인 나약함, 성과 자기 자신에 대한 두려움에 의한 것이었음을 깨달았다. 그 결과 그의 삶은 항상 그를 얽어매는 성적인 강박감으로 뒤틀리게 되었다. 그것은 패배하는 삶이지 결코 승리하는 삶이 아니었으며, 그는 이런 고통 속에서 신앙마저 잃고 말았다. 또 다른 예로 입을 맞춘 경험 때문에 죄의식에 시달린다고 고백한 여성이 있었다. 그 여성은 하나님이 모든 죄를 용서하신다는 사실을 믿고 있었지만, 그 죄만큼은 용서하신다는 것을 믿지 못했다. 이렇게 해서 심리적 장애―성에 대한 두려움―때문에 자신은 기도할 가치도 없다고 생각할 만큼 신앙생활에 큰 어려움을 겪었다.

나는 여기에 자신을 비난하는 짐을 내려놓으러 찾아온 우울증 환자 전부를 인용할 수 있다. 이들은 그리스도의 말씀에 귀 기울이지 않았다고 스스로를 비난하며 자신의 병을 하나님이 주신 징계로 받아들인다. 그러나 그들은 자신이 응답하기를 거부했던 그리스도의 부르심이 무엇이었는지 정확하게 말하지 못했다. 심리학자들은 바로 여기서 뚜렷한 진단을 내려 주어야 한다. 즉 막연하고 포괄적이며 조직적인 자기 비난은 대부분이 병적인 것이며, 분명한 행동이나 태도와 관련된 구체적인 양심의 가책이 실제라는 사실을 밝혀야 한다. 이것은 매우 중요한 구분이다. 병적인 자기 비난형 우울증 환자들은 무릎 꿇고 회개하며 기도하라고 말하는 신자나 목사를 만나게 되면, "저는 기도할 수 없어요"라고 대답한다. 이 경우에는 신앙적 관심을 통해 아무리 치료하려고 노력해도 헛수고로 끝난다. 사실 이들의 문제는 종교적인 것이 아니라 심리적인 것이기 때문에 신앙으로 치료하려는 것은 어긋난 방법이며, 환자의 우울증을 더 심하게 만들 뿐이다. 환자의 죄의식과 기도를 못한다는 의식은 정신적 우울증이 종교적 영역에 투사된 것일 뿐이다. 건강한 사람의 겸손은 용서의 경험을 통해 자유함을 느끼는 것을 의미하지만 아픈 사람의 겸손은 우울증과 자기 경멸, 절망을 악화시킨다. 이런 환자들은 순교자가 되겠다는 욕구에 이끌리기라도 한 것처럼, 계속해서 종교적인 접근을 하려고 한다. 그래서 이 교회 저 교회 다녀 보고 안수를 받고 세례를 받고 온갖 형태의 신체적 고통을 경험하지만, 이 모든 영적 치료법이 모두 실패하면 하나님이 자신을 기뻐하지 않으신다는 증거라고 인식해 버린다.

한편, 지성, 건강, 자제심을 비롯해 강자에게 성공을 안겨 주는 모든 자질은 하나님의 능력의 표현일 수 있다. 그리고 5장에서 강한 반응은 약함과 실수를 숨기는 거짓된 가면일 수도 있다고 밝혔다. 하지만 우리는 강자를 정당하게 평가해야 한다. 이들은 자신이 가진 자연스러운 힘, 노력하지 않아도 얻어지는 권위, 변함없는 용기를 하나님이 주신 선물이자 봉사를 통해 계발할 수 있는 은사로 받아들이고, 다른 사람들을 짓밟기 위해서가 아니라 약자를 보호하고 정의와 진리를 지키기 위해 그 은사들을 사용해야 한다.

나의 친한 친구 중에는 매우 검소하고 올바르고 성실한 삶을 사는 가톨릭 신도가 있다. 그는 행복한 어린 시절과 순조로운 성장 과정을 거쳐 멋진 직장까지 얻었다. 하지만 그는 나의 신앙을 고통스럽게 방해하던 열등감과 비극적인 실패 같은 것은 전혀 느끼지 못했다. 그에게는 하나님께 순종하고 자기를 극복하며 다른 사람들에게 부드러운 권위를 내세우는 것이 어렵지 않고 자연스러워 보였다. 내가 나의 약함을 극복하고 다른 이들을 섬기느라 애쓸 때, 그는 그가 가진 능력으로 하나님과 사람들을 섬겼다.

여기서 다시 뚜렷한 진단을 내리는 것이 중요하다. 선천적으로 강한 두 명의 남자가 있다. 한 사람의 강함은 하나님과의 조화롭고 친밀한 영적 교제를 통해서 생겼고, 또 한 사람의 강함은 자신을 지키기 위해 용기를 짜낸 데서 기인한다고 하자. 여기서 심층 심리학은 후자에게서 비밀스런 고통을 발견한다. 우리는 이제 의도적인 자기 경멸이 정신적 장애를 드러내는 것이지, 진정한 죄의 고백은 아니라는 것을 알게 되었다.

이와 비슷하게, 자신의 능력을 알리기 위해 끊임없이 신경을 쓰고 잘못을 저질렀음에도 끈질기게 자기를 합리화하는 것은 영적인 힘이 아니라 잘못된 힘, 즉 심리적인 힘이다.

그러나 강자의 선천적 강함도 실제 영적인 힘을 나타내는 표지일 수 있다.

이것은 하나님과의 영적인 교제를 통해 힘을 얻어 강해지는 약자의 경우 더욱 두드러진다. 교회 역사상 순교자들은 이런 유형이었다. 사실 그들은 선천적으로는 '강하지' 않았지만, 불굴의 용기를 가지고 수많은 박해와 죽음을 감당했다. 오순절 사건 이후 사도들도 그러했다. 사실 그들은 얼마 전 겟세마네 동산에서 모두 도망쳤던 자들이었다.

약자는 신앙적 경험을 한 후에 갑자기 두려움과 절망과 온갖 억압에서 해방된 모습을 보이면서, 강력한 믿음의 증인이 된다. 나는 한 어린아이로부터 멋진 말을 들은 적이 있다. 어느 날 저녁, 그 아이가 엄마에게 귀신이 무섭다고 이야기하자 엄마는 기도를 하면 된다고 일러 주었다. 얼마 후 아이는 이렇게 말했다. "이젠 하나도 무섭지 않아요. 예수님이 귀신을 다 내쫓아 주신댔어요." 그리고 어떤 환자는 그리스도인으로서의 경험이 상승 기류를 타고 날아가는 글라이더에 올라탄 것 같다고 표현한 적이 있다.

신앙은 참으로 강력한 힘으로, 글라이더가 아무리 공기보다 무거워도 지탱할 수 있게 하는 상승 기류 같은 것이다. "저는 미래, 질병, 파멸, 죽음에 대한 두려움에 시달렸어요. 그러나 하나님은 저를 그런 것에서 자유케 하셨답니다." "저는 원래 소심한 사람이었지만, 하나님이 저의 소심함을 극복하게 하셨습니다. 저는 모든 것이 뒤죽박죽되어 있고 너무 나약하여 옳은 일도 자신 있게 결정하지 못했습니다. 그러나 저의 추함을 믿음으로 하나님께 내려놓자 모든 것이 변했습니다." "저는 너무나 겁이 많아서 확고한 신념도 남편에게 감히 말하지 못했습니다. 하지만 그것을 놓고 기도한 후 아주 간단하게 별다른 노력 없이도 남편에게 말할 수 있었습니다." "제가 선생님을 만나러 왔을 때만 해도 전 아주 심각한 상태였습니다. 제가 지금 선생님께 고백한 잘못들을 고백할 수 있으리라고는 상상조차 못했기 때문이죠. 제가 그렇게 할 수 있는 힘을 주신 분은 바로 하나님입니다. 제 힘만으로는 도저히 할 수 없는 일들이었죠."

이와 같은 확실한 증거를 비난하는 사람들도 있다. 이들은 사람들이 기독교 신앙을 인생에서 성공하기 위한 비법으로 착각할까 봐 염려한다. 그러나 그리스도께서는 자신의 영적인 권위의 증거, 즉 매우 구체적이고 분명한 증거로 치유 사역을 하셨다. 우리는 내적 성찰에 의하지 않고는 초자연적인 세계를 파악할 수 없지만, 자연의 질서 속에서 그것의 효과는 객관적으로 관찰할 수 있다. 그리스도께서는 이러한 구체적인 증거를 전혀 무시하지 않으셨다. 그분은 영적인 것뿐만 아니라 인간의 신체적·정신적 사악함도 치유하셨다. 다시 말해, 종교적인 고통뿐 아니라 신체의 질병과 성격의 나약함까지 치유하신 것이다.

환자들은 몇 번이고 이렇게 말한다. "선생님께 오기 전, 많이 망설였습니다. 제가 선생님을 찾아올 수 있었던 것은 하나님의 도우심 때문이었죠. 그런데 저는 이렇게 문제가 있을 때만 하나님의 도움을 바라는 것이 좀 부끄럽습니다. 우선은 제 스스로 해보려고 하고 그러다가 강해졌을 때 하나님을 의뢰해야 하는데 말이에요." 여기에 대한 나의 대답은 언제나 그리스도께서 성경에서 보여 주신 모습을 제시하는 것이다. 병에 걸린 사람들이 그리스도께서 걸어가시는 도중에 그분께 울부짖으며 가까이 나아가고자 했던 이유는 바로 그들이 고통 중에 있었기 때문이다. 하지만 예수 그리스도께서는 결코 그들을 거부하지 않으셨다. 그분은 그들의 방법이 이기적이라고 비난하지도 않으셨다. 하나님께 자기의 일을 도와 달라고 기도하는 것이 옳은 것인지 의심했다고 말한 환자가 문득 떠오른다. 그런 감정이 드는 것은 영혼의 세계와 물질의 세계가 전혀 다르다는 생각 때문이다. 이것은 잘못된 기독교 정신 중에서도 가장 먼저 없애야 하는 생각이다.

기독교는 성육신의 종교다. 나는 이 글을 크리스마스 축제 기간에 쓰고 있다. 복음은 영적인 메시지만도 아니고 내세를 위한 좋은 소식만도 아니다. 그것은 우리의 영원한 운명과도 관련이 있지만 우리의 현재, 즉 지금의 삶과도 관계가 있다.

예수 그리스도께서는 강자가 승리하고 약자가 무시당하던 로마 제국 시대에 세상의 가치관과 정반대되는 가치관을 제시하셨는데, 그것은 산상수훈에 요약되어 있다. 예수 그리스도는 약자와 병자, 가난한 자와 죄인처럼 사회에서 무시당하는 사람들에게 손 내미셨다. 그러나 그리스도가 이 세상에 관념과 사상적 혁명만 일으키신 것은 아니었다. 그분이 손을 대면 아픈 자가 나음을 얻고, 약자가 강해지며, 선천적 기질이라는 감옥에 갇혀 있던 사람들이 해방되었다. 이는 약자를 원래 상태로 회복시키는 것일 뿐 아니라 해방이었으며, 약자의 해방일 뿐 아니라 강자의 해방이기도 했다.

오늘날에도 우리는 하나님의 은혜를 경험한 후에 선천적 반응의 사슬에서 구원받은 사람들을 만난다. 그리고 아픈 사람들이 신체의 기력을 회복하고, 신경증 환자들이 가장 훌륭한 치료법으로도 전혀 효과가 없던 정신적 억압에서 나음을 입는 경우를 많이 경험한다. 반면, 강자가 온화해지는 것도 경험한다. 그들이 자신을 무장하고 있던 갑옷과 건강, 무감각함, 자신감이라는 무기를 떨쳐 버리는 것도 보게 된다.

이런 구체적인 증거들은 항상 커다란 감동이 된다. 그렇다고 그것의 중요성을 지나치게 과장해서도 안 된다. 수줍음을 잘 타는 사람이 부끄러움에서 벗어났다는 사실만으로 그가 영원히 구원받았다는 것을 의미하는 것은 아니다. 사도 바울의 말대로, 세상 질서 속에서의 승리는 우리가 하늘에만 있다고 알고 있는 가장 위대한 구원의 전조일 뿐이다. 술주정꾼이 술을 끊었다 하더라도, 그는 여전히 죄인이다. 하지만 사람이 특정 죄에서 자유로워지는 것은 무엇과도 비교할 수 없는 성령의 능력이 나타난 증거다.

이제 이 문제를 좀더 깊이 살펴보자. 술과 도박과 방탕에 빠져 있던 한 남자가 갑자기 회심하여 이런 악에서 벗어났다. 그는 기뻐서 다른 사람들에게 자신의 경험을 이야기하면서, 복음은 죄를 용서해 줄 뿐만 아니라 분명히 죄를 이길 수 있게 하며 인간을 모든 유혹에서 해방시켜 완전한 승리로 이끈다고 말하기 시작했다. 그는 더 이상 술과 도박과 방탕에 빠지지 않고 싶어 한다. 신학자들이 바울과 마찬가지로 온전한 구원에 대한 소망이 있음을 주장함에도 불구하고, 그는 그리스도인은 더 이상 죄인이 아니라는 대담하고도 단순한 메시지만 전했다. 그러면서 그는 많은 그리스도인이 여전히 자연적 기질에 붙들려 사는 이유는, 그들이 말했던 구원을 진정으로 믿지 않기 때문이거나 적어도 물질적인 생활에서 구체적인 증거들을 믿지 않기 때문이라고 덧붙였다. 이 설교는 상당한 영향력이 있었기 때문에, 많은 사람들이 그 설교를 듣자마자 회심했고 회심자들의 생활에도 뚜렷한 도덕적 변화가 일어났다. 이들은 살아 있는 공동체 속에서 서로 함께했으며, 진정한 그리스도인은 더 이상 죄를 범하지 않는다는 엄격한 규칙과 뚜렷한 신조를 준수하게 되었다.

나는 우리가 논하고 있는 문제를 더욱 분명히 하기 위해 이 실례를 인용했다. 그러나 우리는 기독교 정신에서 두 가지 입장을 계속해서 발견한다. 먼저, 진리를 신중하고 복잡 미묘하게 보는 입장으로, 우리가 모든 노력을 기울이고 많은 은혜를 받았음에도 인생의 끝 날까지 고칠 수 없는 완전한 죄인으로 남아 있는다는 주장이다. 그래서 우리가 때로 인생에서 승리를 얻는다고 해도 그것은 우리가 저질러 온 수많은 과오에 비하면 아무것도 아니며, 우리가 승리를 기뻐하고 있을 때조차 영적 교만이라는 더 큰 죄악에 빠진다고 주장한다. 한편으로, 내가 방금 이야기한 회심자와 같은 낙관적 입장이 있다. 이 입장은 신약성경의 몇몇 구절에서 감동을 받아, 구원은 형이상학적인 것일 뿐 아니라 이 세상에서 질병의 치료와 결정적인 도덕적 승리로 구체적으로 드러난다고 주장한다.

나는 여기서 내가 예수 그리스도의 능력을 경험하는 데 가장 큰 도움이 되었던 사람들은 두 번째 입장에 속한다는 것을 밝히고자 한다. 사람들은 매우 미묘한 메시지보다 간단하고 솔직한 메시지에 훨씬 쉽게 영향을 받는다. 그래서 나는 신앙 경험을 한 사람들이 단호하면서도 마음에서 우러나오는 간증을 했을 때, 하나님의 강력한 도움을 간청하고자 무릎을 꿇었다. 그 전까지만 해도 아무리 노력해도 헛수고로 끝나 버렸던 일이다. 이제는 사람들이 나를 찾아와서 자신을 얽어매는 개인적인 고민을 털어놓을 때, 장황한 신학적 말보다 내가 경험한 하나님의 은혜를 아주 간단하게 들려주는 것이 그들에게 도움이 된다는 것을 잘 알고 있다. 우리 모두에게는 우리의 신앙을 살아 있게 하는 이런 간증이 늘 필요하다. 우리가 거의 기대하지 않은 곳에서도 구원을 얻는다는 것을 목격할 때, 진정으로 성령의 감화를 받은 소수의 순종적인 사람이 세상을 얼마든지 변화시킬 수 있다는 확신을 얻는다.

그렇기 때문에 우리가 보고 경험한 것을 사람들에게 이야기하는 것은 올바른 일이다. 더욱이 우리는 하나님의 능력을 증거해야 한다. 그러나 또한 나는 독자들이 들으면 깜짝 놀랄 일을 고백하려고 한다. 가끔 나는 열심을 내다가도 별 흥미 없는 사항은 설명에서 생략하거나 나에 관한 이야기 중 몇 가지를 다르게 고치기도 하는 등 사실을 왜곡할 때가 있음을 깨닫고 당황하곤 한다. 엄밀히 말해, 아무리 간증이 사실이라 하더라도, 그것은 특정한 한 가지 사건만 담고 있기 때문에 사람들을 잘못 인도할 수도 있다. 승리한 부분에 대해서는 이야기하면서도 좌절한 부분에 대해서는 침묵하는 경우도 있다. 그리고 그 좌절이란 불과 몇 분 전에 겪은 일일 수도 있다.

우리가 앞에서 살펴보았던 회심자가 하나님이 술과 노름과 방탕에서 자기를 구원하신 일에 대해서 말할 때는 사실을 이야기하는 것이지만, 그 후에 진정한 그리스도인은 죄가 없다고 말하는 것은 용납할 수 없는 일반화다. 물론 그의 공동체에는 분명 술꾼도 노름꾼도 방탕아도 없다. 그러나 사람들은 술과 도박과 성 외에도 끊임없이 많은 일에 대해 욕심을 품는다. 분명 그 공동체에 있는 사람들에게도 모든 사람의 마음속에 있는 질투와 상한 감정과 교만이 존재한다.

나는 이 문제를 오랫동안 고민했다. 이것은 내게 꽤 중요한 문제인 것 같다. 우리가 대략적으로 살펴본 두 가지 입장이 실제로 양립할 수는 없는 것일까? 이 두 경향이 각각 복음의 진리를 담고 있는 것일까? 계속해서 신실함을 지키지 못할까 봐 두려워 예수 그리스도가 이루신 승리에 대해 침묵한다면, 우리는 예수 그리스도를 배반하는 것이 아닐까? 우리가 그 승리에 관해 말한다면, 솔직하고 양심적인 약한 이들이 우리는 승리했지만 자신은 실패했다며 실의에 빠질 위험은 없는가?

여기서 죄를 뿌리와 열매가 있는 식물로 생각해 본다면, 이 문제에 대한 답을 얻을 수 있을 것이다. 알코올 중독, 도박에 대한 욕망, 방탕에 빠지는 행위는 열매다. 사람들은 갑자기 그리고 영원히 죄에서 구원을 얻는다. 그것은 마치 예수 그리스도께서 죄의 열매를 완전히 떼어 버려 다시는 식물에서 자라날 수 없게 하시는 것과 같다. 그러나 죄의 뿌리는 여전히 남아 있기 때문에, 그 뿌리에서의 구원은 죽음을 통해서만 얻는다. 그런 후 그 식물은 계속해서 새로운 열매를 맺으며 끝없이 자라난다. 이런 식으로 우리는 어떻게 즉각적이고도 최종적인 구원과 영원한 죄의 상태가 병존할 수 있는지 설명할 수 있다.

따라서 자위행위에서 영원히 벗어난 사람은 하나님의 영광을 말할 수 있고, 또 말해야 한다. 그러나 그것은 겉으로 나타나는 열매일 뿐이고, 그의 불결한 마음속에 자리 잡은 뿌리는 좀더 은밀한 유혹을 받을 때 분명히 드러난다. 또한 수줍음에서 해방된 사람은 하나님의 영광을 말할 수 있고, 또 말해야 한다. 하지만 그것 역시 겉으로 나타나는 열매일 뿐이며, 자신에게 지나치게 몰두하는 병의 뿌리는 나중에 그가 싸우고 있는 편견을 통해 드러난다.

뿌리에만 집중하는 사람은 복음이 세상의 삶에 구체적으로 적용된다는 사실을 보지 못한다. 그는 사람들에게 예수 그리스도의 능력은 가장 쓰디쓴 열매에서도 우리를 구원할 수 있다는 것을 감히 말하지 못한다. 그리고 예수 그리스도의 능력은 가장 약한 자에게 강자보다 더 큰 힘을 주고, 아무리 단단한 벽이라도 부수며, 개인과 사회의 가장 복잡한 문제도 해결할 수 있다는 사실도 말하지 못한다. 한편, 열매만 보는 사람들은 복음의 낙관주의가 아닌 다른 낙관주의에 속는다. 그들은 죄의 힘을 과소평가하고, 예수 그리스도의 승리로만 얻을 수 있는 개인과 사회의 완전한 회심에 대해 위험한 착각을 하며 사람들에게 그것을 전한다.

첫 번째 유형은 신앙의 경험과 죄의 고백을 동일시하며 절망적 관점으로 사람을 바라본다. 그들은 사람이 아무리 노력해도 항상 사악하며 사회는 부패한다고 말한다. 그리고 확실히 이런 메시지의 영향을 받은 사람은 치유할 수 없는 나약함에서 단호하게 승리할 수 있다는 소망을 상실한다. 그리고 점점 타락한 삶을 살면서, 자연적인 반응의 악순환에 휘말린다. 그는 세상에 대해 절망을 느끼고, 신비적이거나 내세적이며 지적이거나 감정적인 종교로 도피해 버린다. 한 젊은 여인이 내게 이런 말을 한 적이 있다. "내가 찾고 있는 것은 감정적이지도 않고 지적이지도 않은, 하나님입니다."

반면, 두 번째 유형은 자신과 사회를 위해서 헤아릴 수 없을 만큼 성과를 거두고, 예기치 못한 순간에 회개하여 다른 사람들에게 유익한 도전을 준다. 여기에는 감정적인 것만도 아니고 그렇다고 지적인 것만도 아닌, 하나님의 구체적인 역사가 존재한다. 그러나 이들은 신앙의 경험과 세상적인 성공을 동일시함으로써 기독교를 현세적 차원으로 축소시키며 자신이 황금시대를 선도하는 사람이라는 우스꽝스러운 상상을 하기도 한다. 그리고 승리의 순간에 이미 극복한 줄 알았던 유혹 앞에서 아직도 나약하기만 한 자신의 모습을 발견하고 이전보다 더 절망스러운 상태에 빠지는 경우도 있다.

첫 번째 유형이 주는 메시지가 성 금요일의 예수님의 수난 사건이라면, 두 번째 유형이 주는 메시지는 부활의 기쁨이다. 복음은 이 둘을 모두 포함하고 있기 때문에, 그중 하나를 제외하는 것은 바로 복음을 왜곡하는 것이다. 하지만 이 둘을 동시에 포용하는 것이 얼마나 어려운가? 자신의 선천적 기질이 강하든 약하든, 우리는 그리스도인의 삶을 낙관적인 입장으로 치우쳐 보거나 비관적인 입장으로 치우쳐 보는 경향이 있다. 이런 식으로 우리의 심리적인 반응은 우리의 신앙에도 영향을 미친다.

그러나 오늘날 일반적으로 전통적인 교회가 패배주의에 치우치는 것은 사실이다. 사람들은 세상을 둘러싸고 있는 질병에 대한 답과 심리적 나약함이나 사회의 혼돈에 대한 치료책을 더 이상 종교에서 찾지 않는다. 이러한 세상에 대해 교회는 거의 아무런 영향력도 갖지 못하고 있기 때문이다. 물론 많은 그리스도인이 강한 신앙심을 소유하고 있지만, 구체적인 생활 속에서 그 신앙을 시험해 보기보다 유리 상자 속에 들어 있는 귀중한 보물처럼 신앙을 간직하려는 듯하다. 스스로 불신자라고 말하던 뒤부와 박사는 "종교적 신념은 충분히 강하기만 하다면 마음의 질병에 대처하는 가장 좋은 방법이 될 수 있을 것이다. 불행하게도 올바른 사고를 하는 사람들 가운데 그런 마음을 가진 사람은 매우 드물다. 그러나 그런 마음의 상태를 가진 사람들은 모든 것을 극복할 수 있다. 이들은 하나님이 지켜 주신다고 느끼기 때문에, 질병이나 죽음을 두려워하지 않는다"[1]고 말한다.

영적인 힘은 구체적으로 실현되어 신체적 저항력과 심리적 힘을 가속화할 수 있다. 나는 4장에서 퐁수와예 박사의 논문 "기초 생물학의 힘이 되는 정신"L'esprit force biologique fondamentale[2]을 인용한 바 있다. 그는 이 연구서에서 하나님으로부터 받은 영적인 힘이 한 인간 속에서 어떻게 활발하고 조화로운 영향력을 발휘할 수 있는지 아주 구체적으로 밝힌다.

그러므로 내가 이 장 도입부에서 말했던 것과 같이, 우리의 약한 반응이 진정한 그리스도인의 징표라고 여기는 포기의 반응처럼 보일 수 있다는 것을 경계해야 한다. 믿음은 이 세상에서의 싸움에서 도망치게 하기보다 그 속으로 뛰어들게 만든다. 그렇기 때문에 약함을 하나의 미덕으로 보거나 강함을 죄로 생각해서는 안 된다.

또한 강함을 하나의 미덕으로 보거나 약함을 하나의 죄로 보아서도 안 된다. 그것 역시 실수를 범하는 것인데, 이제 그 부분에 대해 살펴보고자 한다.

───

이미 말한 바와 같이, 삶의 현상에는 두 가지 질서가 있다. 자연적인 질서와 초자연적인 질서가 그것이다. 하나는 생리학적이고 심리학적인 반응을 구성하고, 다른 하나는 영적인 삶 곧 마음속에서 역사하시는 하나님의 운행하심에서 기인한다. 이 두 질서 또는 현상은 서로 끊임없이 마찰하면서도 결코 결합되지 않는다. 이 둘의 차이를 인식하지 못하면, 우리 자신은 물론 인간 본성에 대해 가장 나쁜 환상을 가지게 된다. 우리가 강하면, 신앙에 대해서도 자연스럽게 사신감을 갖는다. 그러나 이것은 우리의 선천적인 기질로 영적 승리를 얻는 것이다. 또 우리가 약하면, 믿음이 부족한 것에 대해 낙심하고 심리적인 억압 때문에 겪는 실패를 죄 때문이라고 생각하여 하나님의 저주 아래 있다고 여긴다.

그러나 두 질서 사이에 일어나는 상호 영향을 과소평가하는 것은 다소 위험한 일이다. 그렇게 되면 인간 본성을 완전히 오해하여 사람을 짐승 혹은 천사로 본 것에 대해 스스로를 비난한다.

또한 성육신의 의미를 이해하지 못하거나, 우리의 초자연적 운명이 자연적 생명과 지속적으로 관계 맺는다는 사실도 잊어버린다.

사랑을 예로 들어 보자. 사랑에는 자연적인 측면과 초자연적인 측면이 있다. 그러나 그 둘을 구분 짓는 경계선은 무엇인가? 정신적인 사랑과 신체적인 사랑을 대립시키는 것은 사랑을 추상화시키는 것이다. 이것은 정신과 신체 사이의 잘못된 대립을 발생시켜, 그동안 신앙인들에게 많은 해를 끼쳤다. 또한 '리비도' 속에 신성한 것이 자리하고 있다는 것을 깨닫지 못하게 한다. 그러나 육체적 관계를 영적인 교제로 착각하거나, 자연적인 욕정이 발동한 것임을 알면서도 정신적인 사랑에 사로잡혀 있다고 여기며 스스로를 기만하는 사람들이 얼마나 많은가?

그렇기 때문에 우리가 지금까지 주장해 왔던 대로, 심리적 현상과 영적 현상을 구별하여 진단 내리는 것은 중요한 만큼 미묘하고도 어렵다. 누구도 이론적으로 그것을 구분할 수는 없다. 주어진 상황에서 우리가 할 수 있는 일이란, 하나님의 인도하심 속에서 하나님으로부터 온 것이 무엇이며 우리의 감정과 생각과 욕망으로부터 온 것은 무엇인지 진지하게 구별하는 것이다. 우리가 영적인 것과 심리적인 것, 두 영역 모두에 직면하는 것은 스스로 끊임없이 자기를 돌아보기 위해서다.

약한 반응이 신앙에 장애가 될 수 있다는 사실은 이미 앞에서 살펴보았다. 그리고 강한 반응 역시 하나님으로부터 멀어지게 할 수 있다는 것도 알고 있다. 언젠가 내게 이렇게 말했던 환자가 기억난다. "저는 우울증이 다 낫는 것이 두려워요. 모든 일이 잘되어 가면 이제까지 그랬던 것처럼 하나님에게서 멀어질 텐데, 그것이 두려운 거예요." 자연적인 힘을 영적인 힘으로 착각하면 종종 교만이 생기고, 곧 하나님 없이도 할 수 있다고 생각하게 된다. 우리가 다른 사람에게 쉽게 영향력을 끼칠 수 있다는 것을 알거나, 우리가 다른 사람보다 훨씬 강하고 더욱 독립적이며 그들은 쉽게 굴복하는 유혹도 잘 극복할 수 있다고 느낄 때, 미처 깨닫지도 못하는 사이에 우리 자신이 다른 사람보다 우월하다고 생각하는 미묘하고 심각한 유혹에 빠진다. 또 하나님과 더욱 가까운 교제를 나누고 있다고 믿으며, 자신을 하나의 모범으로 만들어 다른 부분의 실수들에 대해서는 눈감아 버리는 중대한 위험에 빠진다.

한번은 어떤 신앙 간증 모임에서 수많은 그리스도인이 차례로 "이제 제 삶을 주님께 드립니다. 저는 더 이상 아무것도 두렵지 않습니다"라고 장담하는 것을 들은 적이 있었다. 그들은 분명 청중에게 신앙을 통해서만 두려움을 해결할 수 있다고 설득하고 싶은 거룩한 욕구에 사로잡혀 있었다. 그리고 그들은 직접 경험한 것을 말했기 때문에 모두 틀림없는 진실이었다. 그러나 그들은 너무 열심을 낸 나머지 진리에서 벗어나 자기 경험을 일반화해 버렸다. 그런데 그들 중 깊고 충만한 신앙을 경험했던 어느 그리스도인이 자신을 괴롭히는 두려움을 솔직히 고백하며 감히 낙관적인 분위기를 깨자, 그 자리에 있었던 사람들 모두가 그 문제를 놓고 기도하면서 그들 각자에게도 그런 두려움이 있음을 비로소 인정하게 되었다.

이미 말한 바와 같이, 나도 신앙으로 승리한 친구들의 구체적인 이야기를 통해 도움받기도 했지만, 실패와 고난과 죄에 대해 솔직하게 이야기하는 것이 훨씬 영향력 있었다.

완전히 진실해지기란 누구에게나 힘든 일이다. 우리는 우리의 선천적 기질이라는 붉은색 혹은 검은색 안경을 쓰고 그 기질의 강함이나 약함을 따라 신앙 경험도 이해한다. 그래서 강한 사람이 자신의 경험을 실제보다 더 짙은 색조로 나타내 보이면, 그것은 약자에게 도움이 되기보다 오히려 그를 실의에 빠지게 한다. 약한 사람은 "난 절대로 저 사람과 같은 경험은 할 수 없을 거야"라고 슬퍼하며 그 자리를 떠나 버린다.

나는 또한 기질적으로 강한 사람들이 모든 일이 순탄할 때는 신앙 경험을 우쭐대며 과시하지만, 그들에게 커다란 역경이 닥쳐왔을 때는 **여지없이** 무너지는 경우를 보아 왔다.

강한 사람들의 자신감 속에는 역경과 실패를 견딜 수 있는 진정한 믿음이 담겨 있을 수 있다. 그러나 심리학에서는 그들의 강함 역시 강한 반응의 한 부분이라고 밝힐 수 있다. 이런 식으로 교회나 종교적인 모든 활동에서도, 자기 자신을 쉽게 표현하거나 다른 사람들에게 자연스럽게 영향력을 행사하고 복잡하지 않은 마음으로 결단력 있게 행동하는 사람들은 세상의 삶에서와 마찬가지로 주도적 역할을 담당한다. 그리고 약자의 무리는 강자의 모습을 높여 주어, 강자가 자기의 약함을 숨기고 선천적인 재능에만 의존하며 사는 위험에 빠지게 한다. 그래서 강자가 주저하지 않고 리더 역할을 할 수 있게 분위기를 조성한다.

여기서 오해가 없기를 바란다. 나는 강자를 비판하는 것이 아니다. 그들이 하나님께 부여받은 선천적인 재능을 하나님을 섬기는 데 사용하는 것은 당연한 일이다. 그러나 성령의 진정한 역사는 강자가 자신의 행동이 얼마나 지나치게 인간적인지 깨닫게 하고, 그들을 지도자로 세운 수많은 지지자가 생각하는 만큼 자신이 그렇게 강하지 않다는 것을 솔직하게 인정하게 한다. 우리가 방금 살펴본 것처럼, 약자가 할 수 있는 최대의 증거는 성령의 능력 안에서 자신의 본성을 극복하는 것이다. 그러나 강자는 그 반대다. 강자는 정신이나 말로 다른 사람을 지배할 수 있는 자신의 힘과 능력을 과시함으로써가 아니라, 겸손하고 인내하며 부드러운 모습을 보임으로써 자신을 극복하여 최고의 간증을 할 수 있다. 그러나 강자는 사람들의 눈에 띄는 역할을 하고 있고, 그에게 진짜 문제는 사람들에게 영향력을 행사하는 것(그에게는 아주 쉬운)이 아니라 자신을 다스리는 것이기 때문에 이렇게 하기가 훨씬 더 어렵다.

여기서 심층 심리학은 인간이 자랑하는 미덕이 하나의 거짓된 가면에 불과하다는 사실을 밝힘으로써, 영적인 삶에 커다란 도움을 주었다. 마이데 박사는 어떤 사례를 보고하면서 이 사실을 생생하게 밝히고 있다. 그는 다음과 같이 말한다. "인간에게 무엇보다 중요한 것은 자신에게 솔직해지는 것이다. 이것은 지나친 이상주의자들에게는 매우 어려운 일이며, 그렇기에 더욱 필요한 일이다."[3]

사실, 진정한 믿음을 갖기란 약자만큼이나 강자에게도 어렵다.

강자에게는 또 다른 위험이 기다리는데, 강자는 자신의 강한 반응을 정당화하기 위해 그럴듯한 이유를 댄다는 것이다. 그들이 권위주의적이고 전혀 타협할 줄 모르며 사람들에게 강요하거나 자신에게 동의하지 않는 사람들보다 자신이 하나님의 뜻을 좀더 믿을 만하게 해석하는 사람이라고 주장하는 데 주력한다면, 그들은 자기 태도의 많은 부분이 개인적 기질에서 비롯되었음을 망각하고, 하나님을 더 잘 섬기기 위한 욕구에 고무되었다고 믿어 버리는 위험에 처한다. 그들은 사람들을 구원할 목적으로 압력을 가하지만 점차 그 압력은 커진다. 나는 이런 식의 폭력 때문에 갑자기 심각한 정신 장애를 앓게 된 여성을 기억한다.

다시 한 번 오해가 없기를 바란다. 나는 개인주의나 그리스도인의 완전한 자유를 옹호하는 것이 아니다. 나는 종교개혁가들의 정신과 달리, 그 후의 개신교는 공동체와 교회의 의미를 상실해 가는 경향이 있다고 느낀다. 하나님은 특히 신앙의 문제에서, 가르치는 사람이 아니라 배우는 평신도로서 내가 속한 교회에 충성하라고 명하신다. 내가 심리학자로서 여기서 보여 주고 싶은 것은 교회에 충성하는 사람들이 하나님의 은혜를 받아 순종하는 것과 독재적인 지도자의 강압을 받아 순종하는 것 사이에는 차이가 있다는 사실이다. 첫 번째 순종은 영적이기 때문에 열매가 있지만, 두 번째 순종은 단지 강자가 약자를 지배하기 위해 사용한 기제이기 때문에 위험하다.

영적인 모험이 세상적인 모험과 전혀 다르다는 것을 보여 주는 한 가지 놀라는 사실은 하나님이 우리의 약함을 사용하신다는 것이다. 그러므로 약자도 강자와 마찬가지로 자기의 목적에 대해 뚜렷한 확신을 가질 수 있다.

나는 그동안 많은 강연을 해 왔다. 진심 어린 환영을 받을 때도 있었지만, 내 메시지는 아직 결실을 보지 못했다. 한번은 대학 강연에 초청되었는데, 처음부터 청중과의 만남이 실패하고 있다는 느낌을 받은 적이 있다. 점점 초조해지면서 식은땀이 흘렀다. 나는 원고에만 의존하여 간신히 읽어 갈 수밖에 없었고, 말해야 할 것만 힘겹게 읊조렸다. 그리고 청중이 자리를 뜨자 친구들조차 나를 만나지 않으려고 서둘러 빠져나가는 것을 볼 수 있었다. 아내와 집으로 돌아오는 차 안에서, 나는 아이처럼 그만 울음을 터뜨리고 말았다.

그런데 다음 날 어느 대학 교수로부터 전화가 왔다. "저는 이제까지 일급 강의를 수없이 많이 들었습니다. 그리고 강연장을 빠져나오면서 늘 강연자와 논쟁을 벌였습니다. 사실 어젯밤 선생님의 강의처럼 최악인 강의는 처음이었습니다. 하지만 그날 밤 전 잠을 이룰 수가 없었습니다. 그때 제 마음속에 지적인 논쟁으로는 해결할 수 없는 한 가지 질문이 떠올랐습니다. 선생님을 만나러 가도 되겠습니까?" 몇 주 후에 그는 회심했고, 그 후 우리는 절친한 친구가 되었다.

종종 우리는 모임이 외형적으로 성공했는지에 관심을 갖는다. 그리고 가장 훌륭하고 권위 있는 연사들, 즉 강자를 택한다. 그러나 그 결과 강자들은 혹사당하고, 재능이 적은 신자들—이른바 약자들—은 자신이 과연 예수 그리스도를 섬길 수 있을지 의심한다. 이렇게 해서 약자의 열등감은 더 악화된다. 사실 수줍음을 잘 타는 사람이 어색하게 더듬거리며 간증하는 것을 들으면, 우리 자신도 간증할 수 있다는 용기를 얻게 되는 경우가 자주 있다. 명석하고 아는 것이 많고 자신감에 넘치며 권위 있는 어떤 강자가, 어렵게 말을 꺼내는 어느 보잘것없는 여인의 겸손한 간증을 통해 하나님의 말씀을 들은 후, 자신의 삶을 그리스도께 온전히 드리던 날을 나는 아직도 잊을 수가 없다.

또한 언어 표현이 서툰 한 외국인 아이가 내 모국어로 더듬거리면서 말하던 것을 생생히 기억한다. 나는 그날 문득, 교회를 섬기도록 부름받은 것은 나의 선천적 재능보다 초자연적 은사 때문이었음을 깨달았다. 그날 저녁 나는 몇몇 친구와 함께 하나님이 깨닫게 하신 것을 이야기하고, 친구들과 함께 내가 아닌 하나님이 나의 사역을 이루게 해 달라고 무릎 꿇고 기도를 드렸다.

그러므로 성령의 힘과 자연적 힘을 혼동하지 않도록 주의해야 한다. 마찬가지로 믿음과 건강을, 그리고 질병과 믿음의 부족을 동일시해서는 안 된다. 안타깝게도, 이것 역시 우리가 너무 쉽게 저지르는 실수다. 한 예로 유전적인 요인과 어린 시절 불의의 사고로 병을 얻은 신경증 환자는 평탄하게 살아온 어느 건강한 사람에게서 "만일 당신이 나처럼 믿음이 있었다면, 아프지 않았을 거예요"라는 말을 듣고 자신의 병을 부끄러워하게 되었다. 물론 믿음이 신경증 환자를 도울 수 있기는 하지만 병이 그의 믿음 생활을 방해할 수도 있다. 그것은 마치 물에 빠진 사람에게 구명대를 던져 주었지만 그가 팔에 경련이 일어나 그것을 잡을 수 없는데도 "자, 어서 이것을 잡으시오"라고 소리치는 것과 같다.

건강한 사람은 아픈 사람을 이해하기 어렵고, 강자 역시 약자를 이해하기 어렵다.

자신이 느끼는 공포감 때문에 물에 빠진 사람의 팔 경련이 더 악화되었다고 생각해 보자. 신경증 환자에게서도 똑같은 일이 일어난다. 스스로 오해와 부당한 비난을 받고 있다고 느끼는 신경증 환자는 사람들과의 교제가 요구되는 신앙의 단계를 밟는 것이 더욱 어렵다고 생각한다. 이렇게 해서 많은 환자가 자신의 정신적 고통이 하나님의 진노의 증거라고 생각하면서 늘 불안해하고 망상에 시달리며, 자신은 유혹을 뿌리칠 힘이 부족하기 때문에 저주받았다고 여긴다. 사랑에 실패하여 우울증을 앓게 된 한 여성은 자신이 정신적인 위기를 맞은 것은 하나님이 주신 징벌이라고 고백했다. 하지만 이런 잘못된 해석 때문에 그녀는 자신감을 회복하기가 더 어려워진다.

우리는 성경을 깊이 읽지 않아도, 예수 그리스도께서 약자와 병자를 위해 특별한 치유 사역을 행하셨다는 것을 알 수 있다.

분명한 것은 논리적으로는 설명하기 어렵지만 마음으로는 분명히 이해할 수 있는 동일한 결론에 이른다는 것이다. 곧, 신앙은 약한 사람을 강하게 하고 정신적인 고통에서 벗어나게 할 수 있지만, 그렇다고 해서 약자와 아픈 자가 강자와 건강한 자보다 하나님에게서 더 멀어져 있다거나 믿음이 더 부족하다는 의미는 아니다.

내가 이렇게 말하는 것은 신앙의 경험이 때로 사람의 심리 상태와 신체적 건강을 악화시키기도 한다는 사실 때문이다. 한 친구는 내게 자신의 문제를 털어놓았는데, 회심한 이후로 건강이 점점 나빠지고 있다고 했다. 과연 그 친구는 진정으로 회심한 것이 아니었을까? 나는 그 친구에게 건강이 나아지기 위해서가 아니라, 하나님이 그를 부르신 소명을 이루기 위해서 회심해야 하며, 건강하면서 믿지 않는 것보다는 아프더라도 믿는 것이 훨씬 낫다는 것을 일러 주어야 했다. 실제로 이런 생각은 그가 마음의 평정을 되찾는 데 도움이 되었고, 그의 건강은 곧 회복되었다.

여기에서 우리는 미묘하면서도 비극적인 현상을 경험한다. 즉 믿는 사람들이 믿지 않는 사람들보다 자신의 약한 반응을 더 부끄러워한다는 사실이다. 그 이유는 약한 반응이 신앙 간증의 가치를 떨어뜨리고, 이때 생긴 정서 불안으로 약한 반응이 더 증가하는 것을 두려워하기 때문이다.

이제 약함과 질병에 대한 잘못된 수치심과 더불어, 종교 심리학에서 다루는 가장 중대한 문제 가운데 하나인 병리적인 죄의식에 관해 언급하고자 한다.

한 남성은 자신을 낳다가 돌아가신 어머니에 대해 말할 수 없는 죄의식에 사로잡혀, 자신이 하는 모든 일에 그 죄의식을 투사하고 계속해서 스스로를 상상의 죄로 비난했다. 그는 '지나치게 양심적인' 사람이었기 때문에 어머니의 죽음에 대해 근거 없고 무의식적인 책임감으로 괴로워했으며, 끊임없는 양심의 가책은 자기 비난으로 표현되어 그 감정에서 벗어나지 못하는 듯했다.

2장에서 다루었듯, 어두운 가정환경에 희생된 사람들에게서도 이와 같은 상황을 보게 된다. 또한 아무리 자신을 완벽하게 희생해도 전혀 만족할 줄 모르는 소유욕 강한 어머니의 간섭에 시달려야 했던 자녀들에게서도 이런 모습이 보인다. 마지막으로 정신 분석학자들이 초자아라고 부르는 잘못된 도덕 규정이 있는 곳 어디에서든—이미 3장에서도 살펴본 바 있는—그런 사람들을 만날 수 있다.

이들은 모두 자신을 죄인으로 고발하기 때문에, 겉으로 보기엔 양심과 관련된 문제처럼 보인다. 그럼에도 이들은 신앙을 통한 영혼의 치유가 아니라, 심리적인 치유를 받아야 한다. 이들의 불안을 해결할 수 있는 것은 종교적인 것이 아니라 심리적인 것이기 때문에, 용서보다 면제^{exoneration}가 필요하다. 사실 이들은 비난받아야 할 잘못이나 죄를 저질러서 불안해하는 것이 아니라, 다른 사람들에게서 받은 상처 때문에 불안해하는 것이다. 용서는 죄를 지은 곳에서만 필요하다. 그렇기 때문에 이들은 용서받았다는 의식을 갖지 못한다. 또 이들은 그런 의식을 경험하지 못하는 것이 하나님이 자신을 기뻐하지 않으시기 때문이라고 받아들인다. 실은 도움을 받아 자신이 불안해하는 진정한 이유를 발견해야 해결될 수 있는 문제지만, 이들은 무의미한 용서를 강박적으로 갈망한다. 나는 앞에서 우울증에 희생되어 자기 비난을 멈추지 않았던 사람들을 언급하면서, 그들이 겪는 고통에 대해서도 설명한 바 있다. 그리고 이렇게 막연하고 조직적이며 지속적으로 자기를 비난하는 것은 병리적 성격의 확실한 증거다.

그러나 이런 현상이 극단적인 상황에서처럼 항상 뚜렷하게 드러나는 것은 아니다. 나는 신학교에서 진정한 죄의식과 잘못된 죄의식을 뚜렷이 진단할 수 있는 교육을 포함시키는 것이 중요하다고 생각한다.

진정한 죄의식과 잘못된 죄의식은 겉으로 보기에는 위험스러울 정도로 똑같다. 그리고 병리적 죄의식을 마치 진정한 죄의 고백인 것처럼 다루면, 그 상태는 더 악화될 뿐이다. 목회 신학의 교수법은 이런 점에서 부족한 부분이 많고 볼 만한 서적도 드물다. 심층 심리학은 그런 사람들에게 상당한 전기를 마련해 주었고, 결과적으로 목회 신학 교수들은 자신의 교과과정을 완전히 던져 버렸다. 그러나 일반적으로 볼 때 의사들의 지식도 턱없이 부족한 형편이다. 이런 상황이 개선되어서, 의사들은 자기를 찾아온 환자를 정신과 의사에게 보내야 할지 목사에게 보내야 할지를 결정할 수 있어야 한다.

진정한 죄의식과 잘못된 죄의식을 확실하게 진단하는 문제에 관해서는 오디에 박사만큼 깊은 통찰력을 가지고 설명한 사람이 없다.[4] 그는 베르그송의 말을 인용하면서 이 두 가지 죄의식은 '도덕성과 종교라는 두 가지 원천'[5]과 밀접하게 연결되어 있다고 말한다. 다시 말해, 환경에 수동적으로 반응하는 사람에게 가해지는 심리적 억압과, 진정한 도덕적 양심을 적극적으로 움직이게 만드는 성령의 내적 부르심이 그 두 가지다.

오디에 박사가 분명히 밝힌 것처럼, 첫 번째는 약한 반응이라는 심리적 자동증psychological automatism에 좌우되는 경우다. 반대로 두 번째는 하나님께 순종함으로 최고의 자유를 누리는 경우다. 첫 번째 경우, 고통은 주로 무의식적 갈등에서 야기되며, 합리화라는 기제가 작용하여 고통을 잘못된 양심 탓으로 돌린다. 그리하여 충동적으로 자기를 비난하면서 고통을 진정시키고자 하지만 소용없다. 반대로 두 번째 경우, 잘못을 저질러 느끼는 진정한 양심의 가책으로, 이때 도덕적 고통을 느끼는 가운데 하나님의 뜻을 거부하고 불순종했던 죄를 고백하게 된다.

그러나 각각의 경우에서 고통의 감정을 동일하게 느끼기 때문에 당사자는 이것을 제대로 구분해서 진단을 내릴 수 없다. 나

8. 심리적인 힘과 영적인 힘

는 대개 성경을 읽거나, 종교나 신앙에 관한 책을 읽는다. 또는 목사님의 말씀에 귀 기울이거나 불의를 비난하는 사람들의 말을 경청하기도 한다. 그뿐 아니라 자기 죄를 고백하는 사람의 말을 듣거나, 기도하면서 하나님의 음성에 귀 기울이기도 한다. 그때 문득 비난받을 만한 생각과 감정과 행위들에 대한 부끄러운 기억이 떠오른다. 내게 잘못이 있었음을 알게 되면서, 고통의 감정이 엄습해 온다. 이때의 고통은 우울증에 시달리는 사람의 고통과 거의 비슷하다. 그러나 잘못을 고백하고 그 행위를 고치고 회개하며 하나님의 용서를 받아들인다면 자유를 누리게 된다. 이것이 우울증에 시달리는 사람과 다른 점이다. 우울증 환자는 내게 이렇게 말한다. "저는 하나님이 저를 용서해 주셨다는 생각을 해 본 적이 없어요."

그러므로 서로 다른 이 두 가지 죄의식은 치료 방법도 서로 다르다. 진정한 죄의식에는 오직 은혜만이 필요하지만, 잘못된 죄의식에는 정신 분석학적 치료나 정신과 치료가 필요하다. 보통 사람들은 이것을 직관적으로 느낀다. 우울증에 시달려 고집스럽게 자신을 비난하던 한 여성의 경우를 살펴보겠다. 그 여성의 남편은 아내에게 이렇게 말한다. "당신은 걱정이 너무나 많아요. 기독교를 너무 심각하게 받아들이고 있단 말이오." 이 말 속에 어느 정도 진실이 담겨 있긴 하지만, 그 표현은 아주 잘못된 것이다. 더욱이 이런 위로는 우울증에 시달리는 사람에게 전혀 위안을 주지 못한다. 감수성이 예민한 사람에게 기독교를 심각하게 받아들이지 말아야 행복해진다는 것을 정말 설득시킬 수 있을까? 영적인 구원은 복음이 요구하는 것을 심각하게 받아들이기 시작할 때만 이루어지는 것이 아닌가? 그러므로 이런 말들은 도덕적 양심에 대한 완전한 오해에서 비롯된 것이다. 도덕적 양심의 음성을 물리칠 수 있는 자는 아무도 없다.

하지만 나는 남편의 비난도 어느 정도 맞는 부분이 있다고 말했다. 남편은 복음이 양심의 가책과 후회라는 고통스러운 홍수의 물결로 우리를 덮치는 순간들이 있지만, 그것은 아내가 만성적으로 괴로워하는 고통과는 전혀 다르며, 예리하지만 일시적으로 지나가는 위기일 뿐이라는 것을 잘 알고 있다. 따라서 아내가 복음을 평안의 원천으로 생각하지 않고 끝없이 자신을 괴롭히는 것으로만 받아들인다면, 분명 무엇인가 왜곡하고 있는 것이다.

나는 이것을 좀더 분명하게 밝히기 위해 진정한 죄의식과 잘못된 죄의식을 서로 다른 사람들의 모습을 통해 대조해 보았다. 그러나 이 두 죄의식이 서로 섞여 있기 때문에 문제는 좀더 복잡하다. 예를 들면, 자기를 비난하는 충동에 사로잡힌 우울증 환자는 거짓말과 같은 실제 죄를 지은 경우 자학하는 습관이 있다. 그 경우 그가 저지른 실수는 대수롭지 않은 것이며 무의식적 강박 때문에 양심의 가책을 느끼는 것이니 기독교를 너무 심각하게 받아들이지 말라고 아무리 설득해도 소용없다. 그의 심리 기제를 조사하여 자학하게 만드는 강박적인 충동에서 벗어나게 할 수는 있지만, 실제로 죄를 지은 뒤에 느끼는 양심의 가책에서 자유롭게 할 수 있는 것은 하나님의 용서뿐이다.

나는 이런 식으로 잘못된 죄의식의 허구를 지적하고, 환자들이 하나님의 용서를 통해 진정한 죄의식을 해결할 수 있도록 그들이 자신에게 퍼붓는 온갖 종류의 비난을 세세히 가려내야 했다.

나는 이런 환자들의 마음이 사악한 요정이 진짜 나무들 사이에 가짜 나무들을 심어 놓은 숲 같다고 생각한다. 그 요정은 나무꾼을 실망시켜 진짜 나무를 자르지 못하도록 하려는 것이다. 예를 들면, 어린 시절 신경이 날카로운 아버지에게 시달려 어리석게도 자신이 아버지에게 못된 행동만 했다며 스스로를 비난하는 한 동료가 기억난다. 그의 자기 비난은 마음속에 억눌려 있던 정당한 방어 기제를 빗나간 방법으로 표현한 것이다. 그는 어린 시절 말로 표현할 수 없었던 감정과 아버지가 자신에게 가한 가혹한 행위들에서 벗어나기 위해 상당한 노력이 필요했다. 이 둘의 관계에서 잘못한 사람은 양심의 가책으로 괴로워하는 아들이 아니라 바로 아버지였다. 하지만 그 동료는 잘못된 양심의 가책에서 자유로워지자, 자신이 실제로 저질렀던 죄들을 고백하기 시작했고 바로 여기에 종교적인 대답이 필요했다. 말하자면, 진정한 죄에 대한 기억이 그의 의식을 압도하던 잘못된 죄의식에 가려 있었던 것이다.

지나치게 양심적인 사람은 상상 속의 죄를 들여다보는 일에 열중한 나머지, 자기의 진정한 잘못이 무엇인지는 알지 못하고 상상 속 미묘한 죄만 가지고 자신을 비난한다는 것은 신학자들도 지적하는 사실이다. 적절한 말이다. 그런 사람을 가리켜 진정한 죄 고백은 하지 않고 양심의 밀림에 갇혀 버렸다고 비난하는 사람이 있는가 하면, 잘못된 죄의식이 너무 강해서 솔직한 자기 성찰이 어려웠다고 인정하는 사람도 있다.

마이데 박사는 자신의 저서에서 자위행위와 관련한 죄의식을 분석한다.[6] 그것은 우리가 말하고 있는 요지에 아주 적절한 예가 된다. 정신 분석학자들이 밝힌 것처럼 이런 감정은 주로 성에 대한 사회의 잘못된 수치심 때문에 발생하며, 분명 이러한 사실에서 강박 성향이 기인한다. 그러나 나는 '원칙적으로'라고 말하고 싶다. 왜냐하면 어떤 이론도 자위행위에 빠지는 것이 하나님께 불순종하는 것이라는 신념, 또는 (혹 하나님을 믿지 않는 사람이라면) 자연의 법칙이나 진정한 사랑의 법칙에 따르지 않는 것이라는 확신을 인간의 양심에서 제거할 수 없기 때문이다.

성에 대해서도 잘못된 죄의식과 진정한 죄의식의 이중 요인이 계속해서 맞물린다. 유 부남과 사랑에 빠진 한 여성이 사회적 편견으로 인한 잘못된 수치심을 90퍼센트 느끼고, 진정한 양심의 가책은 나머지 10퍼센트 느꼈다고 하자. 그녀는 목사의 호된 꾸중을 들으면 항변하며 달려든다. 목사님이 자신에게 그런 어려움을 몰고 온 심리 기제를 오해하여 부당하게 꾸짖는다고 느끼기 때문이다. 예를 들어 자신은 자신을 둘러싸고 있는 인습주의적 환경에 건전하게 반응했으며, 결혼 생활이 매우 불행하다고 말하는 그 남성에게 마음에서 우러나오는 동정심을 느꼈다고 생각한 것이다. 하지만 그녀는 이러한 심리 기제들만 관찰하는 심리학자를 찾아가면서 진정한 양심의 가책을 느끼게 되었다.

여기서 두세 살 즈음, 벌거벗은 채 거리에 나가 놀곤 했던 한 소녀의 경우를 살펴보자. 그 소녀는 조금 즐기기까지 했던 죄의식을 매우 정확히 기억하고 있었다. 물론 그런 감정을 갖는 데 사회적 암시도 큰 역할을 했다. 그렇게 벌거벗고 나다니는 재미에 빠져 있던 이 소녀를 어른들이 꾸중했던 것은 아직 아이들이 모르는 인생을 어른들은 알고 있었기 때문이다. 그럼에도 소녀는 그 당시 나이는 어렸지만 자신의 죄의식 속에 뭔가 진정한 감정이 있었다고 주저 없이 인정했다. 여기에는 분명 어떤 심리학자도 사회적 인습이라고 치부해 버릴 수 없는 하나님의 법칙, 곧 정숙함에 관한 법칙을 어겼다는 진정한 자각이 있었던 것이다.

이렇게 서로 다른 두 종류의 죄의식은 치료 방법이 확연히 다르지만, 서로 밀접하게 섞여 있어서 두 가지 치료 방법을 결합하는 것도 필요하다. 마이데 박사 같은 그리스도인 정신 분석학자는 진정한 양심의 가책이라는 분석이 나올 때, 그에 필요한 신앙적 대답을 줄 수 있는 충분한 자격을 갖추고 있다.

마지막으로, 이 두 종류의 죄의식이 아무리 명확히 구분이 되어도 서로 연관을 맺고 있다는 사실 때문에 문제는 더욱 복잡해진다. 이 두 가지 죄의식은 서로에게 영향을 준다. 3장에서 설명한 바와 같이, 건강하지 못한 두려움 덩어리와, 담대하고 강한 사람이라도 모두 겪는 막연하고도 지워지지 않는 내면의 두려움의 핵이 서로 연결되어 있다는 의미다. 우리가 살펴본 것처럼 불안이 소멸되지 않고 계속 남아 있는 것은 다른 사람에게서가 아니라 자기의 내면에서 죄의 충동을 느끼고 그것을 두려워하기 때문이다.

한 젊은 여성은 결혼을 앞두고 심리적 불안에 시달렸다. 우리는 그녀에게 작용하는 심리 기제를 함께 분석했다. 그녀의 불안은 잘못된 것으로, 오디에 박사의 용어를 빌리면 기능적인^{functional} 것이었다. 엄밀히 말하면 문제의 본질은 도덕적인 것이 아니라 심리적인 것으로, 내면의 갈등이다. 즉 과거의 특정 사건들이 마음속에 해로운 흔적으로 남아, 결혼을 앞두고 활발하게 작용한 것이다. 그녀에게 결혼은 그토록 바라던 것을 이룬다는 의미를 가졌지만, 이상하게도 마음속에 억눌려 있는 것이 결혼을 방해했다. 그녀는 명석했기 때문에 마음속에서 진행되고 있는 모든 일을 쉽게 이해할 수 있었고, 따라서 분석 작업에도 함께 담담하게 참여할 수 있었다. 그러나 우리가 함께 작업하는 가운데도 여전히 눈에 보이지 않는 무엇인가가 존재했다. 어떤 두려움이 계속 자리 잡고 있었던 것이다.

그러던 어느 날 그녀로부터 급한 전화가 왔다. 갑자기 격렬한 불안이 엄습해 온다는 것이었다. 이때 그녀는 언젠가 자신이 저지른 죄악된 행위가 떠올라, 내 앞에서 그 죄를 고백했다. 이 순간은 그녀가 희생자가 되었던 사건이 아니라 그녀가 비난받아야 할 행동을 다루고 있었기 때문에, 필요한 대답은 심리적인 것이 아니라 신앙적인 것이었다. 바로 여기에서 두 가지 종류의 죄의식이 완전히 다르다는 사실을 알 수 있다. 그러나 어쨌든 죄의 고백에 대한 신앙적인 대답으로 찾아온 하나님의 용서는 양심의 가책에서 나온 진정한 불안만 가시게 한 것이 아니었다. 전에 그녀와 함께 이야기하는 중에 드러난 기제인 잘못된 불안에도 반영되기 시작했다. 물론 그 잘못된 불안이 완전히 사라진 것은 아니지만 말이다.

여기서 우리는 두 가지 불안, 즉 진정한 죄의식과 잘못된 죄의식 사이에 연결점이 있음을 볼 수 있다. 이것은 피아노 위 꽃병이 피아노 선율에 진동하는 것처럼, 함께 어우러져 나오는 울림이다. 우리 모두의 내면에는 진정한 죄의식으로 인한 막연한 불안이 있다. 그 죄의식 때문에 마음이 민감해져, 심리적 갈등에서 기인하는 사건들에 치우치고 잘못된 죄의식에 빠진다. 그리고 이런 잘못된 심리적 불안이 진정한 불안을 일깨워, 구체적인 죄들을 진실한 마음으로 고백하게 한다.

이 관계는 또 다른 모습으로도 설명할 수 있다. 불안에 시달리는 환자가 어떤 장벽 앞에 멈추어 선다. 장벽의 일정 높이까지는 진정한 죄의식으로 이루어져 있다면, 죄의식의 일부분은 땅속 보이지 않는 곳에 박혀 있다. 그러나 그가 희생양이었던 사건들 때문에 생긴 잘못된 죄의식은 이 불안의 장벽을 더욱 높게 쌓아 버려서 그 장벽을 넘기가 어려워진다. 그는 높이뛰기로라도 그 장벽을 뛰어넘고 싶은 마음에 장벽의 꼭대기에만 시선을 고

정시킨다. 이것이 바로 강박적인 잘못된 죄의식이다. 하지만 오히려 그 장벽의 기초를 공략하여 그에게 역사하시는 하나님의 은혜로 그 기초가 폭파되면, 모든 장벽은 여지없이 무너지고 만다.

마이데 박사는 어린 시절에 성적인 충격을 받아서 남성에 대해 병적 두려움을 갖고 괴로워하는 한 소녀에 대해 보고한다. 처음에는 단순히 심리적인 문제였다. 하지만 계속 이야기를 나누면서 그전에 그에게 이미 털어놓은 이야기로 긴장이 다소 풀리자, 소녀는 그때 아무리 방어하려고 했어도 자신을 덮친 공격을 막을 수 없었다고 생각했지만 실은 자기의 욕망도 한몫했다는 사실을 깨달았다. 마이데 박사는 "소녀는 마음속으로 그 사실을 전혀 깨닫지 못한 채 자신의 성적 본능을 두려워하고 있었습니다. 그러나 그것은 소녀가 불신하는 것은 남성뿐만이 아니었습니다. 자기 자신에 대한 두려움이 있었던 것이죠."

그러므로 두려움과 불안과 죄의식에는 심오한 도덕적·영적 차원과 표면적·심리적 차원이라는 두 가지 차원이 있다. 나는 그 두 가지 차원이 어떻게 구분되는지 설명하려고 많은 노력을 기울였지만, 실제 이 둘은 서로 영향을 주고받는 것들이다. 심리적 반응의 차원에서 사람들은 자신이 느끼는 두려움을 강한 사람에게는 없는 나약함이라고 생각하여 부끄러워한다. 그러나 나약함의 책임이 자신에게 있는 것이 아니다. 또한 그런 감정으로 인해 다른 사람들과의 관계에도 문제가 생기기 때문에 이러한 수치심은 해롭다. 그리고 도덕적·영적 차원에서는 모든 책임이 자기에게 있다고 느끼거나 그렇게 알고 있기 때문에 수치심은 더욱 커진다. 그러나 이 수치심은 죄인인 모든 사람이 느끼는 것이기에 유익한 것이다. 사람이 자기 속에서 발견하는 나약함은 인간의 보편적 나약함이기 때문에, 이런 감정을 경험하면 다른 모든 인류와 굳게 결속된다.

이와 같이 이 두 가지 차원은 확연히 구분되지만 아주 밀접하게 연관되어 있어서, 이런 환자들의 이중 고통에 대해 굳이 이중으로 해답을 주지 않고도 그것을 완전히 치료할 수 있다. 어린 시절과 청년 시절 내내 비극적 상황에 희생된 동료가 있다. 아버지가 돌아가시고 어머니도 그를 버리자, 그는 병약하고 소유욕 강한 숙모의 손에서 양육되었다. 그 결과 이인성 장애라는 문제가 빚어지게 되었다. 하지만 그것은 그의 불행의 극히 일부였다. 우리는 그의 모든 생각을 함께 자세히 분석해 나갔지만 그때까지만 해도 심리적 차원에만 머물러 있어서 그 동료는 희생자일 뿐, 그의 도덕적 책임이라는 차원은 문제 제기조차 되지 못했다. 동료는 나와 함께 모든 문제를 살펴보면서 약간의 위안을 얻었다. 우리 사이에는 신뢰도 형성되었다. 그런데도 왠지 무거운 분위기가 감돌았다. 그때 이 동료는 내가 기대했던 향상의 조짐은 보이지 않고, 발작성 고통 속에 더욱 빠져들었다. 그러던 어느 날 저녁 이 친구가 내게 한 통의 편지를 보내 왔다. "나는 이 문제를 끝까지 해결해야만 한다네. 그리고 과거에 잘못한 일도 몇 가지 있다네. 내일 그 모든 것을 자네에게 털어놓으려 하네."

그러고 나서 그에게는 진정한 자유가 찾아왔다. 놀랄 만한 자유를 얻어 전혀 새롭고 풍성한 인생의 문을 열게 되었던 것이다.

이와 같은 방법으로 심리적 차원에서 불안의 원인을 완전히 제거하면, 하나님의 은혜가 넘쳐흐를 수 있는 영적인 통로가 열리는 일이 종종 있다. 심각한 열등감에 시달리는 젊은 여성이 있었다. 그 원인을 분석한 결과, 그녀는 아직까지도 자신을 어린아이로 대하는 언니에게 지나친 간섭을 받고 있었다. 그 여성은 너무나 나약하였기 때문에 언니가 간섭하는 대로 끌려다녀서 성인다운 모습을 갖추지 못했다. 그녀도 이 사실을 이해하긴 했지만, '성인다운 모습'을 보이기에 충분하지 못했다. 이즈음 그녀는 한 그리스도인 친구와 지내게 되었는데, 나와 대화를 나누던 날 저녁, 그녀의 친구가 자신의 경험과, 믿음으로 죄에서 벗어나게 되었던 이야기를 해주었다. 다음 날 우리의 치료는 심리적 수준에서 갑자기 도덕적·영적 수준으로 옮겨 가게 되었다. 그녀는 거의 잠을 이룰 수가 없었다. 그녀는 그날 들었던 말을 통해 언니에게서 받은 간섭과는 전혀 다른 일들이 기억에 떠올랐고, 곧 진정한 고백을 하게 되었다. 그 순간 그녀는 어른이 되어 버렸다! 그리스도의 충만한 능력을 경험했기 때문에 이제 어른이 된 것이다. 그 후 새로운 영적인 힘이 심리적 수준에도 반영되어 약한 반응에서도 승리할 수 있게 되었다.

제9장

진정한 힘

지금까지 우리는 인간 삶의 두 가지 차원이 동시에 얽혀 대치하는 현상에 대해 살펴보았고, 이제 그 작업의 막바지에 이르렀다. 그러나 이 두 가지 차원은 일정한 질서 체계를 가지고 있는 것이 아니라 서로가 서로를 포함하고 있기 때문에, '대치'라는 단어는 적절한 표현이 아니다. 따라서 이론상으로는 단순한 문제가 매우 복잡해진다.

이론적으로 우리의 생각과 감정과 행동 하나하나는 자유롭고 창조적이고 영적인 영감의 결과일 뿐만 아니라, 생리적이고 심리적인 동물적 반응의 표현이자 자동적 기제의 표현일 수도 있다. 그러나 우리는 실제로는 자동적 심리 기제의 꼭두각시 노릇을 하고 있으면서 하나님이 주신 영감에 따라 행동하는 것으로 생각할 때가 종종 있다. 그리고 이와 마찬가지로 우리의 선천적 기질에서 나오는 특정 행동이 그 행동의 영적인 근원을 숨기기도 한다. 때로 우리는 다른 사람들에게 실수를 저지르기 쉽다. 따라서 우리는 다른 사람들을 함부로 판단해서는 안 된다. 말하자면, 겉만 보고 다른 사람들의 행동이 성령에서 나왔는지 자연적인 것인지 판단할 수 있다는 주장에 반대해야 한다. 심지어 우리 자신에 대해서도 우리는 온전히 알지 못한다. 우리는 이렇게 양심을 살피면서, 예기치 못한 것들을 계속 발견한다. 지극히 자연적인 반응으로만 여겼던 순간에 그것이 하나님이 하신 일임을 발견하기도 하고, 가장 진실한 영적 경험이라고 생각한 순간에 그것이 여전히 인간적이었음을 발견하기도 한다. 그리고 이러한 발견은 심리학적인 도구, 꿈이나 말실수에 대한 분석, 기도 중에 우리 마음을 가득 채우는 성령의 조명을 통해 이루어지기도 한다.

이제 양심의 자유와 관용 등 고결한 이상을 위해 싸우고 있는 두 사람이 있다고 생각해 보자. 이들은 동일한 열정으로 동일한 주장을 펼치지만, 동일한 힘의 자극을 받지는 않는다. 이것은 어떤 라디오 방송국이 다른 데서 동력을 끌어올지라도 방송하는 프로그램은 동일한 것과 같다. 이것을 인식하지 못하고 관용을 주장하는 두 사람 중 한 사람은 자신에게 부당한 도덕적 명에를 짊어지게 했던 아버지에 대한 복수심을 품고 있었고, 다른 한 사람은 진정한 소명을 가지고 있었다. 이들의 힘은 서로 다른 근원에서 기인한 것이다. 즉 하나는 심리적이고, 다른 하나는 영적이다.

어떤 점에서 자동적이며 불가피하고 결정적인 심리적 힘은 적어도 처음에 생각할 때는 크고 완강하여 굽히지 않는 역동성을 갖고 있는 것 같다.

국제 정치에서 이웃 국가들에게 두려움을 불러일으키는 국가의 경우를 한 예로 들어 보자. 물론, 두려움을 가공할 만한 것으로 만드는 것은 그 국가 자체가 품은 두려움이다. 이것은 맹렬하고 충동적이며 강력한 심리 기제를 갖고 있어서 이성과 감성으로 전혀 극복할 수 없기 때문에 위험하다. 그런 국가가 강하면 강할수록, 그 국가가 느끼는 두려움은 더 커진다. 그리고 두려움이 크면 클수록, 국가 권력을 쟁취하기 위해 미칠 듯이 경쟁하여 모든 것을 희생하고 결국 위기에 휘말려서 참혹한 파국을 맞이한다. 그리고 재난이 다가오면 이 국가는 더 불안을 느끼고, 불안은 결국 피할 수 없는 파멸로 이어진다.

그렇다고 해서, 약한 반응이 좀더 유리한 전망을 제시한다고 말할 수 있는가? 절대 그렇지 않다. 정치에서 약함으로 인해 생긴 전략과 두려움에서 시작한 협상이나 거래는 당사자가 피하고 싶은 재앙을 몰고 온다. 그러므로 강한 반응뿐 아니라 약한 반응, 이 두 가지 자연적 반응은 모두 전쟁과 파멸의 결과를 낳는 것이다. 이런 반응의 차원에서는 행한 방식대로 보상받는 날이 올 때까지 다른 사람들을 겁주려고 으르렁대거나 아니면 그들을 달래기 위해 부당한 양보를 할 수밖에 없다. 아니면 이 두 가지 방법을 교대로 사용할 수도 있다. 그러나 그 어느 것도 진정한 평화를 가져오지 못한다.

9. 진정한 힘

예를 들어, 뮌헨 회담과 같은 국제적 위기의 순간에도 사람들은 선천적인 기질에 따라 두 진영으로 양분되었다. 이들은 서로 자신의 정책을 주장하였는데, 한 진영에서는 무력과 위협의 정책을, 또 한 진영에서는 어떤 경우에도 타협해야 한다는 정책을 주장했다. 그리고 전쟁의 위험성을 상당히 증가시킬 수 있다는 이유로 상대방이 제시한 방법의 위험성을 지적했다.

그러나 영적인 힘은 전혀 다르다. 이것은 강함이나 약함의 정치와는 전혀 무관하다. 남편과 아내 사이에 갈등이 생기거나 두 경쟁자나 국가 사이에 분쟁이 생기면, 영적인 힘은 방금 기술한 비극의 딜레마에서 벗어나는 방법을 제시한다. 이 영적인 힘은 새로운 요소, 새로운 차원을 인간의 문제에 제시한다. 그것은 인간의 권력 관계에 더 이상 의존하지 않고, 인간의 본성에 의거하여 전혀 다른 차원에서 작용한다. 그리고 인간의 본성을 변화시킴으로써 문제의 전제 자체를 바꾼다.

나는 정치나 부부 관계에서 사용하는 모든 방법이 동일한 가치를 갖는다고 생각하지 않는다. 우리는 강하건 약하건 각각의 주어진 상황에서 적절하고 융통성 있는 행위를 찾아야 한다. 그러나 이것은 어디까지나 편의주의적인 방법일 뿐, 참된 평화를 가져오는 진정한 해결책은 아니라는 것을 반드시 인식해야 한다. 우리의 해결책이 아무리 신중하다 하더라도, 인간의 본성이 변화되지 않는 한 그 해결책은 위태로울 것이다. 우리가 힘으로 해결하든지 타협을 추구하든지 간에, 우리가 가장 열렬히 희망하는 것은 바로 전쟁을 멈추는 것이다. 프랭크 부크만 박사는 "하나님만이 인간 본성을 바꿀 수 있다"고 말한다. 하나님만이 평화의 문제와 사회 정의 문제를 진정으로 해결할 수 있다. 현대 사회에서 이러한 문제를 해결하는 것이 어려워 보이는 이유는 바로 하나님 없이 해결하려고 하기 때문이다.

나는 유토피아적인 이상을 설교하는 것이 아니다. 세계의 모든 국가가 하나님께 돌아와도 그들이 겪고 있는 정치적·경제적·사회적 어려움의 그물망을 일순간에 끊을 수 없다는 것을 나는 잘 알고 있다. 그럼에도 불구하고 그런 어려움의 전제는 서서히 변화해 간다. 이것이야말로 인간관계가 새롭게 되는 것을 기대할 수 있는 유일한 길이다. 전문 위원회나 외교 회담으로 정치·경제 문제를 해결하려는 기술적인 노력과 국가의 영적인 분위기를 변화시키는 임무를 맡은 사람들 사이에는 비극적인 부조화가 있다는 것을 인정해야 한다.

이 세상이 겪는 고통은 인간의 본성, 즉 두려움과 공격성이라는 자연적인 반응(여기에 따를 때 인간은 하나님에게 등 돌리게 된다)에 깊이 뿌리내리고 있다는 것을 분명히 인식하고 신학뿐 아니라 정치학에서도 하나님의 영감을 간구할 때 진정한 평화가 임할 것이다.

영적인 힘은 우리가 가지고 있는 문제의 전제를 조금씩 바꾸어 간다. 하지만 그 전제들이 전혀 바뀌지 않는다고 생각하는 전문가들은 결코 이 사실을 깨닫지 못한다.

방금 말한 것처럼, 영적인 힘은 처음에는 자연적인 본능보다 강제적이지도 않고 강하지도 않은 것처럼 보인다. 하지만 실제로 그 열매를 보면 이것이 훨씬 더 강하다는 것을 알 수 있다. 영적인 힘은 자연적인 반응의 악순환을 끊는 힘이며, 자기 자신은 물론 두려움도 극복할 수 있는 힘이다. 따라서 세상에서 가장 강력한 존재도 무너뜨릴 수 있는 힘이다.

이것은 나약함이라는 가면을 쓰고 나타날 수도 있다. 마이데 박사는 "저는 결코 영웅적인 인물이 아닙니다. 신앙의 도움이 없었다면, 저는 아무것도 할 수 없었을 것입니다"[20]라고 말한다.

앞에서 두 명의 용감한 싸움꾼을 비교한 것과 마찬가지로, 이제는 서로에게 굴복하는 두 사람을 비교해 볼 수 있다. 한 사람은 부끄러움과 소심함이라는 자연적인 반응을 보이는 반면, 또 한 사람은 저항하고 앙갚음할 수 있지만 자신을 다스리고 사랑의 힘으로 싸움을 끝까지 참아 낸다. 사실 이 두 번째 사람은 강하지만, 영적인 의미에서 강한 것이다.

부부 갈등을 느끼고 있는 남편의 이야기를 통해 좀더 깊이 들어가 볼 수 있다. 아내는 고집도 세고 남편을 자기 수하에 넣으려는 사람이었는데, 심리적으로 남편을 지배하고 있었다. 남편은 그럴 의도가 없지만 아내에게 굴복한다. 아내는 남편이 그 자신의 의지를 억누르고 행동한다는 것을 느꼈지만, 그 일로 남편을 더욱 구박하였다. 이때 갑자기 주전자가 끓어 넘친다. 남편이 오랫동안 억눌러 왔던 반응이 결국은 '격렬한 장면'으로 폭발하고 만 것이다. 그러나 이 강한 반응 역시 남편이 전에 마지못해 했던 양보처럼 전혀 성공적이지 않았다. 이 일로 아내는 흥분하여 남편을 더 억압하려고 했다. 남편은 약한 반응에서 벗어나 강한 반응을 보이기는 했지만, 그 두 가지 행동 모두 마음속 깊은 곳에 자리한 나약함의 표현이었을 뿐이다.

이에 대한 해답은 더욱 깊은 차원에서 찾아야 한다. 나는 오랫동안 이 남자로부터 불행한 결혼 생활에 대한 이야기를 들었다. 그는 내게서 조언을 기대했지만, 조언이란 항상 심리학적인 차원에 머무르기 때문에 나는 어떠한 조언도 하지 않았다. 다만 나의 신앙생활 경험들과 내가 느꼈던 두려움에 대해 이야기해 주었고, 우리는 오랫동안 함께 묵상 기도를 했다.

그러고 나서 그는 하나님의 임재 안에서 자신이 저질렀던 잘못들을 하나하나 꺼내 놓았고, 아내에게도 용서를 빌어야겠다고 생각하게 되었다. 그런 다음 아내 때문에 생긴 두려움을 털어놓고, 그 두려움에 대해 하나님께 기도해야겠다고 생각했다. 처음에는 이 두 가지 생각 사이에 아무런 관계가 없는 듯 했지만, 사실 깊은 곳에서는 서로 연관되어 있었다. 우리는 두려움으로 인해 자신의 죄를 고백하지 못하고, 잘못된 죄의식은 두려움을 더욱 부추긴다는 사실을 알았다.

결과는 놀랄 만한 것이었다. 처음으로 그는 두려움 없이 마음의 준비를 하고 평안한 상태로 아내에게 다가갈 수 있었다. 그는 자신이 하나님께 순종하고 있고 하나님도 자신과 함께하신다는 것을 알고 그렇게 했다. 굴욕을 감수하면서 아내에게 다가가는 행동은 겉으로 보기에는 나약한 행동인 것 같았다. 그러나 사실 그는 강해졌다. 아내의 좋지 못한 성격에 대해 권면할 정도로, 처음으로 아내보다 진정 강해졌으며 그 어느 때보다도 강해져 있었다.

부부에게 진정한 행복이 다시 찾아왔다. 남편은 여전히 아내에게 당연한 듯이 양보를 했지만 부부 관계는 예전과 같은 색채가 아니었다(이런 식으로 표현해도 되는 것인지 모르겠지만 말이다). 이 양보는 더 이상 나약한 양보가 아니라 강한 양보였으며, 심리적인 양보가 아니라 영적인 양보였다.

영적인 힘은 어느 순간 강해졌다가도 또 어느 순간에는 약해질 수 있다. 그러나 아무리 패배한 것처럼 보인다 할지라도, 그 힘은 자연적인 힘보다 더 강하다. 영적인 힘은 자연적인 힘의 증상인 마음의 긴장을 모두 풀어 준다. 자연적인 힘은 나약함이 드러날지 모른다는 두려움을 없애지 못하고 그것을 감추게 만들지만, 영적인 힘은 나약함을 고백할 수 있는 힘을 준다.

나약함을 고백하는 행동은 소란스럽게 힘을 과시하며 나약함을 감추는 것보다 더욱 강한 행위다. 이것과 관련해서 에이브러햄 링컨의 일화가 있다. 그는 자기가 강자의 위치에 있음에도 불구하고 수하의 장군들 중 한 사람에게 "장군이 옳고 제가 틀렸습니다. 죄송합니다"라고 말했다고 한다. 이런 태도는 누구나 자연스럽게 취할 수 있는 것이 아니다. 아무도 이 모습을 약한 반응으로 착각하지 않는다. 이것은 인간 본성의 질서를 뒤바꾸시는 성령의 간섭하심으로 가능한 행위다.

이런 태도를 취하기는 쉽지 않지만, 늘 좋은 결과를 가져온다. 이런 태도를 갖는 것은 강자나 약자, 독실한 신자나 무신론자 모두에게 어려운 일이다. 1939년, 노르웨이 교회에서 가장 중요한 인물로 꼽혔던 베르그라브^{Berggrav} 주교와 할레스비^{Hallesby} 교수는 성직상 신분이 다르고 개인적인 반감이 있었기 때문에 갈등을 빚고 있었다. 베르그라브 주교는 자신의 개인 기도 노트에 다음과 같이 기록했다. "유럽에도 전쟁이 있지만, 나와 할레스비 사이에도 전쟁이 있다. 노르웨이를 위해 그를 찾아가 화해해야겠다." 이 내용을 읽은 피터 하워드는 이렇게 덧붙였다. "주교는 자존심을 버리고 복종할 수 있을 만큼 대단한 인물이었다. 이 단순한 행동으로 노르웨이 국민들은 누구도 무너뜨릴 수 없을 만큼 굳게 뭉쳐 나치에 대항하여 싸웠다."[3] 또한 에드워드 하웰은 "진정한 자유란 어떤 상태가 아니라 일종의 결단이다. 그것은 바로 하나님을 섬기겠다는 결단이다. 일단 그렇게 하기로 결단하고 행동으로 옮기면, 기적이 일어나 살아남게 된다. 문제가 아무리 크고 심각한 장애물이 있다 하더라도, 기적으로 그 모든 것을 극복할 수 있다. 그런 결정을 내리는 순간, 사람은 자유로워진다"[4]라고 설명한다.

한 동료 의사가 같은 날 아침 두 번 수술했던 이야기를 해주었다. 첫 번째 환자는 극도로 긴장하고 정서도 불안한 약한 여인이었다. 그러나 그녀는 믿음이 있는 여성이었다. 믿음은 우리로 하여금 솔직할 수 있게 해준다. 그녀는 하나님께 나아가 수술에 대한 두려움을 고백하고 거기에서 자유로워질 수 있게 해 달라고 기도했다. 반면에 두 번째 환자는 강한 사람이었는데, 명랑한 모습으로 빈정거리듯 마취실에 들어왔다. "자, 오늘 이 침대의 주인은 접니다."

하지만 마취에 들어갔을 때는 상황이 완전히 달라졌다. 첫 번째 환자는 조용하고 차분해졌지만, 두 번째 환자는 마치 알코올 중독자처럼 안절부절못하고 흥분해 있었다. 농담까지 하며 강한 척했던 두 번째 환자는 어릴 때부터 생긴 강박을 마음속에 억누르고 있었다. 그는 아버지가 아내와 자식을 버리고 다른 여인과 사라져 버렸다는 사실을 알게 된 때부터 강한 척하며 일부러 진득하지 못한 태도를 취하고 왜곡된 삶을 살았다. 이런 태도는 자신이나 다른 사람들에게 자기의 두려움을 숨기는 습관만 키워준 셈이다. 그러나 마취에 들어갔을 때, 지금까지의 모든 인위적인 태도는 무너지고 말았다.

우리가 사람을 이해하기 원한다면(이것은 매우 흥미 있는 연구다) 그리고 특별히 사람을 돕기를 원한다면(이것은 훨씬 더 감격적인 일이다), 우리는 외양과 실제를 구분할 수 있어야 한다. 사람들의 진정한 나약함은 심리적 수준에서가 아니라, 영적인 수준에서 작동한다. 그리고 하나님과의 교제를 통해 얻는 힘만이 유일하게 진정으로 창조적인 힘이다.

우리 마음속에는 두 가지 동기가 작용한다. 그것은 본능과 성령이다. 심리학은 자연적인 힘과 리비도와 본능에 대해 연구하는데, 그것은 마땅히 해야 하는 유익한 연구다. 그러나 믿는 자들은 그것을 넘어선 새로운 힘의 원천, 즉 성령을 통해 나오는 초자연적인 힘을 추구한다. 이것은 본능을 거스르기보다는 본능을 초월하며, 단순한 동물적 생활에서 인간다운 삶으로 성장해 갈 수 있도록 본능을 통제하고 방향을 제시하는 특별한 힘이다.

그러나 몇몇 심리학자는 성령의 요구에 상충되는 조언들을 제시하면서, 약자를 강화시키고 그들 안에 억압되어 있는 본능적인 힘을 해방시키려고 노력한다. 이렇게 해서 약자에게 강한 힘 한 가지를 제공하기 위해 무한정 풍요로울 수 있는 다른 모든 힘은 빼앗아 버린다. 우리는 오직 성령님께 순종함으로써 그 능력을 얻을 수 있다. 사회에서 인위적으로 규정한 죄를 저지른 것에 대한 두려움이 환자들의 본능적인 힘을 방해한다는 가설이 나오자, 이 심리학자들은 도덕성을 부인함으로써 사람들을 두려움에서 해방시키고자 한다. 이들은 심리학적 의미에서 그들을 강하게 할 수는 있겠지만, 그것은 어디까지나 양심을 억압한 대가다. 이것은 아직 해결되지 않은 인간의 중대한 문제를 덮어 버리는 피상적 힘이다.

인간의 중대한 문제는 나약함의 문제가 아니라 힘의 문제다. 사실 인간은 자연을 다스리고자 할 때, 자기 속에 하나님이 주신 신비한 힘이 있음을 느낀다. 인간은 그 힘을 자유롭게 사용하거나 오용할 수 있음을 느낀다. 인간이 두려워하는 것은 힘과 자유이기 때문에 힘이 강해질수록 두려움도 커진다. 핵폭탄을 만드는 이유가 바로 여기에 있다. 그러므로 할 수 있는 한 강하고 자유롭고 싶어 하는 심리적 구원에는 분명 위험한 나약함이 포함되어 있다. 프로이트 학파와 기독교는 공격성에 대해 엄청난 차이를 보인다.

우리가 성령의 초자연적인 능력을 받아들일 수 있는 조건은 하나님의 뜻에 순종하는 것이다. 그리고 우리 자신의 힘을 하나님의 다스림 가운데 사용되도록 내어놓는 한, 두려움 없이 그 힘을 펼칠 수 있다. 그러므로 기독교는 나약함의 원리를 가르치고 있는 것이 아니다. 기독교가 인간에게 주는 힘은 자연적인 힘과는 전혀 다르다. 이 힘은 하나님의 뜻을 행하고 하나님을 지향하는 힘이다. 이 힘은 다른 사람들에 대한 파괴적인 승리가 아니라 오로지 악과 자아에 대한 위대한 승리를 가져다준다.

심리적인 힘을 가진 사람과 영적인 힘을 가진 사람을 비교해 보라. 전자의 힘은 그의 사회적 성공을 토대로 세워진다. 말하자면, 다른 사람들을 패배시키고 굴욕감을 주어 승리하는 경우가 다반사다. 사람이 강하고 영리할수록 사람과의 교제를 파괴하며 다른 사람들을 억압하고 짓밟아 그들을 더욱 나약하게 만든다. 후자의 힘을 가진 사람은 다른 사람들에게 그 힘을 전해 주고, 그 사람은 그렇게 사람과의 교제를 더 북돋운다. 예를 들면, 신문 기자의 가치는 어디에 있는가? 격렬한 캠페인을 주도하고 다른 사람들의 약점을 이용해서 얻어 낸 성공에 있는가? 아니면 여론의 도덕 수준을 고양시키는 데 자신을 헌신하는 것에 있는가? 자기 아내를 마구 괴롭혀 사내다움을 과시하는 사람과 아내가 자기의 보호 아래서 재능을 개발할 수 있도록 돕는 사람 가운데 누가 더 사내다운가?

신앙의 힘은 다른 사람을 희생하고 자신을 강화시키는 것이 아니라 여기서 저기로 퍼지는 고요하면서도 창조적인 힘이다. 나의 형제 의사 중 한 명은 이렇게 말한다. "내가 고백의 '기술'을 습득한 것은 수년 전이다.…하지만 나는 이미 오래전에 믿음 없이는 그 힘이 작용하지 않는다는 것을 알았다.…그리고 사람이 건전한 삶에 대한 신념에 뿌리내리지 않는다면 모든 심리학은 아무 소용이 없다."

복음서를 보면, 예수 그리스도께로 나아오는 사람들은 사회에서 가장 약하고 병들고 고통받고 버림받은 자들이었다. 예수님은 그들에게 치유와 확신과 회복을 풍성히 주셨다. 예수님은 그들이 자신에게 이 세상에서 강한 사람, 즉 왕이 되어 달라고 할 때에는 물러나셨다. 그리고 신앙의 비밀을 이해시키기 위해 스스로를 낮추시고 그들의 발을 씻기셨다.

그러나 그분은 그들에게 그 이상으로 많은 것을 주셨다. 하나님으로부터 나오는 힘은 약자를 강하게 하지만, 그것은 그 힘의 단면일 뿐 더 많은 것을 준다. 즉 사람을 구원하고 활력을 되찾아 준다. 사실 구원과 치유는 일치하지 않는다. 치유는 구원의 증거지만, 구원은 치유를 넘어선다. 왜냐하면 구원은 약자와 병자만큼이나 건강한 사람과 강자에게도 필요하기 때문이다.

약함이 내면의 갈등에서 발생한다면, 신앙은 다시금 인격의 조화를 이루어 그 갈등을 해결한다. 그러나 이런 것만이 약함은 아니다. 수많은 병자를 치유하시고 죽은 자를 살리신 예수님은 자신을 지키기보다 십자가의 죽음 앞에 자기를 내어놓으셨다. 그리고 우리는 그분이 행하신 놀라운 기적보다 고통을 받아들이신 최고의 용납과 약함과 인간적 패배 속에서 더 높은 차원의 영적인 힘을 엿볼 수 있다.

우리는 사도 바울의 경험을 기억한다. 그는 하나님께 자기에게서 질병이 떠나게 해 달라고 세 번 간구했지만, 다음과 같은 음성을 들었을 뿐이다. "내 은혜가 네게 족하다"(고후 12:9). 그렇다. 하나님께로부터 나오는 힘, 즉 그분의 은혜는 때로 우리를 치유하고 나약함에서 건져 내기도 하지만 때로 그것과 전혀 다른 힘, 즉 고통을 받아들일 수 있는 힘을 주기도 한다. 그러나 심리학은 그렇게 하지 못한다. 나는 가장 혹독한 고통 속에서도 신실한 믿음을 가지고 있는 환자들에게서 하나님의 능력을 발견할 수 있었다. 그 힘은 고통받는 신체나 마음이 치유되는 것보다 더 위대한 것 같다.

진정한 신자는 모든 장애에도 불구하고 믿음을 통해 끝까지 견딜 수 있는 힘을 얻는다. 나는 심각한 기능성 소화 장애에 시달려 모든 활동은 물론 직장마저도 포기해야 했던 한 젊은 여성을 기억한다. 그녀는 작은 일을 시작하려고 할 때마다 통증이 재발하여 어쩔 수 없이 바로 포기해야 했다. 나는 수년 동안 그녀를 지켜보았다. 의학과 심리학적인 치료 방법을 모두 동원하여 치료하고자 했으나 결국 모두 실패하여 고통이 가시지 않았고, 나 역시 절망에 빠질 때가 자주 있었다. 그러나 내가 그녀에게 전혀 도움이 되지 않는 것 같다는 생각에 부끄러워하던 순간마다, 내게 용기를 주는 사람은 바로 그 여성이었다. 그녀는 항상 이렇게 대답했다. "저는 하나님이 저를 위한 계획을 가지고 계시다는 것을 믿어요. 그리고 선생님이 제가 그것을 발견하도록 도울 것이라는 것도요."

어느 날 그녀는 기도 중에 받은 소명을 내게 이야기했다. 인간의 관점에서는 특히 더 어렵고 힘든 소명이었다. 그녀의 말을 듣고 나는 매우 이해심 많은 한 교육 기관의 여자 교장에게 그녀를 시간제 학생으로 받아 달라고 부탁했다. 그녀는 하루에 몇 시간밖에는 활동할 수 없었기 때문이다. 그 일만도 그녀에게는 말할 수 없는 고통이었다. 하지만 그녀는 확고한 신념으로, 이 과정을 성공적으로 해냈다. 어떻게 모든 학생에게 주는 동일한 식사를 견딜 수 있었을까? 그리고 시험에 합격하기 위해 어떻게 규칙적으로 공부할 수 있었을까?

물론 거기에는 하나님의 도움이 필요했고, 그녀 자신의 믿음과 인내도 필요했다. 고통은 여전히 계속되었지만 그녀는 어떤 장애물에도 굴하지 않았다. 이제 그녀는 자신이 목표로 삼은 직장에 들어간 지 2년이 되었다. 오늘 나는 그녀로부터 다음과 같은 편지를 받았다. "지난 2년 동안 하나님이 주신 일을 신체적 어려움 없이 수행하며 행복한 시간을 보냈습니다. 그 이후로 저는 신경증에서 완전히 자유로워졌습니다. 아픈 사람이 신체적 건강을 얻고 그로 인해 영적인 조화를 회복하는 것은 바로 자유함 가운데 받아들인 일을 성취할 때입니다."

물론 믿음이 우리를 모든 질병에서 구원하는 것은 아니다. 또한 우리의 자연적인 기질로부터 우리를 완전히 자유로워지게 하는 것도 아니다. 믿음을 통해 일시적으로 자연적인 기질을 극복할 때도 있지만 그것은 조금 다른 문제다. 교회에 나오는 것을 통상적인 치료법으로 여기는 사람들은 분명히 실망할 것이다. 그동안 나는 그런 사람들을 많이 보아 왔다. 그중 한 남성은 회심한 후에 마음 깊이 자리 잡은 악에서 자유함을 얻었지만, 쉽게 승리를 맛본 지 몇 년 후 다시 예전의 상태로 돌아가 더욱 깊은 절망의 늪에 빠져 나를 찾아왔다. 말하자면, 그는 그리스도의 능력에 대한 경험을 이 특별한 구원과 동일한 것으로 여겼던 것이다. 사실 그 특별한 경험은 그리스도의 능력의 그림자에 불과했다. 그래서 나는 그가 아무리 많은 은혜를 받았더라도, 스스로 강하다고 생각하는 순간 다시 타락할 위험에 빠지고 마는, 여전히 연약한 인간이라는 사실을 인정하도록 설득해야 했다. 한 여성은 회심을 통해 좋지 않은 성격을 고칠 수 있었지만, 지금은 자신이 저지른 여러 실수에 대해 조급해하고, 자신이 완벽하지 못하다는 것과 기도의 응답을 항상 받지는 못한다는 것도 참지 못한다. 이와 같은 조급함 때문에 영적 성장의 길이 막힌다.

나약함을 극복하기 위한 첫 번째 단계는 그 나약함을 받아들이는 것이다. 4장에서는 신경증적인 불평에 시달리는 사람들의 상태를 더욱 악화시키는 비극적인 기제에 대해 설명한 적이 있다. 그 기제란 그들이 나약함을 숨기고자 할수록 더 거기에 빠지게 하는 강한 열망이다. 그리고 이 악순환이 신앙을 파괴한다. 사람들은 믿음으로 얻을 수 없는 것들, 곧 인간의 본성, 인간의 운명으로 존재하는 근본적인 나약함, 또는 개개인이 가지고 태어나는 특별한 나약함으로부터의 구원을 기다리지만 얻는 것이라고는 실망과 반항과 의심뿐이다.

지나치게 감정적인 사람이 신앙이 있다고 해서 감정에 치우치기 쉬운 본래 성향에서 완전히 벗어나는 것은 아니다. 하지만 자신을 더 감정적인 사람으로 만드는 감정에 대한 두려움에서는 벗어난다. 신경이 예민한 사람이 믿음을 통해 그 예민함에서 해방되는 것은 아니지만 자신을 더 예민하게 만드는 고통에 대한 두려움에서는 벗어날 수 있다.

믿음을 통해 우리는 우리의 본성을 받아들이고, 그 본성 때문에 오는 짐을 십자가로 여기고 기꺼이 지며, 하나님을 섬기는 데 그 본성이 사용되도록 그분께 내드림으로써, 거기서 그저 고통만 느끼는 것이 아니라 유익한 것을 이끌어 낼 수 있다.

이런 식으로 감정적인 사람은 자신의 감정에 대항하기보다, 베르그송의 말을 빌리면, 그 감정을 '표면에서 동요하는' 해로운 형태에서 '깊이 있는 감수성'[5]으로 변화시킨다.

믿음은 하나님이 우리를 있는 그대로 받아들이신 것처럼, 우리로 하여금 우리 자신과 다른 사람을 있는 그대로 받아들일 수 있도록 이끌어 준다.

더욱이 신체의 질병과 정신의 질환에는 어떠한 의학적·심리적 치료로도 낫지 못하는 질병들이 있는데, 그러한 질병에 대해 강박 증세를 보이기보다는 신앙의 관점에서 유익을 얻을 수 있어야 한다. 성적으로 문제가 있어서 결혼을 꺼려하는 한 동료가 있었다. 그런데 저명한 정신 분석학자들은 특정한 경우 자신이 사용하는 방법에 한계가 있다는 것을 깨달을 만큼 현명하지만, 몇몇 정신 분석학자들은 어떻게 해서든 치료해 보려고 한다. 물론 나는 그것을 의심하지만 말이다. 하지만 이렇다 할 해결책을 제시하지 못하기 때문에, 결국 더 이상의 진전은 없다. 이 특별한 경우, 해답은 심리적인 것이 아니라 영적인 것이었으며 그도 이미 그 사실을 깨닫고 있었다. 즉 삶의 목표는 건강이 아니라 열매를 맺는 것임을 말이다. 그는 결혼 생활에서 성적인 만족이 주는 자연적인 평온을 빼앗겼기 때문에, 믿음을 통해 전혀 다른 평정을 찾았다. 즉 과학과 결혼하여 그의 본능을 승화시켰다. 그는 자신의 독신 생활을 하나님의 뜻에 맞는 것으로 여기고 결혼한 사람이라면 불가능했을 정도로 학문 연구에 자신을 쏟아부었다.

이것은 미혼 여성들을 위한 해답이기도 하다. 미혼 여성들에게 '자유 연애'에 빠지라는 제안은 도덕적 고찰은 차치하고 심리적으로도 어려움을 주며, 그때 고통받는 쪽은 주로 여성이다. 또한 그들에게 운명을 금욕주의적으로 받아들여야 한다고 제안하면, 금욕적인 태도에는 도덕적이고 심리적인 긴장이 늘 따라다닌다. 이것은 완전히 강한 반응이다. 한편 숙명적인 체념을 권고하는 것은 약한 반응으로 향하는 문을 여는 것이다. 그러나 그들이 금욕을 운명에 대한 서글픈 공격이 아니라, 하나님의 소명(그 속에서 하나님은 바울 사도가 설명한 것과 같은 섬김의 삶으로 그들을 부르신다)으로 보는 순간부터 삶은 달라진다. 하지만 이 부분에서 성공하는 사람은 분명 극히 드물다. 또한 내가 이 책에서 말한 인간 상황의 맥락에서 볼 때, 그들은 그 문제가 영원히 해결되었다는 확신을 가질 수도 없다. 그럼에도 불구하고 이것이야말로 진정한 승리를 가져오는 유일한 해결책이다.

그러나 짝사랑, 소명 상실, 가족의 비극적 비밀, 돌이킬 수 없는 잘못 등 짊어지기에 무거운 십자가들이 있다. 상당수의 사람이 자신의 문제를 고통스럽게 고백하고 나서 다음과 같은 말을 한다. "이제 선생님은 제가 왜 남들과 어울리지 않고 혼자 있는지 이해하셨을 겁니다. 사실 전 누구와도 친밀한 우정을 나누어 본 적이 없습니다. 그 사람들이 제가 저지른 일을 알기라도 하면 어쩌겠어요!" 그러나 이런 감정을 넘어 하나님이 용서하셨다는 깊은 감정을 느낀 사람은 친구들과 다시 자유롭게 교제할 수 있다.

이 위대한 정신적 분투를 해 나가기에는 심리적인 힘만 약한 것이 아니라, 소위 '종교적인 힘' 또한 약하다. 여기서 정말 필요한 것은 예수 그리스도와의 개인적인 교제를 통한 살아 있는 힘이다. 독자는 내가 여기서 구분하고자 하는 것을 분명히 이해할 것이다. '종교'에도 지적인 요소, 감정적인 요소, 혹은 비인격적인 요소가 있다. 그러나 종교에 관한 것이 말이나 글로 표현되기 때문에 사람을 억압할 때도 있다. 따라서 고통받는 영혼의 타는 목마름을 축여 주기 위해서는 생수가 흘러나오는 우물, 곧 그리스도와의 진정한 교제로 그들을 인도하는 것 외에는 다른 길이 없다.

심각한 불안에 시달리고 있는 한 여인의 편지에서 이런 실례를 찾아볼 수 있다. "제가 그토록 소유하고 싶어 한 것은 일반적인 기독교가 아니라, 완전히 인격적인 방식으로 하나님을 만나는 것입니다." 인격적인 하나님, 우리와 함께하시는 하나님은 바로 예수 그리스도다. 이것이야말로 복음의 정확한 의미다. 모든 육신이 상속받은 불안과 피로와 눈물을 가지고 인간으로 오신 하나님의 성육신 말이다. 우리가 매우 약할 때조차도 감히 다가갈 수 있는 그분은 바로 강한 하나님이다.

성경을 펼쳐 보면, 이런 내용을 볼 수 있다. 예수 그리스도는 강자와 권세 있는 자와 덕망 있는 자와 부자와 이 세상에서 큰 자에게 사정없이 혹독하다. 적대감 때문이 아니라, 그들의 겸손을 가로막는 교만을 깨뜨리기 위해서다. 그러나 예수 그리스도는 사회가 비난하고 반박하는 약자와 질병과 죄로 절망에 빠져 버린 불쌍한 자들에게는 부드러운 말과 위로의 몸짓과 모든 고통을 사라지게 하는 눈길을 보내신다.

예수 그리스도가 인간의 가치 척도를 완전히 뒤엎으셨던 것을 충분히 강조하지 않으면서, 강자와 약자에 관해 말한다는 것은 불가능하다. 그러나 우리가 아무리 예수 그리스도와 가까이 교제한다 하더라도, 강자는 우러러보고 약자는 무시하게 만드는 사회적 편견에서 그분만큼 자유를 누리지는 못한다. 하나님은 매일 묵상을 할 때마다, 내가 다른 사람에게 하는 격려의 말들이 성실하고 친절하기는 하지만, 짐짓 인생에서 버림받은 자들에게 생색을 내는 듯한 태도가 배어 나오곤 한다는 것을 보여 주신다.

―――

앞에서 믿음도 우리를 우리의 자연적인 기질에서 벗어나게 하지 못한다고 말했을 때, 독자들 중에는 더러 실망한 사람도 있을 것이고, 마음속으로 저항하는 사람도 있을 것이다. 이런 주장은 예수 그리스도께 헌신한 후로 삶이 완전히 변화되었다고 하는 많은 그리스도인들의 증거와 어떻게 연결되는가?

진정한 하나님의 능력은 우리의 마음 상태에 영향을 주는 것을 넘어 우리 안에서 성육신하여 우리의 행동까지 변화시킨다. 이것이 사실이라는 것을 처음 알게 된 것은 학창 시절의 옛 친구를 만났을 때였다. 그 친구는 수줍음을 많이 타고 내성적이며 우유부단하여, 학생 활동에 비중 있는 역할을 전혀 하지 못했다. 그가 외국으로 나간 뒤, 회심했다는 소문 외에는 아무 소식도 듣지 못했는데, 그 친구를 다시 만난 나는 깜짝 놀라고 말았다. 그의 모습 속에는 그때와 동일한 사람이라고 할 수 없는, 두려움을 모르는 위엄이 서려 있었다. 그리고 그는 내게 이렇게 속삭였다. "이제 나는 성령을 믿는다네."

그 이후로 나는 많은 인생이 심오하게, 때로 매우 신속하게 변하는 것을 보았다. 여기에 한 가지 덧붙여야 할 사실이 있다. 아무리 신앙을 통해 삶에 분명한 변화가 일어났다 하더라도, 우리는 자기 나름의 자연적인 유형으로 새로운 인생을 살아간다는 것이다. 우리의 지배적인 기질은 조금씩 변화되어 간다. 영적으로 퇴보하는 경우를 제외하고는 변화가 일어나기 전과 전혀 다른 삶을 살아가지만, 개인의 특정한 기질은 그대로 남아 있다. 어느 순간 어떤 감동이 우리의 자연적인 반응을 비집고 들어오긴 하지만, 그것이 자연적인 반응을 완전히 억누를 수 있는 것은 아니다. 수줍음을 타던 사람이 그 성격을 극복하고 많은 청중 앞에 서서 당당하게 연설하는 일이 발생하기도 한다. 그는 자기의 모습을 해방의 기쁨 속에서 열광적으로 여러 사람 앞에 내보였을 것이다. 그러다가 어느 순간, 그리스도인다운 겸손한 섬김의 모습을 보이기도 한다. 하지만 이것은 더 이상 예전에 느끼던 부끄러움이 아니다. 그는 이전처럼 사람들의 시선을 쉽게 모을 수도 있다. 기질은 변하지 않았지만, 그것이 오히려 그를 독특한 사람으로 보이게 한다. 그래서 그의 수줍음은 더 이상 장애물이 아니라, 자기만의 독특한 방법으로 하나님을 섬기는 자연스러운 재능이 된다.

마찬가지로, 강한 사람도 깊은 영적 경험을 하면서 그동안 열중했던 지나치게 과시적인 행동들을 그만두게 된다. 강자는 자신의 문제에 직면하지 않으려고 경솔하게 열광적으로 행동을 했던 것을 깨닫고, 이제는 조용히 물러나 문제를 해결해야 한다고 느낀다. 성격상 오랫동안 묵상하지는 못하지만, 조용히 묵상하는 가운데 얻은 새로운 확신을 통해 새로운 계획이 용솟음치고 그 계획을 실현하려는 결단을 내린다.

이제 그의 활동은 예전과 다르다. 예전보다 더 여유롭고 평안하며, 더 알찬 삶을 산다. 그럼에도 불구하고 그는 타고난 기질의 지배를 받기도 한다. 자연적인 삶과 새롭게 감화받은 삶 사이에는 상호 작용 이상의 것이 존재한다. 그의 자연적인 재능들은 새로운 삶이 펼치는 섬김에 드려지고, 그 목적으로 '방향이 잡힌다.' 어떤 의미에서 그의 기질은 성화된 것이다.

그러나 이 과정에서 항상 좋은 면만 말하는 것은 옳지 않다. 그런 의미에서 파스칼의 말은 여전히 유효하다. "자연적인 것을 벗어 버려라. 그러나 그것은 곧 되돌아올 것이다." 믿음이 일으키는 모든 변화에도 불구하고, 우리 내면의 성향에는 변하지 않는 요소가 존재한다.

그렇기 때문에 예수 그리스도께서 붙들고 계신 사람들의 삶을 보면, 그들의 삶에는 성령으로 인한 자유와 결정론적 본성이 결합되어 있음을 발견할 수 있다. 즉 그들이 회심하여 얻은 새로운 요소들과 타고난 기질로 채워진 오래된 요소들이 결합되어 있다.

대부분의 사람은 이렇게 미묘하고도 충만하게 얽혀 있는 현실을 생각하지 않으려 하고, 그보다는 교의적 체계를 선호한다. 그러므로 대체로 사실을 지나치게 단순화하여, 결합된 여러 요소 가운데에서 이것 또는 저것의 존재를 부인한다. 그것도 아니면, 성령에 관해 완전히 회의적인 반응을 보이기도 한다. 이들은 모든 증거를 듣고 나서도, 회심이 인간의 삶에 실제적인 변화를 가져올 수 있다는 사실을 인정하지 않는다. 이들은 회심을 단지 순간의 주관적인 감정, 즉 암시에 의한 환영으로만 보고, 파스칼의 주장대로 영적인 변화들을 살피기보다는 자연적인 기질이 다시 나타나는 것을 본다.

이와 반대로, 회심을 체험한 기쁨에 사로잡혀 실제 모습보다도 더 완전히 변했다고 믿는 사람들도 있다. 이들은 어느 정도 본래 기질에 따라 행동하고 있다는 의심을 받으면, 곧 실망한다. 그리고 불행하게도 이 사실을 인정하지 않으면, 더 깊은 자유를 경험하지 못하는 위험에 처한다.

나 자신과 내가 아는 그리스도인의 생활을 고찰할 때마다, 나는 우리의 생각과 감정과 행동을 조절하는 영적 요인과 자연적 요인 사이에 동일한 균형과 상호 작용이 이루어지고 있다는 것을 발견한다. 당신은 강자가 약자가 되고 약자가 강자가 되는 이야기를 선호하는가? 아니면 누구도 패배하지 않고 강자가 되는 이야기를 선호하는가? 더 구체적으로 말하면, 나처럼 약자들이 자신의 나약함을 자주 그리고 진정으로 극복했음에도 이 세상에 사는 동안은 늘 그 나약함을 다루어야 하고 이 책의 서두에서 살펴본 그런 선천적 기질은 항상 남아 있다고 말함으로써 그들을 낙담시켜야 하겠는가? 그러나 착각만큼 사람을 낙담시키는 것도 없을 것이다.

우리의 삶이 성령의 인도를 받는다면 우리의 기질 중 특정 부분에서는 승리를 거둘 수 있겠지만, 완전한 승리는 기대할 수 없다. 기질에 대한 승리를 과장하는 것이 옳지 않은 것만큼, 부분적인 승리를 부인하는 것 역시 옳지 않다. 우리의 본성은 변화하는 부분도 있지만, 있는 그대로 받아들여야 하는 부분도 있다. 약자가 강자가 되는 이야기를 선호하는 것은 인간의 한계를 거부하고, 십자가를 거절하며, 내세에서나 이루어질 수 있는 완전한 자유의 삶을 이 세상에서 체험하고 싶어 하는 것이다.

나는 「기술과 신앙」*Technique et foi*이라는 책에서 진정한 신앙은 전혀 의심하지 않는 것이 아니라, 수많은 망설임과 실수와 온갖 실망과 잘못된 출발을 통해 자신이 나아갈 방향을 느끼는 것이라고 이야기한 적이 있다. 에드워드 하웰은 저서 「살기 위한 도피」*Escape to Live*에서 그가 그리스에서 전쟁 포로로 있었을 때, 탈출을 계획하면서 끊임없이 하나님의 인도를 구했던 것을 이야기한다. 그는 하나님의 인도하심을 보았지만 마음속에는 곧 의심과 반감이 솟구쳤다. 그는 다시 기도하여 자신이 저지른 실수를 인정하고 조급함을 진정시키며 우유부단한 성격을 극복해야 했다. 사람들은 항상 오류가 없고 쉬운 마술 같은 하나님의 뜻을 더 좋아하지만, 하웰의 이야기는 신자가 겸손하고 힘든 믿음의 싸움을 싸워야 한다는 사실을 보여 준다. 우리가 어떤 곤경에 처해도 하나님의 뜻은 펼쳐진다. 그리고 그 뜻은 점차 분명해지고, 우리는 결코 굴복하지 않고 충성한 것에 대해 승리의 면류관을 쓰게 된다.

마들렌느 뒤 프렌느Madeleine du Fresne는 최근에 쓴 책[6]에서 이 사실에 대해 인상적인 설명을 한다. 프렌느는 유대인 친구의 탈출을 도왔다는 이유로 프랑스를 장악한 게슈타포의 추적을 받아, 결국 포로 수용소에 갇힌다. 그러나 그녀는 매일매일 하나님의 인도하심을 구한다. 우리는 그녀의 마음에 있는 재난에 대한 두려움의 힘과 그 두려움을 이길 수 있도록 늘 도우시는 성령의 힘을 동시에 본다. 두려움과 소심함이 서로 섞이고, 신앙과 신앙이 유발하는 엄숙한 진실함이 서로 섞이는 것도 목도한다. 또한 신자들이 마음을 상하게 하는 실패를 경험한 다음에는, 기쁨을 주는 기적의 체험도 한다는 사실을 볼 수 있다. 다시 말해, 하나님의 인도를 받는 조명의 시간과 과거에 체험한 사건의 기억에 집착하는 어두움의 시간, 즉 '상실한 모험'과 '되찾은 모험'을 같이 경험한다.

바라지 않은 승리와 예기치 못한 패배가 묘하게 뒤섞여 있는 것이 우리의 인생이다. 영적인 실패를 경험하지 않고는 영적인 훈련이 얼마나 안전한지 결코 깨닫지 못한다. 감동은 한순간 지나가는 것이지만, 우리 삶 속에서 항상 새롭게 되살아난다. 하나님이 우리를 되돌려 놓으시면 우리는 좀처럼 길을 잃지 않는다. 방향 감각을 잃고 다시 길을 되찾는 일을 되풀이하여도, 우리는 항상 우리의 약함과 신앙의 힘을 떠올리게 된다.

이것은 로제 멜Roger Mehl이 철학적 용어로 설명한,[7] 그리스도인 스스로 발견하는 모순된 상황이다. 즉 그리스도인이 지금은 무덤 쪽에 존재하지만, 죽음과 부활을 통해 완전하고 흠 없이 이루어질 새로운 삶으로 다시 태어나는 상황을 말한다. 멜은 성경에서 "거듭난 삶에 대해 말하는 성경 구절 가운데는 종말론과 관계된 것도 있고 현시대와 관계된 것도 있다. 성경은 새 사람에게 앞으로 이루어질 것과 이미 이루어진 것 모두와 관련해 그 고귀함을 설명하고 있다"고 말한다. 여기에는 "거듭난 사람의 신비, 실재하지만 감추어져 있고, 실재하지만 아직은 드러나지 않은 신비가 존재한다.…거듭난 사람은 신앙으로 이해되는 객관적인 실재다. 그의 거듭남은 마지막 날에 가서야 밝혀질 것이다. 하지만 비록 감춰 있을지라도, 그의 거듭남은 이미 작용하고 있다. 우리는 규범적이든 눈에 보이는 것이든 그 가치를 경험으로 분명하게 드러내지는 못해도, 거듭남의 열매를 맺어 간다."

그래서 신앙을 경험하는 것의 진정한 의미는 삶에서 나타나는 변화에 있는 것이 아니라, 그 변화 속에서 우리가 하나님을 알아 간다는 사실에 있다. 우리의 삶이 아무리 신성과 인성이 뒤섞인 상태로 존재한다 하더라도, 이것은 변함없는 사실이다. 그리고 이 사실 때문에 우리는 신성과 인성 사이에 벌어지는 끊임없는 갈등에서 기인하는, 인간이 살아가면서 엮어 내는 드라마를 받아들일 수 있다. 또한 우리는 경험을 통해 실제적인 열매를 맺고, 우리의 삶과 본성이 뚜렷하게 변화될 정도로 하나님의 능력을 증거할 수 있다. 하지만 하나님의 능력은 우리의 보잘것없는 증거를 넘어선다. 중요한 것은 우리의 경험이 아니라, 우리 속에 역사하시는 하나님의 은혜의 능력을 알고 있다는 사실이다. 우리가 완전히 해방되었다고 생각한 나약함과 유혹과 죄가 다시 나타날지라도, 우리가 본성과 끊임없이 싸워야 한다고 할지라도 그 사실을 잊어서는 안 된다.

우리가 태어날 때 이미 주어졌고, 우리가 살아 있는 한 줄곧 우리를 따라다닐 강한 반응과 약한 반응, 이 선천적인 경향에 대하여 싸우는 것은 우리의 임무다. 그러나 그 싸움은 예전과는 다를 것이다. 우리가 아무리 예전의 삶으로 돌아가려고 해도 구체적인 신앙의 경험을 통해 얻은 믿음이 늘 존재한다. 근본적으로 변한 것은 삶의 근본 풍토다. 한편 우리의 타고난 성향이 그대로 존재해도, 그 성향들을 계속 악화시키는 악순환을 끊는 것이 가능해진다. 강한 반응이나 약한 반응이 여전히 나타나더라도, 이제는 실망하지 않고 새로운 해방의 기회로 삼을 것이다.

나는 이 시점에서 이 책을 정리하고 싶다. 그리스도인의 삶은 한 번에 완결되는 결정적이고 혁신적인 체험이 아니다. 그리스도인의 삶은 아무리 좌절하고 힘을 잃어도 하나님의 은혜로 끊임없이 새로운 승리를 얻는 경험이다.

이제 내가 앞에서 설명한 적 있는 상황으로 다시 한 번 돌아가 보자. 사람들이 처음에는 어떤 한 사람에 대해 "모든 것이 변했다"고 주장한다. 그러나 이내 그가 좌절하는 것을 보고는 옛 성품이 그대로 살아 있다는 것을 발견한다. 사실, 이 문제를 인식하고자 스스로에게 솔직해지면, 분명 변화되었음을 보게 된다. 이렇게 하나하나 변화해 가는 과정을 겪으면서 그리스도인으로서의 경험이 쌓이는 것이다.

우리는 이 길을 여행하면서, 점점 더 많은 은혜를 받는다. 처음에 얻는 은혜는 특정한 죄를 말끔히 씻으시는 하나님의 용서하심, 곧 특정한 선천적 성향에 대한 제한적인 승리다. 우리는 이 처음 은혜를 경험하면서 자신을 더 잘 알고 싶어 하고, 우리 자신에게서 더 많은 죄를 발견하며, 우리가 고집스럽게 집착하는 선천적 성향을 좀더 파악할 수 있게 된다. 이렇게 해서 점점 더 풍성한 은혜를 받는다.

앞서 설명한 적이 있는 경건하지만 지나치게 단순화된 신앙적인 분위기, 곧 음주와 도박과 성은 모두 죄며 은혜를 통해서만 구원받을 수 있다는 분위기에서 성장한 한 환자가 기억난다. 그 환자는 정신 치료 요법을 받으면서 자기 속에 수많은 죄가 있음을 발견하고 충격을 받았다. "저는 너무 작은 은혜의 상자 속에서 양육되어, 이제야 깨달은 이 모든 죄악을 그 은혜의 상자 속에 다 담을 수 없음을 느낍니다."

은혜는 우리가 상상하는 것보다 측량할 수 없을 만큼 훨씬 크다. 예수 그리스도 안에서 이미 모든 것이 완성되었다. 우리가 마음속으로 죄를 인정하는 것에 비례하여 예수 그리스도께서 우리를 위해 하신 일을 더 완전히 알게 되고, 우리의 사악함을 아는 것에 비례하여 예수 그리스도께서 이미 자신의 희생을 통해 우리의 사악함에 응답하셨음을 알게 된다.

그리고 우리의 고통을 발견하는 어두운 여행이 은혜를 발견하는 밝은 여행으로 변화된다. 그리고 그 작은 은혜 상자는 이제 거기에 담겨진 것에 비례하여 커진다.

약한 사람들이 나를 많이 찾아왔다. 인내와 끈기로 그들을 도와주었던 경험을 통해 나는 서로 다른 두 가지 진리를 분명히 깨닫게 되었다. 약함이라는 자연적 기질을 극복하게 해주는 영적인 생활의 비교할 수 없는 힘과 엄청난 승리를 거둔 후에도 자연적 기질을 주장하려는 끈질긴 고집 말이다. 그 과정에서 우리는 신앙과 낙관주의를 구분하는 것을 배운다. 이것은 근거를 얻자마자 곧 그 근거를 상실하는 어려운 싸움이다. 우리는 자주 좌절한다. 그러나 하나님의 은혜의 도움을 구하기 위해 늘 믿음의 무릎을 꿇는 한, 다시 뒷걸음질할지라도 앞으로의 행진은 항상 계속된다. 결국에는 끊임없는 인내의 열매를 볼 수 있는 날이 오고야

만다. 하나님의 은혜는 점점 커진다. 우리의 인생에 패배와 승리가 교차하긴 해도 그 풍토는 조금씩 변화된다. 그리고 이런 새로운 풍토에서 승리는 더 쉽게 이루어진다. 무질서, 도피, 낙담에 대한 선천적인 성향은 무척 완강하지만, 우리는 바로 그 때문에 수개월과 수년에 걸쳐 자유의 경험을 쌓아 간다. 결국 마지막 날에 중요한 것은 항상 하나님께만 붙어 있으려는 마음이며, 내 표현대로 하면 하나님께로 돌아가려는 습관이자, 그분과 친밀해지려는 습관이다. 우리에게는 본능적으로 매우 힘든 일이지만 말이다.

성경은 선택받은 자를 선천적 약함이라고는 전혀 없는 목가적인 모습으로 제시하지 않는다. 성경이 우리에게 보여 주는 것은 선천적인 기질을 버리지 못하는 당신과 나 같은 사람들이다. 여기에는 바알 신을 섬기는 제사장들을 열렬히 추격했던 엘리야 같은 강한 사람이 있는가 하면, 조용히 살고 싶은 유혹에 괴로워하는 예레미야 같은 약한 사람도 있다. 탁월한 추진력을 보이는가 하면 배신을 저지르기도 했던 야곱과 다윗, 베드로처럼 모순으로 가득 찬 사람들도 있다.

우리가 계속 본성의 노예가 될 때, 성경은 하나님의 능력을 경험하기 위해서 우리가 반드시 거기에서 자유로워져야 한다고 말하지 않는다. 하나님은 우리를 있는 그대로 받아들이신다. 하나님은 엘리야 선지자가 기적을 이루지 못해 절망해 있을 때 그를 위로하셨다. 또한 예레미야를 굳세게 하시고, 그를 과묵한 성품에서 벗어나게 하셨다. 그리고 베드로에게는 그가 주님을 부인할 것과 동시에 교회 지도자가 될 것이라 말씀하셨다.

더욱이 성경은 그들의 본성이 그대로 남아 있음에도, 각각의 삶과 역사 전반에 걸쳐 그 속에 나타난 하나님을 발견해 가는 다양한 경험을 보여 준다.

오직 성육신하신 하나님인 예수 그리스도만이 완전한 인간이며, 동시에 우리가 강한 반응 혹은 약한 반응이라고 부르는 반사 작용으로부터 완전히 해방된 분이다. 예수 그리스도는 항상 성령의 인도를 받으시기 때문에 언제나 자유로우시다. 그럼에도 불구하고 그는 우리의 약함과 강함을 공유하신다. 우리의 피곤과 실망과 좌절, 우리의 열정과 기쁨과 열심을 모두 가지고 계신다. 그는 빌라도 앞에서는 침묵을 지키셨지만 성전 뜰에서는 채찍을 드셨다. 그는 약자를 동정하시고 강자에 대해서는 격렬히 공격하셨다. 그는 십자가 위에서 고통의 외침을 내지르셨으나, 자신의 신성을 당당하게 선포하기도 하셨다. 그리고 그의 말과 행동에는 자동적인 심리 반응의 특성이 전혀 보이지 않는다. 그는 이 용어들의 인간적이고 자연적 의미에 비추어 볼 때, 강하지도 약하지도 않은 분이다.

예수 그리스도는 살아 계시다. 우리가 그분께 마음을 열기만 한다면 그는 우리와 함께하셔서 우리의 마음을 채우실 것이다. 그렇기 때문에 그분이 우리 속에 살아 계시는 한, 우리는 약한 반응에서 해방되는 동시에 우리 자신의 약함을 더욱 잘 알게 된다. 또한 우리는 강한 반응에서 구원을 얻음과 동시에 무엇과도 비교할 수 없는 힘을 얻는다.

    그분만이 겉으로 드러나는 반응에 가려진, 우리의 깊은 곳에 뿌리박힌 고통에 응답하시기 때문이다. 그분을 통해 우리는 우리의 약함을 받아들이고, 또 그것을 극복할 수 있다. 그리고 이 사회를 무질서하게 만들고 전쟁과 고통과 억압으로 몰아넣는 비극적 악순환을 깨뜨릴 수 있으며, 이 사회의 모든 아픔에 대한 진정한 치료책을 알려 줄 수 있다. 그것은 바로 예수 그리스도에 대한 믿음이다.

역자 후기

성경은 예수님이 모든 성과 촌에 두루 다니시면서 '모든 질병과 모든 아픔'(마 9:35)을 고치셨다고 기록하고 있다. 투르니에도 '모든 질병과 모든 아픔'을 고치는 일에 88년의 생애를 헌신했던 스위스의 내과 의사였다. 그러나 그는 인간의 내면적인 연약함과 아픔을 치유하는 데 더 많은 관심을 기울였던 '심리치료사'였다. 투르니에의 생애와 사상을 「폴 투르니에의 기독교 심리학」,IVP 역간으로 요약했던 미국인 심리학자 게리 콜린스는 인간이 경험하는 보편적 연약함을 불안과 두려움, 죄책감, 외로움, 우울, 분노, 열등감으로 요약했다. 투르니에는 이 책에서 수십 년간에 걸친 상담 경험을 근거로 현대인의 갖가지 신경증 문제, 즉 불안과 두려움의 문제를 집중적으로 다루었다.

자신의 연약함에 대해 아무런 지식이 없었던 나는 항상 아내 앞에 강한 척했고 자신 있는 척했으며 호통을 치고 소리를 질렀다. 연약한 아내는 두통과 피곤증과 각종 정신-신체 증상으로 반응하였다. 우리는 둘 다 불행했고 갈등의 골은 깊어만 갔다. 이와 같은 음침한 골짜기를 걷고 있을 때 하나님이 내 손에 들려주신 책이 바로 이 책이었다.

"강자와 약자 모두 두려움을 느낀다. 둘 다 내적 불안을 느끼며, 둘 다 격려받기를 원한다. 모든 사람은 두려워한다. 다른 사람들, 자기 자신 그리고 하나님까지도 두려워한다. 어떤 이는 두려움을 숨기고, 어떤 이는 두려움을 시인한다. 강한 자와 약한 자가 따로 있는 것이 아니다. 다만 어떤 사람은 강한 반응을 하고, 어떤 사람은 약한 반응을 할 뿐이다." 투르니에의 이와 같은 통찰은 나에게 칠흑 같은 어두움 속에서 만난 은빛 광선이었다.

투르니에의 「모험으로 사는 인생」이 미국대사관 홍보전문위원이라는 안정된 직업을 뿌리치고 하나님이 인도하시는 모험의 길에 들어서도록 동기를 부여하는 원동력이 되었고, 「여성, 그대의 사명은」이 나에게 없는 인격 감각을 지닌 아내를 존귀하게 여길 수 있게 도와주었다면, 이 책은 우리 부부 관계가 명령과 복종, 권위와 순종의 위계 구도에서 벗어날 수 있도록 새로운 전환점을 마련해 주었다고 할 수 있다. 하나님은 투르니에를 통해 우리 부부를 가르치시고 상담하셨으며 성장할 수 있도록 도와주셨다. 투르니에의 책을 통한 독서 상담^{bibliotherapy} 덕분에 우리 부부는 풍성한 삶을 누리게 되었으며, 쓸데없는 내면적 갈등으로 괴로워할 필요가 없게 되었다. 따라서 나는 투르니에에게 보답하는 심정으로 한 문장 한 문장을 옮겼다. 어렵고 난해한 용어도 적지 않았는데, 독자의 이해를 돕기 위해 필요한 경우 영문을 병기하였다.

투르니에의 책은 언제나 독자들에게 '희망의 등대'가 된다. 상담 사례, 실존 인물에 대한 묘사, 실제적인 문제에 대한 논의, 자신의 경험을 독자에게 나누어 주는 것을 보면서 그가 얼마나 따뜻한 사람이며, 인간애가 깊은 사람인가를 깨닫게 된다. 고아로 성장한 그는 인간 이해의 폭이 누구보다 넓었다. 그래서 그는 예수님의 제자로서 자신을 나누어 주었고 인간의 전인격적 필요에 적합한 글을 썼다. 체계와 논리와 일관성보다 인간의 내면에 있는 갈증을 해소하고 아픔을 치유하는 데 더 많은 관심을 기울였다.

현재 미국 기독교상담자협회를 이끌고 있는 게리 콜린스는, 심리학과 의학과 기독교 신학을 통합하고, 인간관계에서의 인격적 만남을 강조하며, 삶을 위한 실제적 지침을 제공한 것을 투르니에의 가장 큰 공헌으로 꼽았다. 「강자와 약자」는 투르니에의 이 같은 특징이 두드러지는 책이라 할 수 있다. 갖가지 아픔을 안고 씨름하는 동료 인간을 사랑하는 모든 이에게 나의 작은 노력이 큰 위로와 격려의 열매로 나타나기를 기도한다.

정동섭

주

제1장 외양과 실제

1) Adler, *The Neurotic Constitution*, translated by Bernard Glueck and J. E. Lind, Kegan Paul & Co., London, 1921.
2) Henry Baruk, *Pschiatrie morale expérimentale, individuelle et sociale*, Presses Universitaires de France, Paris, 1945.
3) E. Kretschmer, *Physique and Character*, translated by W. J. H. Sprott, Kegan Paul & Co., London, 1936.
4) Claude Sigaud, *La forme humaine*, Maloine, Paris, 1914.
5) René Allendy, *Les tempéraments*, Vigot, Paris, 1922.
6) Paul Carton, *Diagnostic et conduite des tempéraments*, Le François, Paris, 1926.
7) L. Corman, *Quinze leçons de morphopsychologie*, Nates, 1937.
8) Henry Baruk, 앞의 책.

제2장 좌절

1) Pierre Salet, *Les livres de Confuicius*, Payot, Paris, 1993.
2) Paul Dubois, *The Psychic Treatment of Nervous Disorder*, translated

and edited by S. E. Jelliffe & W. A. White, Funk and Wagnalls, New York and London, 1908.
3) René Allendy, *L'enfance méconnue*, Editions du Mont-Blanc, Geneva, 1946.
4) *L'enfance méconnue*.
5) *L'enfance méconnue*.
6) L. D. Weatherhead, *Psychology, Religion and Healing*, Hodder and Stoughton, London, 1951.
7) Pierre Salet, 앞의 책.
8) Jean de Rougemont, *Vie du corps et vie de l'esprit*, Paul Derain, Lyons, 1945.
9) *L'enfance méconnue*.

제3장 두려움

1) *L'enfance méconnue*.
2) V. Raymond, *The Spiritual Treatment of Sufferers from Nerves and Scruples*, translated by Dom Aloysius Smith, R. & T. Washbourne, London, 1914, p. 26를 보라.
3) L. D. Weatherhead, *The Mastery of Sex*, Student Christian Movement Press, London, 1945.
4) Dr Jouvenroux, *A la découverte de l'amour*, Edition Ouvrières, Geneva, 1943.
5) Alphonse Maeder, *Ways to Psychic Health*, Hodder and Stoughton, London, 1954.
6) Samuel Chevallier, 'Mauvais signes', in *La Suisse*, Geneva, 24 Oct. 1947.

7) S. Zuckerman, *The Social Life of Monkeys and Apes*, Kegan Paul, London, 1932.

8) 창세기 3:8.

9) Charles Odier, *Les deux sources, consciente et inconsciente, de la vie morale*, La Baconnière, Neuchâlel, 1943.

10) Paul Dubois, 앞의 책, p. 149.

11) Leia, *Le symbolisme de dontes de fées*, Editions du Mont Blanc, Geneva, 1943.

12) L. D. Weatherhead, 앞의 책.

13) 마태복음 10:28.

제4장 약한 반응

1) Paul Dubois, 앞의 책, p. 123.

2) A. Delachaux, 'L'homme et ses facultés d'adaption', in *Revue médicale de la Suisse romande*, 25 Oct. 1944, p. 744.

3) A. D. Seltillanges, *La vie intellectuelle*, Editions de la Revue des Jeunes, Paris, 1921.

4) P. Calton, *Traité de médecine, d'alimenation et d'hygiène naturistes*, Maloine, paris, 1920.

5) Pierre Ponsoye, *L'eprit, force biologique fondamentale*, Causse, Graille & Castelneau, Montpellier, 1942.

6) Paul Dubois, 앞의 책, pp. 123-124.

7) *L'enfance méconnue*.

8) *L'enfance méconnue*.

9) Arnault Tzanck, *Immunité, intolérance, biophylaxie*, Masson, Paris, 1932.

10) René Allendy, *La justice intérieure*, Denoel, Paris, 1931.

11) Emil Coué, *La Mâitrise de soi-même*, J. Oliven, Paris, 1929.

제5장 강한 반응

1) Arnault Tzanck, 앞의 책.

2) Henry Baruk, 앞의 책.

3) P. Howard, *Ideas Have Legs*, Frederick Muller, London, 1945, p. 71.

4) Alphonse Maeder, 앞의 책, pp. 88-103.

5) P. Howard, 앞의 책.

6) René Lacroix, 'Le rire, l'humour et l'ironie', in *Culture humaine*, Paris, Feb. 1948, p. 108.

7) Henri Bergson, *The Two Sources of Morality and Religion*, translated by R. Ashley Audra and Clodesley Brereton, Macmillan and Co., London, 1935, p. 3.

8) F. N. D. Buchman, *Remaking the World*, Blandford Press, London, 1953, p. 77.

9) E. Howell, *Escape to Live*, Longmans Green, London, 1947, p. 101.

10) Henry Baruk, 앞의 책.

11) Henry Baruk, 앞의 책.

12) *Ideas have Legs*.

제6장 상호 반응

1) Oscar Forel, 'Peur, panique et politique', in *Revue Suisse de psychologie*, 1942, No. 1-2.

2) Frank Abauzit, *Le problème de la tolèrance*, Delachaux and

    Niestlé, Neuchâtel, 1939.
3) S. Zuckerman, 앞의 책.
4) P. Buffière. *L'avenir médical*, Paris, July-August, 1942.
5) G. Liengme, *Pour apprendre à mieux vivre*, La Baconnière, Neuchâtel, 1947.
6) E. de Montmollin, *La tâche saciale de l'Eglise*, an unpublished lecture, 1946.
7) J. P. Sartre, *Existentialism and Humanism*, translated by Philip Mairet, Methuen and Co., London, 1948, pp. 41-42.
8) Henri Bergson, 앞의 책, p. 33.
9) Alexis Carrel, *Prayer*, translated by D. de St Croix Wright, Hodder and Stoughton, London, 1947, p. 15.
10) René Gillouin, *Problèmes français, problémes humains*, Edilions du Milieu du Monde, Geneva, 1944.
11) Gustave Thibon, *Diagnostics*, Librairie de Médicis, Paris, 1940.
12) Jean de Rougemont, 앞의 책.
13) Jean de Rougemont, 앞의 책.
14) Alphonse Maeder, 앞의 책, p. 137.
15) P. Howard, 앞의 책, pp. 153-154.

제7장 정당한 방어

1) E. de Montmollin, 앞의 책.
2) Alphonse Maeder, 앞의 책, p. 34.
3) Frank Abauzit, 앞의 책.
4) Armand Vincent, *Le jardinier des hommes*, Editions du Seuil, Paris, 1945.

5) Alphonse Maeder, 앞의 책, p. 160.

6) Arnauld Tzanck, *La conscience créatrice*, Charlot, Algiers, 1943.

7) Frank Abauzit, *L'énigme du monde et sa solution selon Charles Secrétan*, Delachaux and Niestlé, Neuchâtel, 1938.

8) J. P. Sartre, 앞의 책, p. 43.

제8장 심리적인 힘과 영적인 힘

1) Paul Dubois, 앞의 책.
2) Pierre Ponsoye, 앞의 책.
3) Alphonse Maeder, 앞의 책, pp. 36-37.
4) Charles Odier, 앞의 책.
5) *The Two Sources of Morality and Religion*.
6) Alphonse Maeder, 앞의 책.

제9장 진정한 힘

1) F. D. N. Buchman, *Remaking the World*, Blanclford Press, London, 1953, p. 46.
2) Alphonse Maeder, 앞의 책, p. 183.
3) P. Howard, 앞의 책, pp. 170-171.
4) E. Howell, 앞의 책, p. 227.
5) *The Two Sources of Morality and Religion*, pp. 32-33.
6) Madeleine F. du Fresne, *De l'enfer des hommes à la cité de Dieu*, Spes, Paris, 1947.
7) Roger Mehl, *La condition du philosophe chrétien*, Delachaux and Niestlé, Neuchâtel, 1947.

찾아보기

감정(affectivity) 52, 185-186
강박관념(obsessions) 32, 34, 51, 81, 109, 198, 275, 277
게으름(laziness) 158
결혼 관계(marital relationships) 28, 46, 62, 85, 106, 167, 179-180, 181, 208, 213, 217, 227, 228-229, 234-235, 283, 296, 342
고백(confession) 108, 122, 127, 221, 346
공격성(aggressiveness) 34, 37, 39, 43, 143, 183, 263, 266, 271, 287, 343, 350
구원(salvation) 44, 109, 307, 352
권력 집중(concentration of political power) 237
그리스도인의 증거의 중요성(importance of Christian witness) 308ff., 319
기독교적 자기 부인(Christian self-denial) 269, 300, 350

도덕적 양심(moral conscience) 33, 40, 41, 42, 43, 44, 116, 129, 200, 219, 325
독신 생활(celibacy) 356
동성애(homosexuality) 106, 107
두려움(fear) 24-25, 27, 70, 76, 제3장, 153, 164-165, 167, 185, 187, 188
뒤부와(Dubois, P.) 60-61, 134, 149, 157, 314

루주몽(Rougemont, J. de) 78, 79, 253, 254

마이데(Maeder, A.) 116, 200, 217, 255, 256, 272, 273, 287, 319, 331, 332, 335, 344

바뤽(Baruk, H.) 33, 42, 199, 213, 219
베르그송(Bergson, H.) 207, 245, 327, 356
부모와 자녀(parents and children) 18, 30-34, 57, 64, 87-95, 146, 161, 167-168, 175-176, 177, 228, 264, 265, 275, 294
부크만(Buchman, F.) 207-208, 343
불감증(frigidity) 105, 159, 296
뿌루퉁함(sulkiness) 158

사랑의 자연적 측면과 초자연적 측면(natural love and supernatural love) 316
사르트르(Sartre, J.-P.) 244, 293
성(sex) 50, 160, 180, 266, 335, 356
  두려움(fear of) 31, 44, 102-117
  성경적 관점(biblical view of) 287
  잘못된 수치심(false shame of) 129, 181, 301, 331

성교 불능(impotence) 104, 105, 106, 160
성도착(sexual perversions) 265
성적 충격(성적 상처, sexual shocks) 54, 102-103, 335
수치심(수줍음, shyness) 34, 126-127, 307
순결(chastity) 105
스토아 철학(stoicism) 137
신경증(neurosis)
  기원(origins of) 57, 58, 59, 62, 200, 265
  신경증 환자의 문제(problem of neurotics) 267, 270, 283, 322-323
  약한 반응으로서의(as a weak reaction) 23, 32, 34, 38, 42, 50, 118, 162-163, 183-184, 307
  프로이트 학파의 견해(Freudian view of) 39, 264

아들러(Adler) 20, 57
알랑디(Allendy, R.) 35, 70, 74, 83, 96, 158, 167, 183
암시(suggestion) 60, 76, 96-97, 105, 107, 116, 130, 132, 173
앙갚음(보복, revenge) 16, 22, 35,

196-197, 제7장, 344
억제(억압, inhibition) 143, 146-149, 180, 227, 270, 307
예수 그리스도(Jesus Christ)
  가르침(teaching of) 136, 263-264, 268, 278, 306-307, 358-359
  사랑의 경험(experience of the love of) 45, 188, 214, 242, 243, 292, 301-302, 304, 308, 311-312, 322, 323-324, 337, 351-352, 357-359
  십자가(Cross of) 268, 286, 367-368, 370
  인성(humanity of) 150, 299
외동 아이(only child) 93
용서(forgiveness) 104, 185, 221, 269, 273, 275, 278, 285, 301, 328, 345, 357
우울증(depression) 34, 71, 73, 143, 162, 186, 274-275, 317, 328
웨더헤드(Weatherhead, L. D.) 76, 96, 110, 136
융(Jung, K.) 57, 287
은혜의 작용(working of Grace) 366ff.
이인성 장애(depersonalization) 72-73
인간에 대한 성경적 관점(biblical view of man) 369
인성의 선천적 요인 대 생활 환경(innate factors vs. environment in personality) 53ff.

자위행위(masturbation) 100, 105, 109, 116, 122, 311, 331
전쟁(war) 24, 35, 43, 100, 138, 161, 224, 278, 341, 347, 371
죄(sin) 81, 89, 103, 107, 108-109, 116, 121, 124, 127, 307ff. 330-331, 333-334, 335-336
죄의식(죄책감, sense of guilt) 34, 69, 108, 125, 129
  진정한 죄의식과 잘못된 죄의식의 진단(diagnosis of true and false sense of guilt) 325ff.
죽음(death) 99, 100, 101, 120
질병의 분류(classification of diseases) 174
질투심(jealousy) 79-80

초자아(super-ego) 129, 325

파스칼(Pascal) 244, 249, 361,

362
프로이트파 심리학(Freudian psychology) 39, 57, 115-116, 219, 264, 287, 350
피로(fatigue) 149-157

하워드(Howard, P.) 199, 201, 221, 258, 347
하웰(Howell, E.) 211, 347, 363
합리화(rationalization) 218-219, 237

옮긴이 정동섭은 경희대 영어영문학과를 졸업하고 침례신학대학교 대학원에서 기독교교육(M.R.E)을 공부하였으며, 미국 트리니티 복음주의신학대에서 상담심리학(M.A./C.P.)과 가정생활교육(Ph.D.)을 연구하였다. 한국가정사역학회 초대회장을 역임했으며, 대전침례신학대학교에서 기독교상담학을 가르친 바 있다. 현재는 한동대학교 외래교수로 기독교적 상담을 강의하고 있으며, 한국기독교·상담심리치료학회 감독회원으로 상담학계에 기여하고 있다. 저서로 「어느 상담심리학자의 고백」(IVP), 「당신의 가정도 치유될 수 있다」(하나), 「어떻게 사람을 변화시킬 수 있는가?」(요단), 「완벽하지 않아도 괜찮아」(베다니) 등이 있으며, 역서로 「모험으로 사는 인생」, 「세상에서 가장 실제적인 결혼 생활 지침서」(공역, 이상 IVP), 「훌륭한 상담자」(생명의말씀사), 「상담과 치유 공동체」(요단), 「아직도 아물지 않은 마음의 상처」(두란노), 「우울증, 이렇게 치유할 수 있다」(요단) 등 50여 권이 있다.

강자와 약자 개정판

초판 발행_ 2000년 2월 20일
초판 16쇄_ 2012년 3월 30일
개정판 발행_ 2014년 12월 9일
개정판 2쇄_ 2016년 5월 10일
개정판(무선) 발행_ 2019년 6월 25일
개정판(무선) 3쇄_ 2024년 5월 30일

지은이_ 폴 투르니에
옮긴이_ 정동섭
펴낸이_ 정모세

펴낸곳_ 한국기독학생회출판부
등록번호_ 제2001-000198호(1978.6.1)
주소_ 04031 서울 마포구 동교로 156-10
대표 전화_ (02)337-2257 팩스_ (02)337-2258
영업 전화_ (02)338-2282 팩스_ (02)080-915-1515
홈페이지_ www.ivp.co.kr 이메일_ ivp@ivp.co.kr
ISBN 978-89-328-1706-4

ⓒ 한국기독학생회출판부 2019

책값은 뒤표지에 있습니다.
무단 전재와 복제를 금합니다.